BERLÍN

INSÓLITO Y SECRETO

Tom Wolf, Manuel Roy y Roberto Sassi

EDITORIAL JONGLEZ

Guías de viaje

Tras doctorarse en filosofía, **Tom Wolf** decidió consagrarse a la escritura. Es autor de 22 novelas policiacas, tres guías que brindan al viajero una nueva mirada de los lugares que visita, y una guía de vinos provenientes de los viñedos de Brandeburgo. Después de vivir durante doce años en Berlín-Mitte y en Kreuzberg, actualmente reside en el norte de la región metropolitana de Berlín-Brandenburg, donde se dedica a su viñedo y a su pequeña fábrica de cerveza artesanal. Pero esa es otra historia.

Germanófilo empedernido, **Manuel Roy** descubrió Berlín en el año 2000 de una forma un tanto violenta. La Alemania que conoció –un paisaje postapocalíptico plagado de punkis que observaban con atención cómo se separaban los residuos– no tenía nada que ver con la imagen que se había formado a partir de los versos de Schiller y las obras de Caspar David Friedrich. Manuel reconoce no haberlo comprendido al principio, pero tras veinte años de investigación y un doctorado en filosofía, y llevar trabajando como guía conferenciante en Berlín desde 2013, este berlinés de adopción (desde el año 2000) dice comprender un poco mejor cómo funciona la ciudad. Sin embargo, esa primera imagen no ha quedado tan atrás. Pese a haber alcanzado recientemente una vida cómoda, la ciudad sigue desconcertándole y sorprendiéndole, algo que evidentemente le encanta.

Roberto Sassi, nacido en 1986, es un sociólogo urbano y coautor, junto a Teresa Ciuffoletti, del libro *Guida alla Berlíno ribelle* (Voland Edizioni, 2017), una «guía del Berlín rebelde» (sin traducción). En Prenzlauer Berg, donde vive, organiza talleres de escritura de viajes y colabora con numerosas revistas, editoriales –incluida la del Goethe-Institut Italia– y páginas web.

Ha sido un verdadero placer para nosotros elaborar la guía *Berlín insólito y secreto* y esperamos que, al igual que a nosotros, le sirva de ayuda para seguir descubriendo aspectos insólitos, secretos o aún desconocidos de la ciudad. Fruto de más de dos años de trabajo, esta obra es una guía práctica: todos los lugares mencionados son accesibles y están claramente localizados en los mapas que abren cada capítulo. La descripción de ciertos lugares incluye recuadros temáticos que mencionan aspectos históricos o anécdotas, permitiendo así entender la ciudad en toda su complejidad. *Berlín insólito y secreto* destaca los numerosos detalles de lugares que frecuentamos a diario y en los que no nos solemos fijar. Es una invitación a observar el paisaje urbano con mayor atención y, de forma más general, un medio para descubrir nuestra ciudad con la misma curiosidad y entusiasmo con que viaja a otros lugares…

Cualquier comentario sobre esta guía y su contenido, así como cualquier información sobre lugares no mencionados en la misma serán bienvenidos. Nos permitirá completar las futuras ediciones de esta guía.

No dude en escribirnos:
E-mail: info@editorialjonglez.com

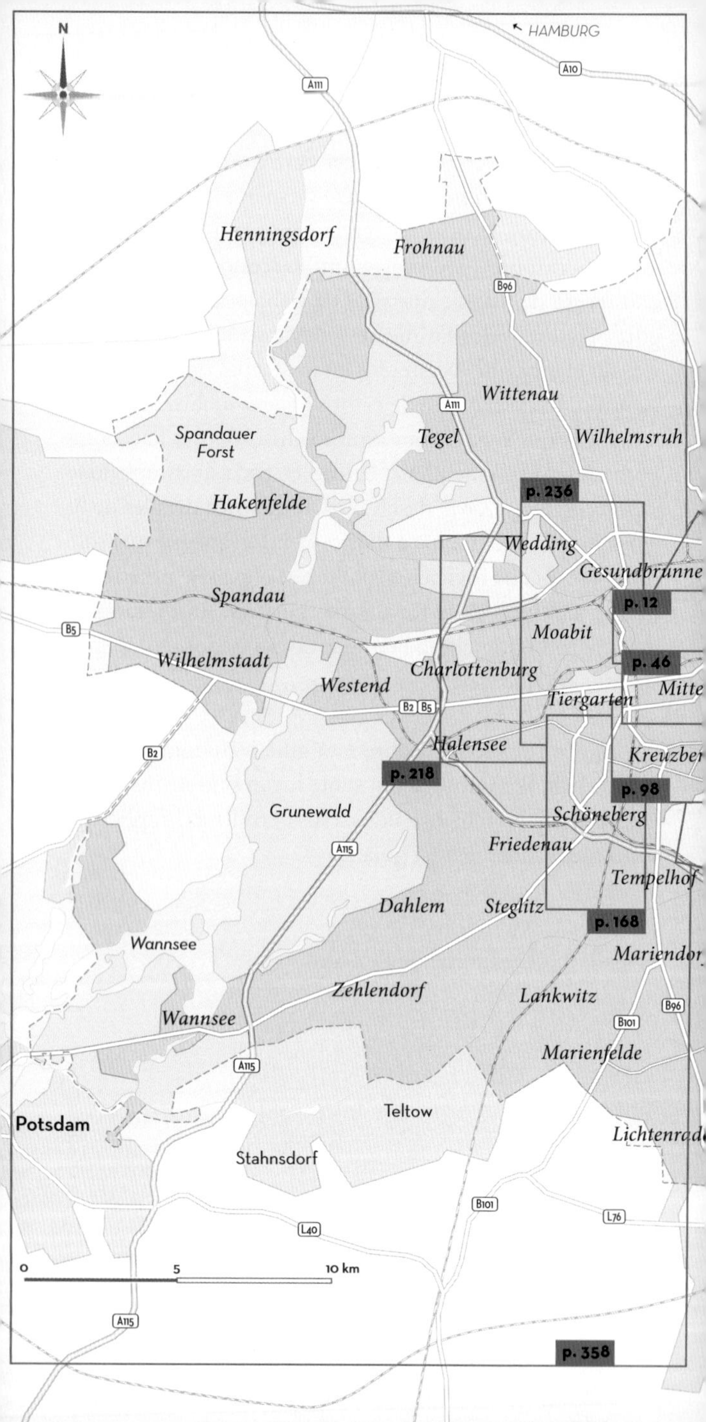

N
HAMBURG
A10
A111
Henningsdorf
Frohnau
B96
Wittenau
A111
Tegel
Wilhelmsruh
Spandauer
Forst
Hakenfelde
p. 236
Wedding
Gesundbrunne
Spandau
p. 12
Moabit
B5
Wilhelmstadt
p. 46
Charlottenburg
Westend
Tiergarten
Mitte
B2
B5
Halensee
B2
Kreuzbe
p. 218
p. 98
Grunewald
Schöneberg
A115
Friedenau
Tempelhof
Dahlem
Steglitz
p. 168
Wannsee
Mariendor
Zehlendorf
Lankwitz
Wannsee
B96
B101
Marienfelde
A115
Teltow
Potsdam
Lichtenrad
Stahnsdorf
B101
L76
L40
0
5
10 km
A115
p. 358

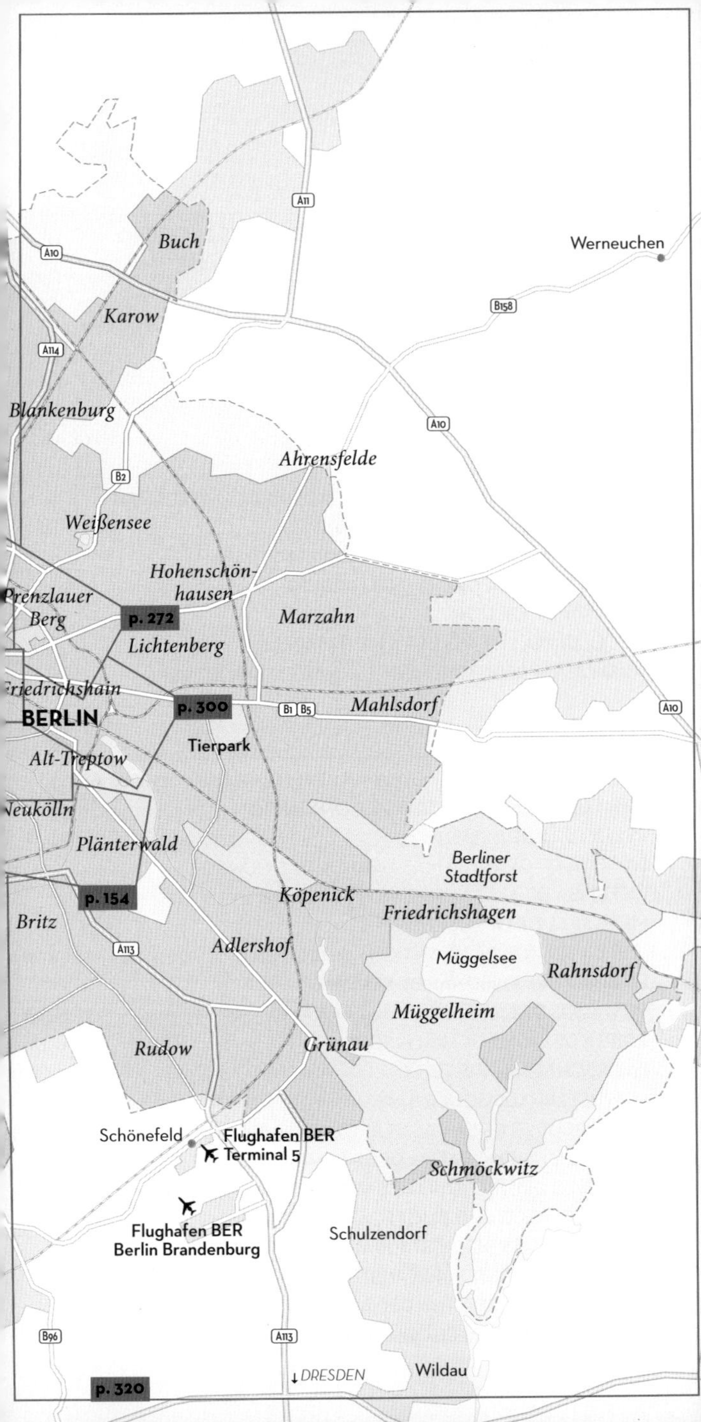

A11
Buch
Werneuchen
A10
B158
Karow
A114
Blankenburg
A10
Ahrensfelde
B2
Weißensee
Hohenschön-
hausen
Prenzlauer
Berg
p. 272
Marzahn
Lichtenberg
Friedrichshain
p. 300
B1
B5
Mahlsdorf
A10
BERLIN
Tierpark
Alt-Treptow
Neukölln
Plänterwald
Berliner
Stadtforst
p. 154
Köpenick
Friedrichshagen
Britz
A113
Adlershof
Müggelsee
Rahnsdorf
Müggelheim
Rudow
Grünau
Schönefeld
Flughafen BER
Terminal 5
Schmöckwitz
Flughafen BER
Berlin Brandenburg
Schulzendorf
B96
A113
DRESDEN
Wildau
p. 320

RESUMEN

Mitte Norte

Mitte Sud

Kreuzberg

RESUMEN

Neukölln

Schöneberg

Charlottenburg – Wilmersdorf Norte

Wedding – Moabit – Tiergarten

Prenzlauer Berg

RESUMEN

Friedrichshain – Rummelsburg

Pankow – Lichtenberg – Marzahn Hellersdorf – Treptow/Köpenick

Reinickendorf – Spandau – Grunewald Wilmerdorf – Steglitz/Zehlendorf

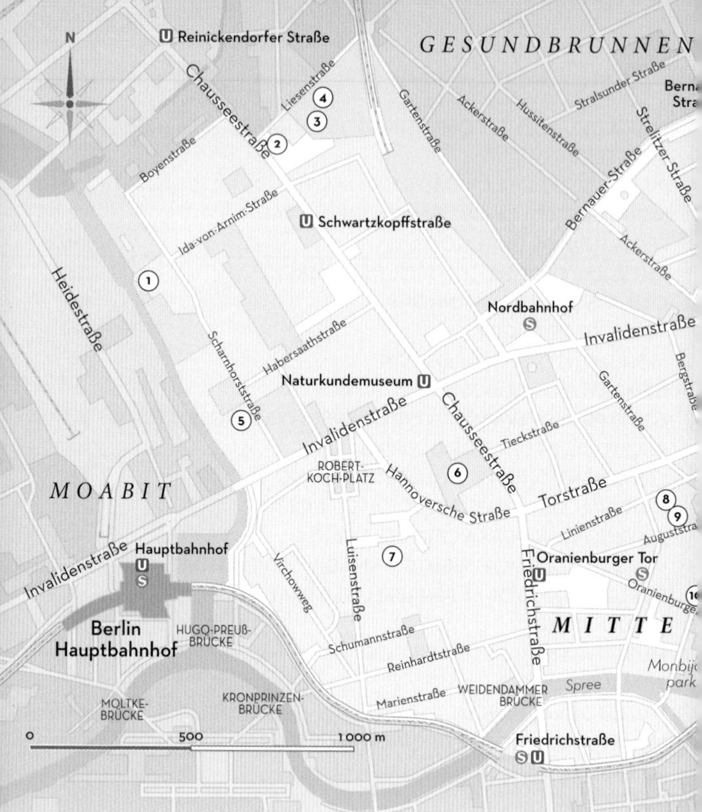
N
Reinickendorfer Straße
GESUNDBRUNNEN
Chausseestraße
Liesenstraße
Gartenstraße
Ackerstraße
Hussitenstraße
Stralsunder Straße
Strelitzer Straße
Boyenstraße
Bernauer-Straße
Ida-von-Arnim-Straße
Schwartzkopffstraße
Ackerstraße
Heidestraße
Nordbahnhof
Invalidenstraße
Habersaathstraße
Scharnhorststraße
Naturkundemuseum
Gartenstraße
Bergstraße
Invalidenstraße
Chausseestraße
Tieckstraße
ROBERT-KOCH-PLATZ
Hannoversche Straße
Torstraße
MOABIT
Linienstraße
Invalidenstraße
Hauptbahnhof
Oranienburger Tor
Virchowweg
Luisenstraße
Friedrichstraße
MITTE
Berlin Hauptbahnhof
HUGO-PREUß-BRÜCKE
Schumannstraße
Reinhardtstraße
Spree
MOLTKE-BRÜCKE
KRONPRINZEN-BRÜCKE
Marienstraße
WEIDENDAMMER BRÜCKE
0
500
1 000 m
Friedrichstraße

Mitte Norte

Bernauer-Straße
Wolliner Straße
Ruppiner Straße
Schwedter Straße
Oderberger Straße
Schönhauser Allee
Sredzkistraße
Knaackstr.
Prenzlauer Allee
Danziger Straße
Christburger Straße
Kastanienallee
Choriner Straße
Kollwitzstraße
Rykestraße
Immanuelkirchstraße
Knaackstr.
Fehrbelliner Straße
Zionskirchstraße
Schwedter Straße
PRENZLAUER BERG
Belforter Straße
Winsstraße
Greifswalder Straße
Senefelderplatz
Metzer Straße
Heinrich-Roller-Str.
Weinbergsweg
Lottumstraße
Straßburger Straße
Prenzlauer Allee
Rosenthaler Platz
Linienstraße
Torstraße
Prenzlauer Berg
Am Friedrichshain
Volkspark Friedrichshain
Rosa-Luxemburg-Straße
Alte-Schönhauser-Str.
Linienstraße
Rosa-Luxemburg-Platz
Gipsstraße
Sophienstraße
Große Hamburger Straße
Karl-Liebknecht-Str.
Mollstraße
Höchste Str.
Wadzeckstraße
Otto-Braun-Straße
Weinmeisterstraße
Büschingstr.
Mollstraße
Dircksenstraße
Berolinastraße
Hackescher Markt
ALEXANDERPLATZ
Karl-Liebknecht-Str.
Alexanderplatz
Karl-Marx-Allee
Schillingstraße
12
13
14
15
16

EL MEMORIAL GÜNTER LITFIN A LAS VÍCTIMAS DEL MURO ①

Cuando el hermano de la primera víctima del muro consiguió rescatar un memorial

Kieler Straße 2, 10115 Berlín
De mayo a septiembre: sábado y domingo de 10 h a 16 h
Gratuito
U6 (Schwartzkopffstraße) / S3, 5, 7, 9 (Hauptbahnhof)

En la esquina de la Kieler Straße, oculto entre unos edificios residenciales posteriores a la reunificación, se encuentra un mirador

típico de la antigua RDA de los que ya quedan pocos, como es el caso del de Erna—Berger—Straße y el de Schlesisches Bush. Como ocurre con casi todos los de Berlín—Mitte, revela la ubicación de lo que antes fue una zona de demarcación entre ambas fronteras.

Desde este antiguo puesto de mando (FÜST) utilizado por la policía de fronteras de la RDA se ve el canal que actúa de frontera natural entre territorios. Antes de que fuera rodeado por edificios, desde aquí se veía claramente el canal hasta la actual estación central.

Más allá de eso, es único por su historia. Nacido en 1937, Günster Litfin fue abatido a sangre fría por la policía marítima de Berlín Este en 1961, mientras trataba de atravesar a nado el puerto de Humboldthafen, no muy lejos de la actual estación central. Su intención era llegar al oeste. Pese a sus esfuerzos por no enemistarse con las autoridades del Estado, su hermano Jürgen acabó recluido en una celda de la Stasi, acusado de colaborar en un intento de fuga. Por suerte, la República Federal Alemana lo pondría en libertad.

Jürgen no se conformó con olvidar el asesinato de su hermano, perpetrado por orden del SED (el Partido socialista unificado de Alemania). Tras la apertura del Muro, descubrió el antiguo puesto de mando de la ribera de Kieler Ufer que había dado las fatídicas órdenes. Movió cielo y tierra para que el mirador se conservase y lo logró, para disgusto de los especuladores inmobiliarios, dado lo difícil que resulta alquilar pisos tan cotizados con vistas a semejante mirador de la RDA.

El 24 de agosto de 2003, Jürgen Litfin, el hermano de la primera víctima de los guardas fronterizos del Muro de Berlín, inauguró así un lugar consagrado a la memoria de las víctimas del Muro, para que su trágico destino no cayera en el olvido.

Además, fundó una asociación cuya misión es asegurarse de que el mirador y su memorial perduren tras su muerte. En 2017, esta asociación confió la torre a la fundación Berliner Mauer. Al conservar ese patrimonio, Jürgen Litfin demostró que el compromiso individual puede llegar a impedir que se borren las huellas del poder arbitrario y del terror mortífero de un régimen autoritario.

La estela conmemorativa erigida en 1962 en la ribera occidental de Nordhafen, próxima al puente Sndkrugbrüke, fue reubicada en 2015 al lugar desde el que fue disparado Günter Litfin, cerca de la estación central.

LAS SILUETAS DE CONEJO DE LA CHAUSSEESTRAßE

②

Viajeros transfronterizos con abrigos de piel

Chausseestraße 61, 10115 Berlín
kaninchenfeld.de
U6 (Schwartzkopffstraße)

Pese a todos los dispositivos de seguridad, el paso fronterizo de la Chauseestrasse, ubicado en el corazón de Berlín, no era infranqueable. Las fugas a través de él se sucedían a centenas, e incluso a miles, todos los días a todas horas. No nos referimos a las fugas puntuales y heroicas que tuvieron lugar entre 1961 y 1989, sino a las innumerables fugas de conejos... Actualmente, la que fuera línea fronteriza entre los países occidentales y los del antiguo bloque comunista se corresponde con un largo cinturón verde de gran valor ecológico y elevada diversidad. De hecho, ya durante la Guerra Fría, había conejos cómodamente instalados en estas zonas de demarcación.

Con el fin de la RDA, todo empezó a complicarse: las infraestructuras fronterizas y, poco después, el *no man's land* desaparecieron más rápido de lo que los conejos hubiesen deseado. El paraíso se encontraba en la zona fronteriza: libre de cazadores, inquilinos y propietarios, y de quien ocupase su jardín. Durante mucho tiempo, las tropas dispuestas en las fronteras tenían órdenes de no disparar a los conejos, e incluso toleraban las madrigueras que conducían al Oeste.

Sin embargo, al final de la RDA se dio la orden de fusilar también a los conejos. La población había crecido hasta tales proporciones que suponía un riesgo: a fuerza de cruzar las fronteras sin resistencia, podían llegar a infundir valor a quienes quisieran imitarles.

Hoy en día, los conejos de Mitte se encuentran principalmente en los mayores parques de la ciudad como el Humboldthain o el Tiergarten, si bien todavía persisten 120 conejos que juguetean en medio de la calle; en el antiguo puesto fronterizo entre Wedding, al oeste, y Mitte, al este.

Para rendir homenaje a esta larga tradición de animales transfronterizos, la artista Karla Sachse colocó siluetas de conejos en latón dorado en la calzada, a la altura del número 61 de la Chausseestraße.

Aunque en un principio eran muchos más, el auge de las edificaciones –la amenaza eterna del arte en el espacio público– ha hecho que estos conejos de latón hayan compartido el destino de sus primos animales y sucumbido al avance de la gran ciudad, y hoy en día, su número ha disminuido considerablemente a pesar de los constantes esfuerzos de los amigos de la artista.

LA ANTIGUA CRUZ MONUMENTAL ③ DEL BERLINER DOM

Pero ¿qué hace la antigua cruz del Berliner Dom en un cementerio?

Cementerio I de la parroquia del Dom
Liesenstraße 6, 13355 Berlín
Verano de 8 h a 18 h
Invierno de 9 h a 17 h
U6 (Schwartzkopffstraße)

En la entrada del cementerio I del Oberpfarr-und Domkirche, en un lugar retirado y despejado de tumbas, una imponente cruz dorada de 15 metros de altura despierta el interés de los curiosos.

Con 12,5 toneladas de peso, esta cruz formó parte de la cúpula del Berliner Dom desde 1981 hasta 2006. Se retiró de su ubicación inicial porque el óxido corroía el revestimiento de cobre dorado, con el riesgo de que se desprendiera con las tormentas y los fuertes vientos. Los daños prematuros en su estructura se deben a la aleación de metales nobles que la componen –cobre y acero– y, en particular, al uso de acero de baja calidad.

Stefan Felmy, el arquitecto responsable de la reforma del Dom, fue el principal defensor del traslado de la cruz al cementerio de la Liesenstraße. Este lugar pertenecía a la catedral de la ciudad y, en gran

parte, fue destruido con la construcción del Muro de Berlín, que lo atravesaba (véase a continuación).

Actualmente, la placa colocada a los pies de la cruz nos recuerda la importancia histórica de estos cementerios y su nuevo simbolismo: rendir homenaje a las víctimas del Muro de Berlín y a los fallecidos cuyas tumbas fueron profanadas durante su construcción.

EN LOS ALREDEDORES

Vestigios del Muro de Berlín de la parroquia del Dom ④

Una parte del cementerio I de la parroquia del Dom y de dos cementerios contiguos –el cementerio Sainte– Hedwige y el de la iglesia francesa reformada– estuvo rodeada durante 28 años por las paredes interiores y exteriores del Muro. Todavía pueden verse algunos de sus restos. En la esquina que conecta la Liesenstraße con la Gartenstraße, al este de los Liesenbrücken, se encuentra un trozo de pared exterior, en este caso superpuesta a la del cementerio de Sainte-Hedwige. En el mismo cementerio, al oeste, observará otra pared que formaba parte del Muro: tiene 200 metros de altura y está compuesta de placas de hormigón sostenidas por pilares metálicos, y también se conservó a lo largo de la vía férrea. Por último, se aprecia una corta sección del muro interior, que todavía se mantiene en pie en el extremo oeste.

LAS VENTANAS DEL HOTEL DE LOS INVÁLIDOS

5

Ventanas para los mutilados de guerra

Invalidenstraße 35, 10115 Berlín
U6 (Naturkundemuseum)

Si bien Federico II el Grande de Prusia –conocido como Federico el Grande– era un déspota más ilustrado que otros monarcas, ello no le impidió lanzarse a la guerra. Gran parte de su ejército fue mutilado en las tres guerras que emprendió contra Austria para recuperar Silesia, por no mencionar los soldados que murieron agonizantes en el campo de batalla durante la guerra de Sucesión de Baviera, como fue el caso del joven al que Federico II castigó ordenándole que «muriese con dignidad».

En el siglo XVIII, quienes regresaban lisiados de estas campañas no podían recurrir a asistencia social ni a agencias de empleo. Por ello, Federico el Grande mandó construir un centro donde se cubrieran sus necesidades, a cambio de que trabajaran en la medida de lo posible.

Los jóvenes cumplieron su parte del trato: los inválidos construyeron gran parte del nuevo palacio de Potsdam, que pretendía demostrar la grandeza de Prusia tras la tercera guerra de Silesia, también conocida en el resto de Europa como la Guerra de los Siete Años.

Durante la visita guiada al gran salón de mármol del Nuevo Palacio de Potsdam, podrá observar los numerosos defectos de su construcción, como las evidentes grietas del revestimiento producto del trabajo de los soldados inválidos.

La casa real de los Inválidos se inauguró el 15 de noviembre de 1748 ante el rey, que fue recibido con cariño por los 631 veteranos que combatieron en las dos primeras guerras de Silesia. Además de proporcionarles comida y alojamiento, los médicos vestían y atendían a los residentes. También podían rezar en la capilla de su preferencia –protestante o católica– y estudiar un oficio como el de ganadero, maestro cervecero o vinicultor en los distintos edificios anexos. Posteriormente, se les convocaría para construir el palacio.

¿Qué ocurría con quienes habían perdido la movilidad de las piernas y no podían levantarse de uno de esos primeros prototipos de silla de ruedas? Para que pudiesen disfrutar de las vistas, las ventanas que daban a la calle y al patio se hicieron prácticamente a ras de suelo, tal como se sigue observando hoy en día. Según el rey, poder asomarse a lo que todavía era una zona de campo en las afueras de Berlín «regeneraría el cuerpo y la mente». Para los que no lograban seguir este programa, el cementerio de los inválidos estaba justo al lado.

INSTALACIÓN LUMINOSA DE JAMES TURRELL

⑥

Arte contemporáneo de prestigio mundial en el cementerio

Capilla de la Dorotheenstädtischer Friedhof I
Chausseestraße 126, 10115 Berlín
evfbs.de
De septiembre a mayo; solo visitas guiadas, horarios en la web
U6 (Naturkundemuseum)

En el corazón del cementerio histórico de Dorotheenstadt, en el número 126 de la Chausseestraße, encontrará una instalación artística cuanto menos insólita. Desde 2015, la capilla cercana a la entrada principal –no muy lejos de las tumbas de personajes ilustres como Bertold Brecht, Georg Wilhelm Friedrich Hegel y Christa Wolf– alberga una obra del artista americano James Turrell, uno de los máximos exponentes del movimiento artístico *Light and Space*.

En colaboración con los arquitectos y técnicos del centro Lichtplaner, Turrell creó una impresionante instalación luminosa que incluye diez programas diferentes, ocho de ellos estáticos. Estos se van sucediendo a lo largo del día, iluminando la capilla con diferentes tonalidades de blanco. El color del altar, en cambio, no varía al activarlos, sino que va cambiando en función del ciclo litúrgico: rojo (Pentecostés), verde (tiempo ordinario), morado (Adviento y Cuaresma) y blanco (Pascua y Navidad).

Esta capilla se construyó en 1927—28 para completar el espacio dedicado al cementerio y ha sufrido modificaciones desde los tiempos de la RDA. Tras la reestructuración del edificio que realizó el gabinete Nedelykov Moreira entre 2013 y 2015, el interior fue totalmente reformado para adaptarlo al juego de luces proyectado por Turrell.

Podrá ver este espectacular programa de luces en una visita guiada que comienza siempre media hora antes de la puesta de sol (los horarios varían según la época del año). El guía oficial repasa los momentos clave de la historia del cementerio y explica los detalles técnicos de la instalación de Turrell, recorriendo brevemente la vida del artista americano. Durante las explicaciones todo se baña de azul, y el altar y el ábside van cambiando de color cada dos minutos.

En la segunda parte del recorrido, el visitante puede contemplar la capilla en silencio, sentado en uno de los bancos de roble. Los colores de las luces fluctúan a un ritmo más elegante, produciendo un efecto en el que también participa la luz natural que penetra por las ventanas y por el tímpano de cristal: una visión sorprendente y bastante singular para tratarse de un lugar religioso.

TEATRO DE ANATOMÍA ANIMAL 

Una exhibición del último acto

Philippstraße 12–13, 10115 Berlín
De martes a sábado de 14 h a 18 h
U6 (Oranienburger Tor)

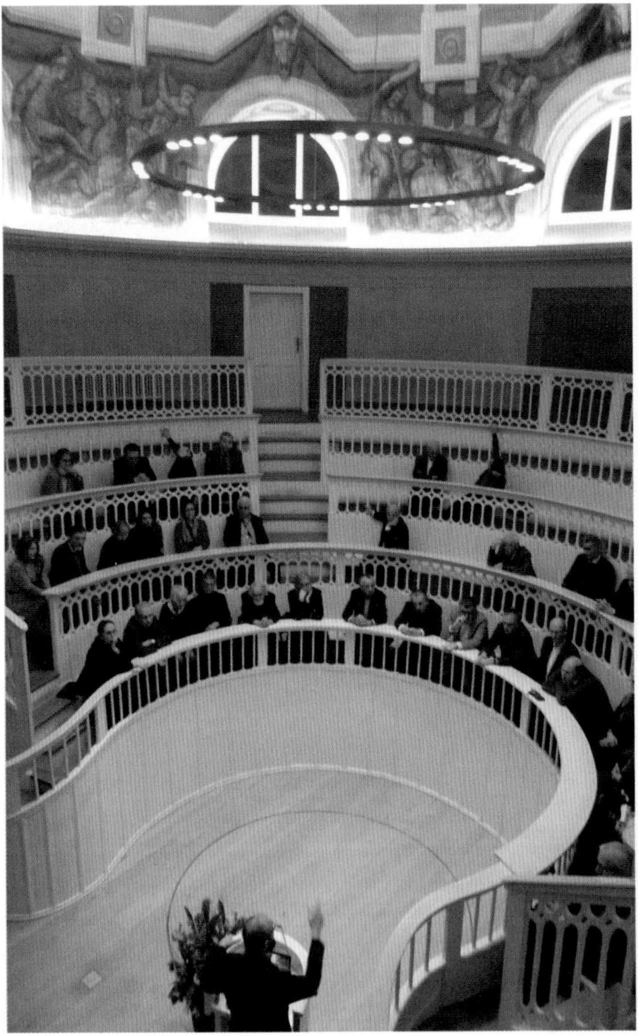

Oculto en el recinto del hospital universitario de la Caridad, el Teatro de Anatomía Animal es un espectacular edificio diseñado en 1790 por Carl Gotthard Langhans e inspirado en la Villa Rotonda de Andrea Palladio en Italia en el que los cráneos de buey de los bajorrelieves sobre las ventanas exteriores nos recuerdan su finalidad última.

Este tipo de anfiteatro había aparecido en toda Europa para satisfacer el creciente interés por el ser humano y la cirugía.

Berlín ya contaba con el teatro anatómico del Collegium Medico-Chirurgicum, situado desde 1713 en el complejo inmobiliario de la Charité, justo al lado. Las demostraciones que se llevaban a cabo sobre cadáveres humanos no bastaban sin embargo para satisfacer las necesidades del ejército. A ojos de los gobernantes, los animales utilizados con fines militares —sobre todo caballos y bueyes— eran tan importantes como los soldados. Para que los veterinarios adquiriesen los conocimientos necesarios sobre la morfología de los animales, se construyó un segundo teatro dedicado a la disección de animales.

Hace tiempo que el Anfiteatro de Anatomía Humana de Berlín y el primer edificio de la Charité desaparecieron, pero el aún llamado «TAT» sigue dando la impresión de anfiteatro. En el suelo de la parte central, la marca de un círculo delimitaba el lugar donde el ascensor de manivela subía los cadáveres de animales.

En la entrada, una pequeña exposición permanente ofrece detalles sobre la historia de la casa y sus elementos arquitectónicos. Además de los empinados escalones, el principal atractivo del auditorio reside en la parte superior de la cúpula con sus extraordinarias pinturas en grisalla de temática animal.

Desde 2012, el Hermann-von-Helmholtz-Zentrum für Kulturtechnik (HKZ) utiliza el «TAT» como un innovador laboratorio de exposición, un centro de intercambios entre la cultura científica y la práctica expositiva.

A diferencia de los numerosos anfiteatros de anatomía humana que existen (ocho solamente en Alemania), Europa únicamente contaba con media docena de teatros de anatomía animal.

Para más información sobre los anfiteatros anatómicos, ver doble página siguiente.

Los anfiteatros anatómicos en la historia

Un anfiteatro anatómico (*Theatrum Anatomicum* en latín) es una sala dedicada a la enseñanza de la anatomía humana para estudiantes de Medicina. Aunque el primer anfiteatro fuese erigido en 1594 en la Universidad de Padua (Italia), en el año 300 a. C. el médico griego Herófilo de Calcedonia ya diseccionaba en público cadáveres humanos en la Escuela de Medicina de Alejandría (Egipto). Estas disecciones fueron más tarde prohibidas hasta el Renacimiento, donde resurgieron en los países occidentales.

En el siglo XV, las disecciones se realizaban en pequeñas salas provisionales e improvisadas, como el antiguo Hospital Real de Guadalupe (España), sede de una prestigiosa Escuela de Medicina que formaba famosos cirujanos y que contaba con una bula papal para practicar «Anathomías» (disecciones).

Los trabajos del gran anatomista Vesalio (1514-1564) marcaron el comienzo de una nueva era. En el siglo XVI, la anatomía se convirtió en una disciplina muy popular, no solo entre los estudiantes, sino también entre el público general. Los primeros teatros anatómicos provisionales empezaron a ver la luz en Italia, con una estructura similar a la de los anfiteatros del Imperio romano. Con el declive de la era de las disecciones, se demolían teatros cada año. Ya en 1554, Carolus Stephanus introdujo un nuevo estilo arquitectónico en París, que siguió siendo popular hasta el siglo XIX.

La evolución de la anatomía dio lugar a la creación de teatros anatómicos permanentes. Durante los siglos XVI y XVII existían dos modelos diferentes: los de la Universidad de Padua y los de la Universidad de Bolonia. Ambos modelos incorporaban construcciones de madera en el seno del gran edificio de su universidad, pero proponían en cambio características arquitectónicas diferentes.

En 1594 se erigió el primer anfiteatro anatómico permanente de la Universidad de Padua, diseñado por Fabricius d'Acquapendente con forma de embudo –o de tronco de cono invertido– para poder acoger 200 visitantes. Estuvo en funcionamiento durante 278 años antes de ser transformado en museo, y se ha convertido en un modelo de referencia para otros numerosos anfiteatros, como los de Leyda (1597, Países Bajos), Uppsala (1620, Suecia), Copenhague (1640, Dinamarca), Altdorf (1650, Alemania), Groningue (1654, Países Bajos), Berlín (1720, Alemania) y Halle (1727, Alemania).

El otro gran estilo arquitectónico de los anfiteatros permanentes

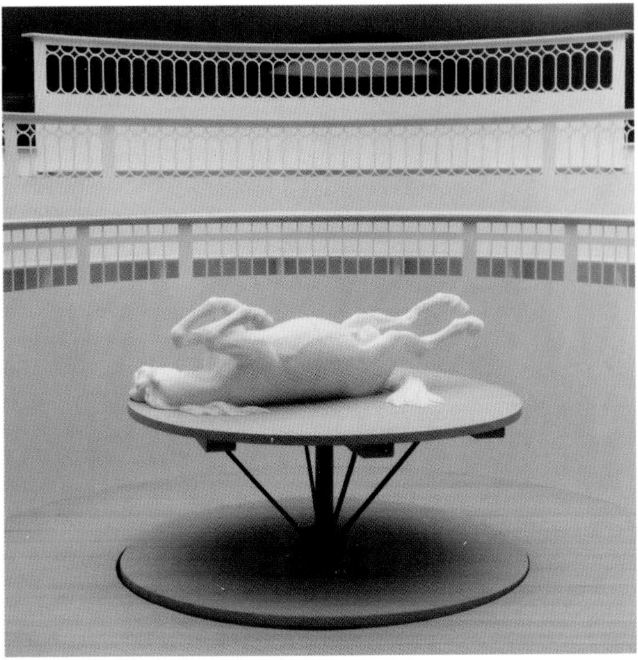

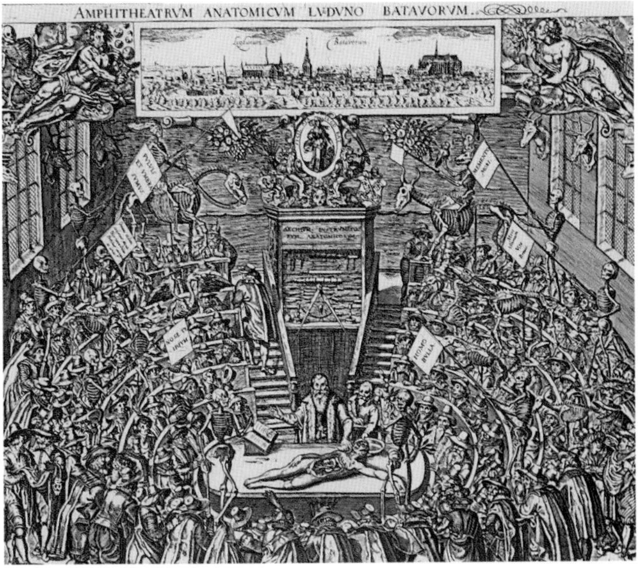
AMPHITHEATRVM ANATOMICVM LVGDVNO BATAVORVM.
HOMO BVLLA

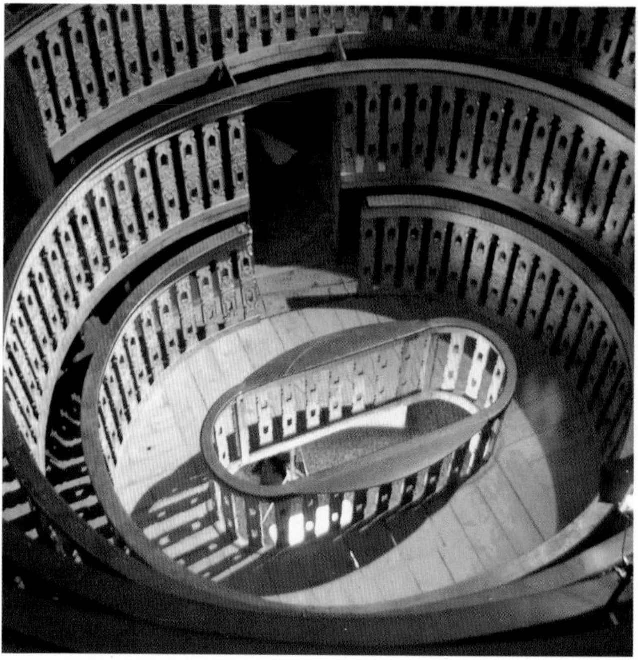

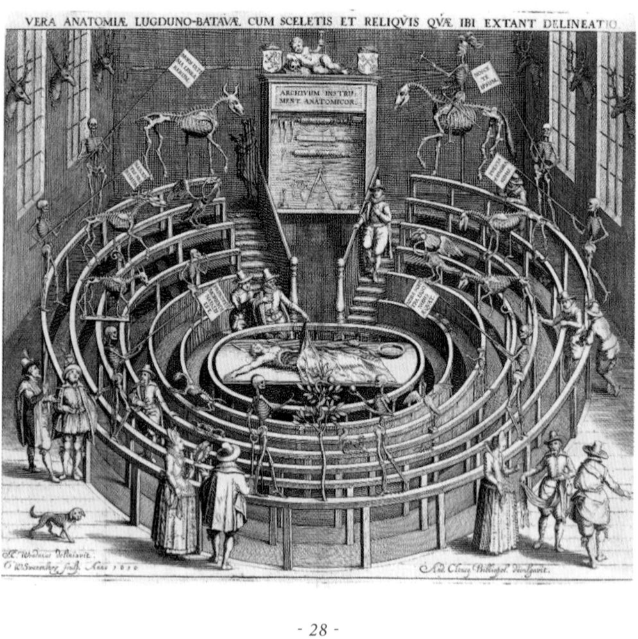
VERA ANATOMIÆ LUGDUNO-BATAVÆ. CUM SCELETIS ET RELIQVIS QVÆ IBI EXTANT DELINEATIO
ARCHIVUM INSTRU-
MENT. ANATOMICOR.

fue el que se utilizó para el de Bolonia, construido en 1637 por el arquitecto Antonio Paolucci. De forma rectangular, a la manera de las asambleas medievales, estaba decorado con magníficos retablos de madera y esculturas que representan a algunos de los médicos más famosos de la historia. Un ejemplo de anfiteatro anatómico influido por el modelo de Bolonia es el de Ferrara.

El siglo XVIII ha conocido importantes modificaciones en la estructura de los edificios anatómicos. El primer ejemplo de anfiteatro anatómico independiente lo construyó la Real Academia de Cirugía de París en 1694 en Saint Côme. Más tarde, la Academia pasó a llamarse Escuela de Cirugía y se trasladó a un nuevo edificio diseñado por el arquitecto Jacques Gondoin. El Gran Anfiteatro (1768-1775) mostraba influencias del Panteón de Roma, en particular a través de una semicúpula que albergaba medio rosetón. Podía acoger a más de 14 000 visitantes. En un escenario tan monumental, el cadáver sobre la mesa y el profesor practicando la disección solo podían verse a una escala muy pequeña. El edificio de la escuela pretendía evocar un santuario dedicado a Asclepios, el dios de la medicina.

Los nuevos métodos de conservación de cuerpos humanos han hecho que sea necesaria la presencia de diferentes espacios suplementarios para el almacenamiento, preparación, maceración, investigación y exposición de cadáveres. Todos estos requisitos han mermado la importancia del Theatrum Anatomicum tradicional.

No obstante, esta nueva era ha visto florecer nuevos teatros anatómicos como los de Barcelona (1762), Frankfurt (1776), Maguncia (1798), Montpellier (1804), Londres (1822), Erlangen (1826), Múnich (1826), Dorpat (1827), Gotinga (1828), Tubinga (1832), Zúrich (1842), Griesfwald (1854), Berlín (1863), Friburgo (1867), Bonn (1872), Leipzig (1875), Praga (1876), Rostock (1876), Estrasburgo (1877), Breslavia (1897), Marburgo (1902), Basilea (1921), Helsingfors (1928) y Sofía (1929).

La evolución técnica de los equipos audiovisuales ha conducido progresivamente a una revolución en los auditorios anatómicos, que se han acabado transformando en verdaderas salas de proyección. En 1872, el fisiólogo alemán Czermak (1828-1873) construyó en Leipzig lo que él llamó el «Spectatorium». Este tipo de salas individuales modernas y confortables marcaron el fin definitivo de los antiguos *Theatrum Anatomicum*.

MUSEO DEL SILENCIO

Un espacio artístico donde reina el silencio

Linienstraße 154, 10119 Berlín
De martes a domingo de 14 h a 19 h
Gratuito
S1, 2, 25, 26 (Oranienburger Straße)

Fundado en 1994 por el pintor ruso Nikolai Makarov, el Museum der Stille (Museo del Silencio) es uno de los espacios expositivos más singulares de la ciudad. Este pequeño museo situado en el corazón del Scheunenviertel –antiguo barrio judío de Berlín– fue concebido como un lugar de silencio y contemplación. Está inspirado en la capilla Rothko de Houston (Estados Unidos), un edificio profano que alberga 14 cuadros del artista Mark Rothko y que se configura como un espacio sagrado desprovisto de connotaciones religiosas específicas.

A diferencia de la capilla Rothko, que consta de una única y gran sala circular, el Museum der Stille está dividido en tres salas más pequeñas de dimensiones limitadas. La primera está reservada a la exposición de siete modelos arquitectónicos creados en 2014 por arquitectos de renombre internacional como Michael Marshall, Stephan Braunfels, Sergei Tchoban y Franco Stella. Cada uno de estos proyectos desarrolla un concepto de estructura contemplativa que solo puede albergar una obra de arte.

Para encontrar la Sala del Silencio, la segunda sala y corazón del museo, hay que atravesar una cortina que la protege de la mirada de los visitantes. Los muros y el techo están pintados completamente de rojo, y el centro lo preside un sencillo banco de madera, en el que es posible sentarse para contemplar frente a frente el único cuadro expuesto, que ocupa toda la pared. Esta obra es de Nikolai Makarov y representa un paisaje abstracto en tonos sepia que invita a la calma y la meditación.

La tercera sala se mantiene fiel a la línea artística del museo presentando un único cuadro, también del pintor ruso. Gracias a la moqueta que absorbe los sonidos y a la insonorización rigurosa de las salas, el visitante experimenta un silencio casi absoluto: una inusual sensación de aislamiento en el centro de una metrópolis.

En colaboración con el Museum der Stille, en 2014 se abrió al público un nuevo espacio expositivo en el entrepiso del mismo edificio dedicado a Xenia Mawrizki, profesora ucraniana que emigró a Alemania y trabajó durante décadas para promover la cultura rusa. La fundación Sergej Mawrizki, que debe su nombre al hijo del artista y cuyo presidente es Nikolai Makarov, apoya los proyectos artísticos y culturales favoreciendo el diálogo entre Alemania y los Estados de la antigua Unión Soviética.

LA ACERA DE LA AUGUSTSTRAßE 69

⑨

Un detalle especialmente sorprendente

Auguststraße 69, 10117 Berlín
S1, 2, 25, 26 (Oranienburger Straße)

Pocos transeúntes de la concurrida Auguststraße reparan en este pequeño pero sorprendente detalle en la acera, justo delante del número 69. De repente, esta se sale literalmente algunos metros de ancho de su eje, como si hubiéramos arrancado un trozo entero de pavimento y lo hubiésemos desplazado 7,5 grados en el sentido inverso de las agujas del reloj.

Ideada por la artista brasileña Renata Lucas en 2010, esta sorprendente obra de arte fue creada en el marco de su exposición en el Instituto de Arte Contemporáneo KKunst-Werke Berlin como ganadora del premio de Arte de la Fundación Schering. Oficialmente se titula *Cabeça E Cauda De Cavalo* (Cabeza y Cola De Caballo).

EL DECORADO HISTÓRICO DE LA TADSHIKISCHE TEESTUBE

Una copia del pabellón soviético de la feria de Leipzig de 1974

Oranienburger Straße 27, 10117 Berlín
0 30 / 204 11 12 - tadshikische-teestube.de
Lunes de 16 h a 22 h; de martes a viernes de 16 h a 23 h; sábados de 12 h a 23 h; domingos de 12 h a 22 h
S1, 2, 25, 26 (Oranienburger Straße)

En el bonito patio del número 27 de la Oranienburguer Straße, imperceptible desde la calle, descubrirá la Tadshikische Teestube («Salón de té Tadjik»), un sorprendente salón de té oriental con columnas talladas de madera de sándalo, alfombras persas de vivos colores y espléndidas lámparas de araña. Si bien el lugar en sí no es secreto en sí mismo, pocos conocen su curiosa historia. Toda la decoración viene directa del pabellón soviético de las repúblicas centroasiáticas de Tayikistán, Kazajistán y Uzbekistán –en aquel momento pertenecientes a la Unión Soviética– de la feria de Leipzig de 1974. Aunque los organizadores afirmaron haber reproducido un clásico salón de té tadjik, otras fuentes aseguran que se trataba de un auténtico *tea-room* de la capital, Dusanbé, transportado a Alemania para la ocasión. Dos años después, en vez de devolverla a su patria, la Tadshikische Teestube fue ofrecida a la sociedad como símbolo de la amistad germano-soviética e instalada en la primera planta del Palais am Festungsgraben, a dos pasos de Under den Linden, donde se ubicaba la sede de la institución en 1950. El salón de té permaneció en este edificio de arquitectura prusiana durante casi 40 años sirviendo como restaurante del Theater im Palais, un teatro fundado algunos meses después de la reunificación alemana.

En 2012, la Tadschikische Teestube fue nuevamente desmontada y trasladada justo aquí, al lado de la nueva sinagoga.

LA PIEDRA DEL PARQUE MONBIJOU

11

La última piedra

Monbijouplatz, 10178 Berlín
S3, 5, 7, 9 (Hackescher Markt)

En medio del parque de Monbijou, se cruzan dos caminos. En la esquina noreste una enorme piedra con arabescos simétricos de inspiración vegetal y un medallón ovalado en el centro que nos recuerda al de una fachada barroca pasa desapercibida al ojo humano. Una piedra que es en realidad el último testimonio del castillo Monbijou, que estuvo aquí hasta 1951.

Este vestigio proviene seguramente de una fachada dinamitada, de la cornisa superior de la única hilera de ventanas, o bien de la balaustrada a lo largo del tejado.

En los jardines del Gran Elector –quien plantara las primeras patatas de Brandemburgo por las flores que daban– hubo en otro tiempo una residencia de verano. En 1706, Federico I mandó construir un pequeño palacio de una sola planta para su amante, la duquesa de Wartenberg. Desde 1710, fue la residencia de la princesa heredera Dorotea, esposa de Federico Guillermo I de Prusia, futuro rey soldado, y su hijo Fritz, quien años después sería llamado Federico el Grande. Este último podía tocar allí la flauta tranquilamente sin ser molestado por su padre.

Tras convertirse en rey, acondicionó para su madre un magnífico parque con embarcadero donde se celebraban las más bellas fiestas rococó. Ella dio a su pequeño castillo y su parque el nombre de «Mon Bijou».

Bajo el mandato del Kaiser Guillermo II, el palacio se deterioró y se convirtió en un museo de los Hohenzollern. La joven RDA, igual de ansiosa que la joven RFA por borrar el pasado, lo hizo desaparecer en 1951.

EL APRETÓN DE MANOS DE LA SOPHIENSTRAẞE ⑫

¡Démonos la mano, viejo amigo!

Sophienstraße 18, 10178 Berlín
U8 (Weinmeisterstraße)

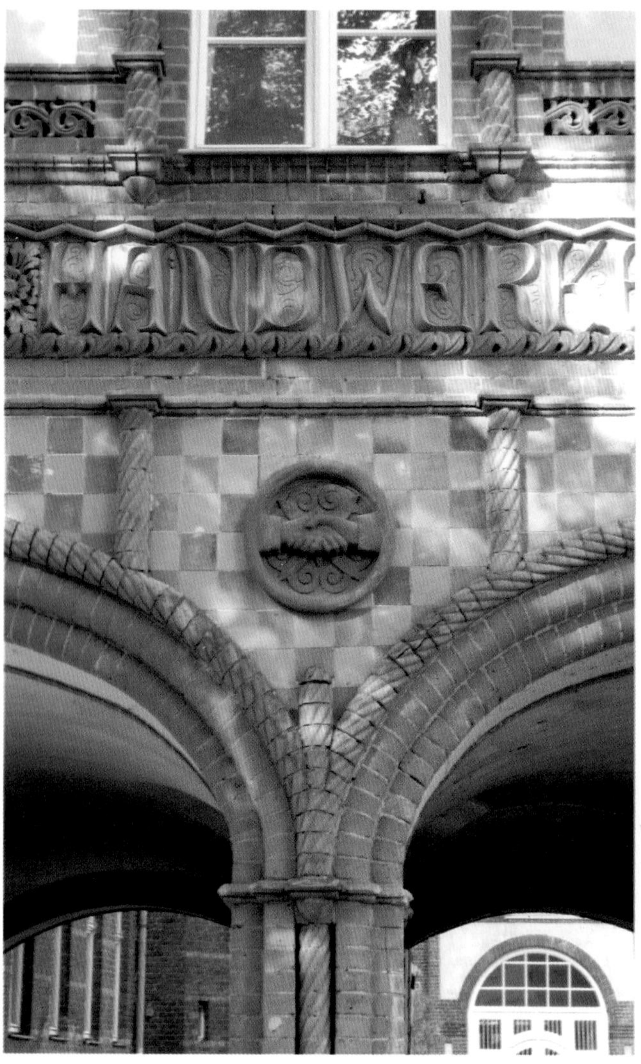

El 18 de la Sophienstraße destaca claramente entre sus sombrías vecinas por su fachada bellamente restaurada. En tiempos de la RDA, no obstante, estuvo en el punto de mira por su pasado comunista. Es en su patio interior, tras los arcos del pórtico de entrada, donde tuvo lugar la primera manifestación de los espartaquistas durante la revolución de noviembre de 1918 y donde Karl Liebknecht y Rosa Luxemburg pronunciaron grandes y apasionados discursos. El emblema que presidió esta escena representa un apretón de manos y está colocado justo encima del pilar que sostiene los dos grandes arcos del pórtico.

Estas dos manos entrelazadas en la fachada se relacionan indirectamente con el apretón de manos comunista que tuvo lugar cuando el SDP (partido socialdemócrata) y el KPD (partido comunista) se fusionaron en 1946 para fundar el SED, Partido Socialista Unificado de Alemania.

En realidad, existían ya mucho antes como emblema de la Asociación de Artesanos de Berlín, fundada en 1844 para dar voz a las clases populares. Sus miembros votaban por su propio comité y fijaban conjuntamente los objetivos de la asociación. Dos años más tarde, la Asociación de Artesanos de Berlín ya contaba con 1000 miembros.

El principal objetivo de esta asociación era la educación intelectual de los artesanos para que pudieran pensar y actuar por sí mismos, procurando favorecer al poder establecido para sortear la censura del Estado: los estatutos de asociación mencionan la vida intelectual y moral en el seno del artesanado, que debe inspirarse en el patriotismo, sin olvidar el respeto a las leyes y la devoción y fidelidad hacia el monarca. En realidad, el antiguo emblema de la asociación representaba una espada sostenida por dos manos.

La asociación era un auténtico caldo de cultivo para futuros revolucionarios. Pronto llegó a los 3000 miembros y se transformó en un ejército popular secreto, mostrándose muy activo durante la revolución de 1848. Las dificultades para poner en funcionamiento la democracia durante el Parlamento de Frankfurt –la primera asamblea nacional electa reunida en la iglesia de San Pablo– acabaron rápidamente con el impulso popular, que no pudo resistir la respuesta de las bien armadas tropas de los gobernantes. Las asociaciones políticas fueron prohibidas en 1849 y no fue hasta 1859 que la Asociación de Artesanos de Berlín obtuvo autorización para volver a formarse. En esta ocasión se retiró la espada del emblema sobre los arcos del pórtico de entrada por resultar demasiado marcial.

A pesar de todo, la asociación siguió siendo política, como ha demostrado la historia… Hasta tal punto que los nazis también la disolvieron.

LA CRUZ BLANCA DE LA MARIENKIRCHE

⑬

Dios no olvida

Karl-Liebknecht-Straße 8, 10178 Berlín
S3, 5, 7, 9 (Alexanderplatz)

La iglesia medieval de Marienkirche, –originaria de 1270– está lejos de ser un secreto. Pero ¿alguien se ha fijado en la discreta cruz en piedra blanca a la izquierda de la entrada principal?

En el pasado, las casas rivales de Wittelsbach y Habsburgo se disputaban el poder en el Sacro Imperio Romano. El Papa Juan XXII se oponía a los Wittelsbach y alimentaba la discordia en las ciudades de sus territorios. En este contexto, el preboste Nikolaus von Bernau pronunció el 16 de agosto de 1324 (o 1325) un discurso incendiario en la Marienkirche contra el joven príncipe elector de Wittelsbach. El clérigo no sobrevivió.

A decir verdad, ni siquiera se sabe si el preboste consiguió dar su sermón en la iglesia. ¿Fue arrastrado fuera del edificio para ser ejecutado? ¿Una casta de nobles cercanos a los Wittelsbach habría avivado este golpe y empujado al pueblo a cometer tal abominación, o bien el asesinato habría sido ordenado por el margrave? Nadie lo sabe. Solo una cosa parece cierta: el preboste Nikolaus fue golpeado públicamente hasta la muerte, y su cuerpo, quemado en el acto. Incluso se dice que el fuego fue reavivado para deshacerse por completo de los huesos.

El Papa tomó cartas en el asunto, pero la excomunión que promulgó en Aviñón tardó un año en llegar a Berlín. A partir de ese momento los servicios divinos, el acceso a la iglesia, los últimos sacramentos y la presencia de un sacerdote en los matrimonios y los entierros fueron prohibidos por Su Santidad. Los franciscanos y dominicanos de Cölln, sin embargo, podían ejercer su cargo pastoral delante de los sectores bajos del pueblo que no estaban implicados en sus querellas ni en el asesinato perpetrado por algunos fanáticos. El tribunal civil, que debería haberse hecho cargo de este caso de linchamiento y haber convocado una asamblea judicial en el «palacio de justicia» del antiguo ayuntamiento, guardó silencio.

En señal de arrepentimiento, se erigió la cruz blanca acompañada de una lámpara perpetua.

La compra de indulgencias aportó la absolución a la ciudad y borró esta mancha que le habría marcado hasta 1345. La llama que debía arder eternamente ha desaparecido, dejando cinco pequeños huecos en la cruz blanca.

LA VENTANA DE HONI

Pero ¿por qué esta fachada solo tiene una única ventana?

Memhardstraße 8, 10178 Berlín
U2, 5, 8 (Alexanderplatz)

Con 30 metros de alto y 40 metros de ancho, el bloque de pisos del número 2 de la Memhardstraße desemboca en la Karl-Liebknecht-Straße y comprende 120 apartamentos, según los porteros automáticos que hay al pie del edificio.

La principal leyenda que circula respecto al edificio del «Memi», como lo llaman cariñosamente sus habitantes, está relacionado con una de sus ventanas. Incluso habiendo cientos de ellas en la fachada, se localiza muy fácilmente porque es la única en todo el lateral del edificio que da a la Alexander Platz, en la octava planta.

Según los vecinos, esta ventana pertenecía a la vivienda de una de las hijas del presidente del Consejo de Estado de la RDA, Erich Honecker, alias Honi. ¿Se trataba de su segunda hija Sonja o de Erika, nacida de un primer matrimonio? Sea lo que fuere, la que ocupase este apartamento consiguió visiblemente, gracias a su ascendencia, que le instalaran este tragaluz en su cuarto de baño, que en otras circunstancias no hubiera tenido entrada de luz. Algunos cuentan incluso que Erich Honecker en persona habría seguido las artimañas de su pueblo desde este puesto de observación.

Según otra fuente, el apartamento en cuestión pertenecía a una hija d'Erich Mielke, jefe de la Stasi.

Cuando se interroga al responsable de la Asociación sobre la vivienda de Berlín-Mitte, vuelve salir a la luz una historia de planos de edificios presuntamente muy diferentes entre sí en las plantas superiores. La ventana en cuestión, afirma, estuvo en el edificio desde el principio. Sin embargo, curiosamente de nuevo, este hacía referencia a un apartamento del noveno piso. Pero nuestra ventana está en el octavo…

No hace mucho se traficaba en las cuatro entradas y el hueco de las escaleras, muy populares porque permitían consumir sustancias con la mayor discreción. Tal vez solo sea una leyenda popular, pero se dice que el problema se habría solucionado atenuando las luces en los pasillos y escaleras, de manera que los yonkis no vieran sus venas para pincharse.

LA COLUMNA LITFAß DE LA MÜNZSTRAßE

15

Un monumento a la primera plataforma publicitaria

Münzstraße 2, 10178 Berlín
U8 (Weinmeisterstraße)

Grabado en la columna de hierro fundido de la calle Münzstraße, próxima a la Alexanderplatz, el retrato de Ernst Theodor Litfaß rinde homenaje al inventor de las columnas homónimas. Quizás solo los mayores recuerden aún al inventor de la primera plataforma publicitaria.

Litfaß lidera desde muy joven la floreciente imprenta familiar y rápidamente demuestra que tiene talento para los negocios. A partir de lo que había observado 20 años antes en París durante un viaje de estudios, desarrolló una nueva técnica que permitía imprimir carteles de gran formato, de 6 por 9 m, que vendía a sus clientes junto con los soportes publicitarios correspondientes. A mitad del siglo XIX, Berlín estaba literalmente asfixiada por la cantidad de carteles que se pegaban por todas partes.

En aquella época, los urinarios de los espacios públicos de la capital francesa suponían un problema. Como solución, las autoridades municipales mandaron construir edículos circulares con paneles de madera adosados a los urinarios, para que los transeúntes de sexo masculino pudieran aliviar sus vejigas más o menos a salvo de las miradas y sin arriesgarse a ofender a nadie. Las paredes exteriores de estas «columnas urinarias» alentaba indirectamente a colocar cartelería no autorizada, y Litfaß se inspiró en ello para rediseñar su forma de barril, mejorándola. El resultado, más elegante, fue una columna lisa que podía integrar un urinario a un lado o una pequeña fuente municipal en el centro. Litfaß presentó este nuevo concepto al director de la policía berlinesa, Karl Ludwig von Hinkerdey.

A partir de entonces, solo se permitieron carteles en las columnas de Litfaß –por supuesto mediante pago– y la cartelería no autorizada fue inmediatamente prohibida en Berlín. En contrapartida de este decreto policial, Litfaß no pudo decir que no a fijar gratis los anuncios municipales. Por esta genialidad merecería por lo menos 10 memoriales… aunque las casi 4000 columnas Litfaß que se pueden encontrar en Berlín ya son de alguna manera monumentos a su gloria.

Existe otro homenaje a Ernst Theodor Litfaß en el Hackescher Markt: una columna blanca rematada por una corona dorada con la inscripción: «Litfaßsäule».

HUELLAS DE RESISTENCIA EN LA UMWELTBIBLIOTHEK ⑯

La iglesia que resistió de verdad

Zionskirchplatz, 10119 Berlín
De miércoles a sábado de 13 h a 18 h, domingo de 12 h a 17 h (de noviembre a Pascua, de 12 h a 16 h) con subida a la torre por 1 €
U2 (Senefelder Platz)

En la galería de la primera planta que domina la sala de culto de la Zionskirche, todavía son visibles las manchas violetas, rojas y verdes del parqué, protegidas por cristaleras de plexiglás. Son testimonio de las actividades de resistencia de la Umweltbibliothek, fundada en 1986.

Este grupo recopilaba libros y revistas prohibidos en la RDA sobre el medio ambiente y los derechos humanos, y ponía su contenido a disposición de los interesados en su publicación Umweltblättern (posteriormente Telegraph). Los archivos de la Umweltbibliothek estaban almacenados en el sótano.

Las galerías del primer piso ofrecían suficiente espacio a sus miembros para estampar los lemas de sus manifestaciones. Con su ribete rojo, las letras «F» y «R» (¿quizás de «FREIHEIT» o libertad?) son reconocibles en negativos.

El 17 de octubre de 1987, el grupo punk Berlin-Est Die Firma –cuyos miembros formarían después el grupo Rammstein– daba un concierto en el templo cuando fue violentamente interrumpido por skinheads enviados por el Ministerio de Seguridad. El 25 de noviembre de 1987, la Stasi asaltó por primera vez un edificio religioso, lo que aceleró la revolución pacífica de la RDA.

Otra resistencia: la Orquesta Roja

A la entrada de la iglesia, a la derecha, nos topamos al nivel de la cabecera con una reja metálica, cuadrada, rozando el suelo cerca del muro. Se trata de la rejilla de ventilación de una cripta que jugó un papel importante en la resistencia alemana contra los nazis. Albergaba una radio que permitía en 1942 a Schulze-Boysen advertir a los soviéticos del inminente ataque de los nazis. En 1942, la organización, que se componía de redes franco-belgas y alemanas, fue catalogada como «Orquesta Roja» por los papas secretos nazis y desmantelada por la Gestapo. Unos cincuenta miembros de la parte berlinesa de la red fueron ejecutados, entre ellos las parejas Harnack y Schulze-Boysen. Antes de que los nazis lo asesinaran, Dietrich Bonhoeffer había sido de 1931 a 1944 párroco de la Zionskirche, que se había convertido en un criadero de resistentes. Sus sótanos eran un escondite ideal. Fue allí donde, a partir de 1940, se reunían regularmente los resistentes reagrupados alrededor de Mildred y Arnd Harnack y de Libertas y Harro Schulze-Boysen para planificar acciones contra el régimen. Muchos artistas, intelectuales, estudiantes, ciudadanos de a pie y trabajadores se unieron a ellos con el fin de idear escondites para los perseguidos o para ayudar a los que estaban en peligro, proporcionándoles documentación falsa y dinero para que pudieran huir.

Monbijoupark
Reinhardtstraße
WEIDENDAMMER BRÜCKE
Friedrichstraße
Bundestag
Paul-Löbe-Allee
MARSCHALL-BRÜCKE
Spree
Dorotheenstraße
Reichstag
Scheidemannstraße
Charlottenstraße
SCHLOSS BRÜCKE
Brandenburger Tor
PARISER PLATZ
Unter den Linden
Straße des 17. Juni
PLATZ DES 18. MÄRZ
Brandenburger Tor
Französische Straße
Behrenstraße
Oberwallstraße
Französische Straße
Markgrafenstraße
Ebertstraße
Wilhelmstraße
Tiergarten
Hannah-Arendt-Str.
Jägerstraße
GENDARMEN-MARKT
MITTE
Taubenstraße
Hausvogteipl.
TIERGARTEN
Stadtmitte
Mohrenstraße
Mohrenstraße
Friedrichstr.
Kronenstraße
Lennestraße
Voßstraße
Leipziger Straße
POTSDAMER PLATZ
LEIPZIGER PLATZ
Leipziger Straße
Krausenstraße
Potsdamer Straße
Potsdamer Platz
Schützenstraße
Zimmerstraße
Stresemannstraße
Niederkirchnerstr.
Rudi-Dutschke-Straße
Lindenstraße
Linkstraße
Köthener Straße
Wilhelmstraße
Kochstraße/ Checkpoint Charlie
Markgrafenstraße
Mendelssohn-Bartholdy-Park
KREUZBERG

Mitte Sud

ALEXANDERPLATZ
Alexanderplatz
Karl-Liebknecht-Str.
Schillingstraße
Karl-Marx-Allee
Weydemeyerstr.
Lichtenberger Straße
Strausberger Platz
Karl-Marx-Allee
Spandauer Straße
Rathausstraße
Grunerstraße
Alexanderstraße
Schillingstraße
Littenstraße
Klosterstr.
Singerstraße
Stralauer Straße
Jannowitzbrücke
Lichtenberger Straße
Singerstraße
Andreasstraße
Krautstraße
Breite Straße
MÜHLENDAMM-BRÜCKE
Holzmarktstraße
JANNOWITZ-BRÜCKE
Gertraudenstr.
Fischerinsel
INSEL-BRÜCKE
Wallstraße
Rungestraße
Brückenstraße
FRIEDRICHSHAIN
MICHAEL-BRÜCKE
Märkisches Museum
Spittelmarkt
Spree
Holzmarktstraße
Köpenicker Straße
Heinrich-Heine-Straße
SCHILLING-BRÜCKE
Alte Jakobstraße
Annenstraße
Sebastianstraße
Heinrich-Heine-Straße
Adalbertstraße
MICHAELKIRCHPLATZ
HEINRICH-HEINE-PLATZ
Köpenicker Straße
Engeldamm
Bethaniendamm
Oranienstraße
MARIANNEN-PLATZ
Moritzplatz
0
500
1 000 m
6
7
8
9
10
11
12
13
14
15
16
17
18

LA FACHADA DE LA ANTIGUA HOFBEAMTENHAUS WILHEIM II

1

Testigos de época

Geschwister-Scholl-Straße 5, 10117 Berlín
S1, 2, 3, 5, 7, 9, 25, 26 / U6 (Friedrichstraße)

En el número 5 de la Geschwister-Scholl-Straße se alza un edificio cuya arquitectura destaca entre las construcciones modernas de los alrededores. Si su aspecto deteriorado resulta extraño en pleno centro de Mitte, una mirada más exhaustiva muestra que no se trata de una negligencia sino más bien de un proyecto de restauración muy cuidado.

Un panel informativo colocado entre dos ventanas de la planta baja confirma que el edificio fue restaurado en los años 2009-2010 gracias a la ayuda económica del estado alemán y del *land* de Berlín. La originalidad del proyecto radica precisamente en el hecho de que aún son visibles las huellas de las distintas épocas a las que ha sobrevivido el edificio. El portal de entrada es probablemente el elemento que aporta más indicios históricos del siglo XIX berlinés. Dos pilastras monumentales sostienen un elegante frontón decorado con una cabeza de león y el monograma imperial del Kaiser Guillermo II: una «W» y una «R» incrustadas refieren a «Wilhelminus Rex», encima de dos números romanos. Este detalle dice mucho sobre la historia de este edificio erigido en 1903 a modo de alojamiento oficial para algunos altos funcionarios de la corte.

En la parte superior de la puerta, como en otros lugares de la fachada, también es posible distinguir varios agujeros dejados por proyectiles durante la Segunda Guerra Mundial. Conservados durante las obras de reestructuración, dan testimonio del terrible periodo que vivió la ciudad.

Algunas partes de la primera planta, en particular la ventana saliente de la derecha, también tienen ladrillos de un color más claro que el resto del enlucido rugoso. Se trata de reparaciones de emergencia realizadas justo después del final de la guerra. Más alto, entre dos ventanas del tercer piso, el edificio conserva huellas de la dejadez que sufrió en la época de la RDA. Esta sección del muro también sufrió daños considerables y ha sido reparada a partir de ladrillos más bien básicos.

CANALIZACIÓN DEL MURO DE CONTENCIÓN

②

El cauce del Spree que alimenta la fuente y vuelve al Spree...

Lustgarten
Unter den Linden 2, 10117 Berlín
U2 (Hausvogteiplatz)

Si aparta un instante la vista del Lustgarten y de la catedral más allá del canal del Spree, cuyo último tramo –a partir de la antigua esclusa de la ciudad– es igualmente llamado Kupfergraben, y mira al otro lado, percibirá la existencia de un extraño afluente que resulta ser una especie de manantial que brota del muro de la ribera. Plantas de un verde intenso y un joven árbol, agarrados a las piedras del muro, disfrutan del agua fresca que brota de una abertura semicircular antes de volver a caer chapoteando en el canal.

No hay arroyos en el parque, lo que hace pensar que se trata de alcantarillado, idea que se descarta rápidamente teniendo en cuenta la claridad del manantial. Los bajorrelieves de delfines que la enmarcan

dan la impresión de que se trata más bien de un circuito de agua intencionado, o al menos tolerado. Además, ¿no se escucha a lo lejos el sonido de una gran fuente, atrayendo a los turistas *amateurs* a hacerse *selfies* con el agua, la catedral y la bola de la torre de televisión de fondo? Para entender el vínculo que los une, hay que remontarse a la obra reacondicionamiento del Lustgarten por Schinkel y Lenné entre 1830 y 1834, en la época donde la gran fuente jugaba un rol central. El antiguo puente de Pommeranzenbrücke fue sustituido por una instalación equipada de una máquina de vapor destinada a bombear agua del Spree y dirigirla a un estanque del Altes Museum. Desde allí, el agua a presión se disparaba a 13 m de alto. El agua pasaba entonces por una acequia provista de delfines directa al canal del Spree.

En 1893, el circuito de agua dejó de funcionar. Más tarde, los nazis rediseñaron el parque para convertirlo en un espacio dedicado a los desfiles y manifestaciones. Tras la caída del Muro, el concepto del parque de Schinkel y Lenné se reinventó instalando modernas bombas de agua, eléctricas, que alimentan hoy la fuente central. Sin embargo, el agua debe terminar su cauce en alguna parte... Aún fluye por las viejas acequias que, protegidas en cavidades subterráneas, como las tuberías, han sobrevivido sin daño alguno al siglo XX.

ESCULTURA DE DELFÍN

El último testimonio de una balaustrada histórica

Schlossbrücke (beim Lustgarten), Spreeinsel, 10178 Berlín
S3, 5, 7, 9 (Hackescher Markt) / U2 (Hausvogteiplatz)

Cerca del Schlossbrücke («puente del castillo»), en el lado suroeste del jardín de Lustgarten, hay una escultura de delfín en un marco de hierro fundido y oxidado que parece un poco fuera de lugar. El delfín del Lustgarten es de hecho el último delfín original que decoraba las balaustradas del puente del castillo, siguiendo la obra del arquitecto Karl Friedrich Schinkel en 1824. Los delfines actuales no son más que copias.

Las obras de embellecimiento de Schinkel en 1824 fueron de hecho en gran parte debidas a una catástrofe que tuvo lugar en 1823 (véase más abajo).

Un estreno muy desafortunado

El 29 de noviembre de 1823, el príncipe heredero de Prusia Federico Guillermo y su esposa Isabel de Baviera debían contraer matrimonio en la capilla del castillo de Berlín. Con motivo de su traslado a la capital, Federico Guillermo III convocó un gran desfile y una fiesta en el Lustgarten. El nuevo puente del castillo, aún desprovisto de balaustrada, debía ser inaugurado esa misma ocasión, con la pareja de príncipes cruzando en un carruaje dorado. Pero nadie pensó en los espectadores.

A un lado del puente, una única pasarela de madera acogía a los curiosos, mientras que la vía reservada a la pareja era lo suficientemente ancha como para acoger siete coches. Las disputas por coger el mejor sitio en la pasarela se multiplicaron, y lo que estaba claro que podía pasar, acabó pasando. La precaria balaustrada se rompió y los espectadores cayeron al canal. Muchos de ellos no sabían nadar y además las pesadas ropas de invierno dificultaban mucho sus movimientos. En total hubo 22 ahogamientos.

El incidente no pareció removerle demasiado la conciencia al rey Federico Guillermo III, que había organizado un banquete para los pobres con motivo de su boda. Además, se prohibió la publicación de las esquelas mortuorias en la prensa para no conmocionar aún más a los recién casados, prohibición que se retiró cuando las familias llevaron sus quejas ante el ministro.

La copa de granito más grande del mundo ④

A veces exhibir algo delante de todos es el mejor modo de esconderlo, como es el caso de la copa de granito que se halla delante del Altes Museum (Bodestraße 1–3).

Muchos curiosos se tumban en el césped del Lustgarden, se sientan en los escalones o se instalan bajo la escultura sin prestar la menor atención a la copa de granito más grande del mundo, que fue extraída de un solo trozo de piedra en bruto en la época llamada del Biedermeier, mucho antes de los actuales medios de transporte y del tratamiento de la piedra. El inmenso cuenco de granito Karlshamm, sueco y del periodo precámbrico, todavía presenta un barniz claramente visible.

Se tardó dos años y medio en pulirlo con ayuda de una máquina de vapor construida por la fábrica de mármol de Cantian. Fue un logro extraordinario y sin precedentes. El pintor Johann Erdmann Hummel inmortalizó esta proeza en varias representaciones en papel sobre lienzo, de colores y tan realistas como las fotografías, que en aquella época no eran más que manchas grisáceas que requerían explicaciones detalladas.

La vasija de Berlín fue el resultado de una competición oficial entre Federico Guillermo III –rey de Prusia– y el enviado diplomático inglés William Spencer Cavendish –sexto duque de Devonshire– que había encargado una gran copa de granito al inspector de edificios y al tallador de piedra berlinés Christian Gottlieb Cantian. El rey de Prusia no pudo aceptar ver su país superado y encargó una taza a Cantian, que por supuesto tenía que ser más grande que la destinada a los ingleses.

Prusia no disponía de granito «nacional», pero el periodo de glaciación había traído grandes bloques al norte, con lo que se extrajo un trozo del macizo de Markgrafenstein en las montañas de Rauhenschen, próximas al bosque de la Fürstenwalde. Después de haberla transportado con éxito por el Spree y de haberla pulido en Berlín, la copa seguía siendo demasiado grande para la rotonda del museo. Por ello, hoy en día se enfrenta a las inclemencias del tiempo: tormentas, lluvias y heladas.

Tras haber sobrevivido a dos grandes guerras, solo conserva dos heridas: una pequeña fractura y un pedazo roto que sin embargo han podido repararse.

La tumba de Alexander von der Mark: ¿estamos ante un fratricidio? ⑤

En el siglo XIX, la tumba de Alexander von der Mark creada por Johann Gottfried Schadow era una de las «maravillas de Berlín». El joven, que no pertenecía a la antigua nobleza, se encontraba originalmente ubicado en la Dorotheenstädtische Kirche, antes de ser trasladado en la Segunda Guerra Mundial. La iglesia ha desaparecido y la tumba reposa ahora en la Alte Nationalgalerie (Bodestraße 1–3). Casi nadie recuerda esta triste historia.

El conde Friedrich Wilhelm Moritz Alexander von der Mark vino al mundo en 1779. Era hijo natural de Guillermo, el príncipe heredero de Prusia –que se convertiría en el rey Federico Guillermo II de Prusia en 1786– y su amante oficial, Wilhelmine Encke, a quien se le concedió el título de condesa de Lichtenau por intermediación de su amante y amigo, durante un viaje a Italia.

El joven, apuesto, noble y vivaz, agradó mucho a Federico el Grande, aunque no formara parte de la antigua nobleza. Como presume la inscripción en latín de su tumba, Alexander poseía efectivamente virtudes y capacidades extraordinarias. A la edad de 5 años, escribió a su padre una carta que puede admirarse hoy en día en el palacio de mármol de Potsdam. El rey le llamaba «das Anderchen», «el pequeño diferente», prefiriéndole al príncipe heredero Federico Guillermo III. ¿Fue esto lo que propició la pérdida del niño de casi 9 años? Eso es lo que suponía el pueblo en luto, que sugirió el envenenamiento. La sospecha de fratricidio flotaba sobre la suntuosa tumba que mostraba abiertamente el amor de estos padres por su hijo perdido. Se colocó una urna en su memoria en el nuevo jardín del palacio de mármol, en el lugar donde Federico Guillermo II escuchaba siempre la voz de su Anderchen. Cuando Federico Guillermo III ascendió al trono, una de sus primeras iniciativas fue arrastrar y desterrar a la condesa de Lichtenau. ¿Es esta la prueba definitiva de él era el asesino de su hermano, mucho más dotado y querido?

MEMORIAL DE LA ROSENSTRAßE ⑥

¡Devolvednos a nuestros hombres!

Rosenstraße 2, 10178 Berlín
S3, 5, 7, 9 (Hackescher Markt)

El Memorial de la Rosenstraße es la capital de la memoria política, quizás el más importante de Berlín-Mitte, ya que es la prueba de que la desobediencia civil puede salvar vidas, incluso en una dictadura, en cualquier momento y en cualquier lugar. Tallada en piedra, la angustia permanece impenetrable. El monumento permanece necesariamente frío, y sin embargo basta con conocer su historia para verle cobrar vida.

Hasta 1942, este lugar acogió un centro benéfico y de ayuda a los jóvenes de la comunidad judía. Después de que Himmler tomara la decisión de deportar a campos de concentración a todos los judíos que vivían en la zona del Tercer Reich –incluidos los «Mischlinge» o «mestizos» de ascendencia parcialmente judía– , 2000 judíos varones nacidos de matrimonios mixtos fueron arrestados. Como de costumbre, Hitler había hecho excepciones y pidió a Goebbels que mantuviera al margen de momento a los judíos de pareja mixta para evitar «escenas» en público... órdenes ignoradas por muchos de sus secuaces que antepusieron la violencia a la obediencia.

Las detenciones provocaron las famosas «escenas» que Hitler temía. Las esposas no judías no se dejaron impresionar por las amenazas de la policía. Cada vez más numerosas, se manifestaban ante el antiguo centro de beneficencia donde estaban encerrados los futuros deportados. Cuando la policía les hizo retroceder, las mujeres se retiraron a las calles cercanas para volver un poco más tarde con su «¡Devuélvannos a nuestros hombres!». El *Gauleiter* o jefe de distrito Goebbels finalmente cedió. Liberó a los prisioneros e hizo que trajeran de Polonia a 25 hombres que ya habían sido deportados a Auschwitz-III (Buna-Monowitz). Esto es lo que se puede leer en su diario: Pido al *Sicherheitsdienst* [el servicio de inteligencia y orden público de las SS] que no continúe esta «operación judía» en un momento tan crítico. Preferimos dejarlo de lado unas semanas más; entonces podremos dedicarnos a él mucho mejor.

El triunfo de esta acción de protesta se extendió por todo el territorio del Tercer Reich. Unas semanas más tarde, en Dortmund, unas 300 o 400 personas también protestaron con éxito contra la detención de un soldado. El periodista Georg Zivier, que había sido uno de los detenidos y cuya esposa había protestado por él, describió después de la guerra que algunos se agarraban a un hecho cualquiera como «una pequeña luz en la oscuridad, una señal que habría quizás podido llevar a un levantamiento general». El 98 % de los judíos alemanes que sobrevivieron al régimen nazi vivían en parejas mixtas.

LOS CIMIENTOS DE LA ANTIGUA SINAGOGA ⑦

Huellas en la vegetación

Heidereutergasse 4, 10178 Berlín
S3, 5, 7, 9 (Hackescher Markt)

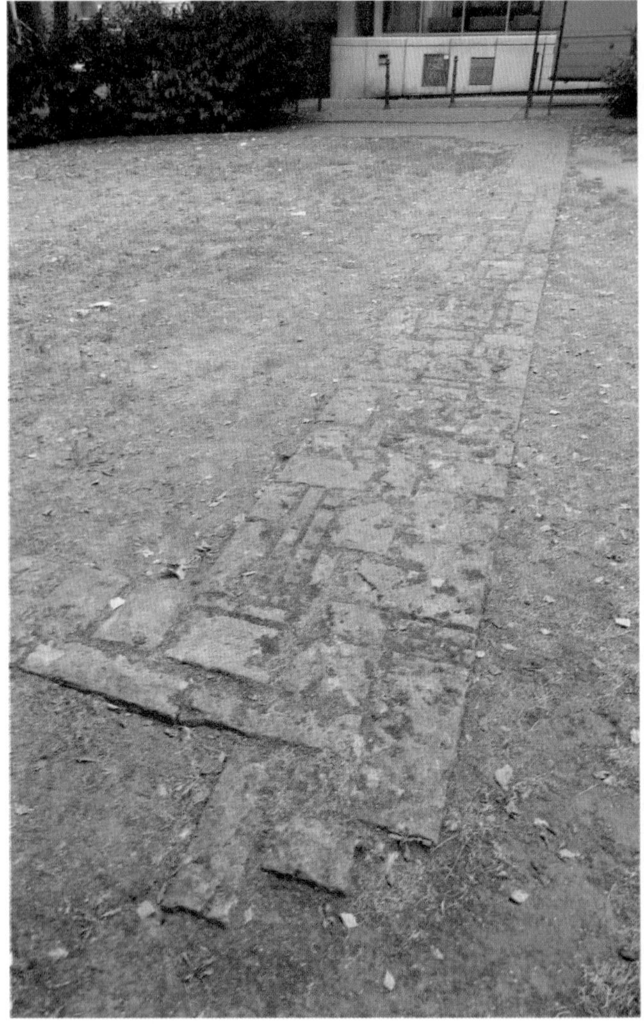

Uno no acaba por casualidad en el lugar de la primera sinagoga berlinesa. El callejón de la Heidereutergasse («Reuter» aquí significa «jinete») es tan diminuto que probablemente sea una de las calles más pequeñas de Berlín. En lugar de la sinagoga, ahora solo hay un cartel con algunas explicaciones, así como piedras que dibujan en el suelo su antiguo trazado, apenas reconocible, sobre una pequeña parcela cubierta de vegetación más bien descuidada y sucia, bloqueada entre la Heidereutergasse y la Rosenstraße.

La antigua sinagoga fue el culmen de un viejo sueño de la comunidad judía de Berlín. A pesar de que 50 familias habían encontrado refugio en Berlín en 1671 tras su expulsión de Viena, no fue hasta 1712 que el rey Federico Guillermo I de Prusia les permitió construir un lugar de culto. Los judíos debían tener en cuenta varias condiciones: la más importante era que el edificio religioso no sobresaliese sobre las casas burguesas de los alrededores. A diferencia de otros recién llegados, bien acogidos en Berlín, los jefes de proyecto judíos no se beneficiaban de los terrenos puestos normalmente a su disposición de forma gratuita, ni de materiales de construcción por los cuales la comunidad debía pagar una cuota. Tras la adquisición de dos terrenos vecinos, en 1712 comenzó la construcción de una austera estancia rectangular con techo abovedado, que se integró discretamente en el seno de los edificios circundantes.

El 10 de diciembre de 1714, se inauguró la sinagoga en presencia de la reina consorte de Prusia, Sofía Dorotea de Hannover. La sinagoga se amplió en 1850, pero el número de fieles de la comunidad judía crecía tan rápidamente que pronto se quedó pequeña. En 1860, la comunidad contaba con 28 000 miembros. Una vez fue terminada la construcción de la nueva y magnífica sinagoga de la Oranienburger Straße, la antigua sala de oración de la Heidereutergasse se convirtió en la «Alte Synagoge» y fue cayendo poco a poco en el olvido.

Oculta a la vista, la sinagoga escapó a la locura destructiva de los nazis la noche del 9 al 10 de noviembre de 1938. El último oficio tuvo lugar en 1942 cuando las deportaciones seguían en proceso. En febrero de 1945, los aliados bombardearon el edificio, tras lo cual la RDA retiró los escombros, pero sin llegar a ocupar el lugar. Hasta el año 2000 no se descubrieron los cimientos.

EL ATRIO DEL TRIBUNAL DE BERLÍN

8

Una arquitectura espectacular

Littenstraße 12–17, 10179 Berlín
De lunes a viernes de 9 h a 13 h
Debe presentar alguna identificación, ya sea pasaporte o DNI
U2 (Klosterstraße)

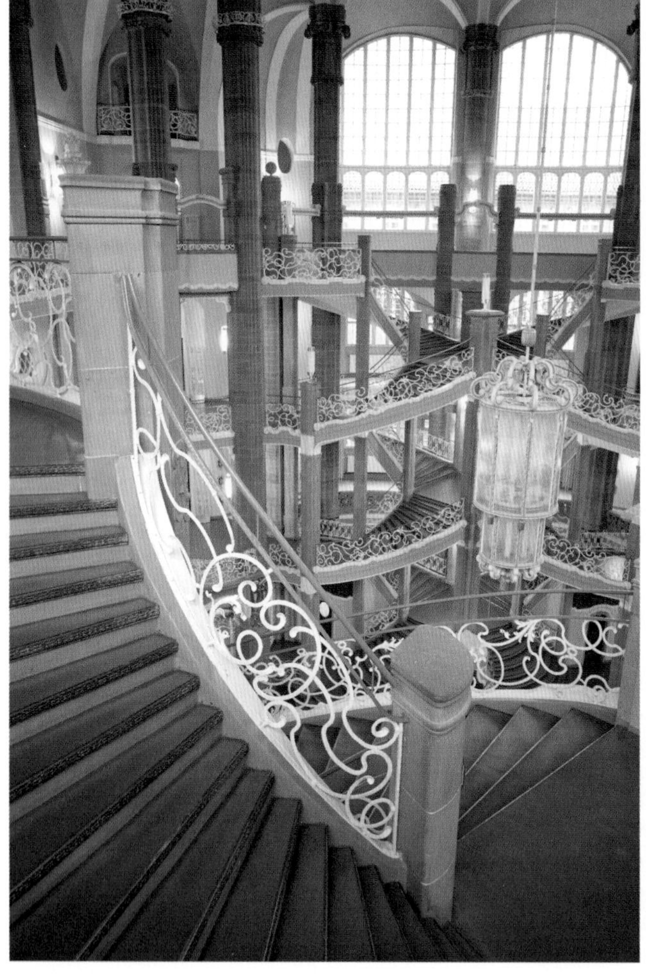

Si bien el palacio de justicia del Landgericht Berlin (Tribunal regional de Berlín) no es un secreto en Berlín, la mayoría de la gente que lo conoce no imagina que puede visitarse y que esconde uno de los interiores más bellos de toda la ciudad. Tras haber pasado los controles de seguridad de la entrada, situada en la Littenstraße (basta con un pasaporte o documento de identidad), nos espera una visión espectacular: un vestíbulo circular de 30,50 m de altura rica y profusamente decorado. Una columnata de arenisca en tonos rojos y verdes rodea un amplio espacio central completamente abierto. Las columnas de la planta baja y de las dos escaleras de caracol están decoradas con dibujos de colores donde aparecen caballeros ataviados con armaduras y escudos. El suelo de terracota presenta muchos tipos de baldosas, muchas de las cuales datan de la época de construcción del edificio y representan el escudo de armas de la corona. Son igualmente interesantes las figuras tortuosas, típicas del Jugendstil (*Art Nouveau*), que conforman las balaustradas blancas de hierro forjado de las escaleras y los balcones, puesto que en otros lugares las barandillas tienen motivos rococó.

Subir a los pisos superiores permite contemplar más de cerca la maravillosa lámpara de araña que cuelga en el centro de la sala y del techo, cuyas bóvedas están decoradas con elementos dorados que por sus colores y sus formas recuerdan a los cánones de la arquitectura gótica. Desde los pisos superiores, el atrio es visible en toda su amplitud –unos 1000 m cuadrados–. Sobre el portal de entrada vemos «1904», el año que fue inaugurado el edificio. Las obras, dirigidas por los arquitectos Paul Thoemer, Rudolf Mönnich y Otto Schmalz, habían comenzado en 1896. El edificio fue erigido para acoger la cámara civil del tribunal regional de Berlín y el tribunal civil de primera instancia de Mitte. Con sus 5 kilómetros de pasillos y sus 3000 ventanas, fue en aquella época uno de los edificios más grandes de la ciudad. Su fachada fue diseñada en el estilo barroco de la Alemania del sur, con dos torres angulares para cerrar el lado que da a la Neue Friedrichstraße (ahora Littenstraße).

El tribunal sufrió graves daños con los bombardeos de la Segunda Guerra Mundial y tuvo que ser reconstruido sustancialmente en la posguerra (en 1968-69 se demolió un ala entera, casi intacta, para dar paso a la Grunerstraße). En los años en que Alemania fue dividida, también actuó como tribunal supremo de la RDA. Actualmente, muchas cámaras civiles del tribunal civil de primera instancia se encuentran en esta dirección, así como el tribunal de apelación del tribunal regional de Berlín, el más grande de Alemania en número de empleados.

©Ansgar Koreng

VESTIGIOS DE LA MURALLA DE LA CIUDAD ⑨

Últimas huellas de la antigua muralla

Waisenstraße 14-16, 10179 Berlín
S3, 5, 7, 9 (Alexanderplatz) / U2 (Klosterstraße)

El trazado de la antigua ciudad de Cölln se extiende al sur de la Alexanderplatz, y si pasea por allí, puede encontrar los restos de las construcciones más antiguas del actual Berlín. Pase delante de la iglesia Notre-Dame del siglo XIII antes de bordear el Rotes Rathaus por la izquierda para luego descender por la Jüdenstraße y atravesar la Grünstraße. El centro del antiguo barrio judío, el Große Jüdenhof, es ahora un parking del centro de la ciudad. Siguiendo la Grünstraße hacia la izquierda, se llega a la iglesia en ruinas del monasterio franciscano, en ruinas desde la última guerra. Es justamente sobre los restos de los cimientos de este último por donde circulan los coches. Debe girar a la derecha hacia la calma de la Littenstraße para descubrir los más antiguos testimonios de la arquitectura de Berlín conservada en la superficie: restos de la muralla medieval edificada alrededor del 1250 –dos kilómetros y medio de aquella época para delimitar las 70 hectáreas de Cölln y Berlín. Los vestigios fueron redescubiertos en 1948 en el pequeño tramo en el que las calles Littenstraße y Waisenstraße son paralelas entre sí, al retirar los escombros de las casas que estaban adosadas y que habían

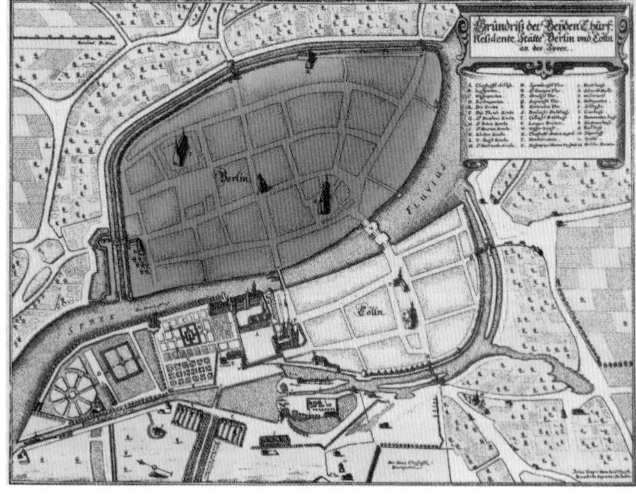

sido destruidas por los bombardeos. El edificio de la posada Zur letzten Instanz también estaba integrada en las primeras murallas de la ciudad como «Wiekhaus», una especie de puesto de vigilancia construido a veces sobresaliendo de la muralla. En 1621, un mozo de cuadra del príncipe elector abrió aquí una taberna, el antepasado más lejano del actual café-restaurante.

Delante, detrás y desde el interior del café, se puede ver de cerca lo que queda de los primeros muros. De un grosor de tres a seis pies –uno o dos metros aproximadamente–, presentan añadidos posteriores en vertical y fueron elevados sobre mampostería más o menos toscas o anidadas unas dentro de otras. Los ladrillos han servido para elevar la parte del muro original –aproximadamente de dos metros de alto– erigido a base de mampostería con piedras recogidas de los campos para finalmente alcanzar una altura total de cuatro o cinco metros. Se han añadido algunas almenas aquí y allá, además de los numerosos Wiekhäuser, torres esporádicas de hasta 25 metros de altura que permitían vigilar a los posibles agresores. Para frenar el avance enemigo, frente a la nueva muralla (hacia la actual Littenstraße) se cavaron dos fosas de 15 metros de ancho, separadas por un muro de protección de 7,5 a 10 metros.

Como en cualquier sistema de defensa urbana, hay a intervalos regulares agujeros-de-zorro –en alemán, literalmente «trampas para osos»– para el futuro animal heráldico. Hace unos años aún podían verse huellas de pequeños carnívoros, cocidas en los ladrillos rojos del monasterio. Hoy en día, están en proceso de desintegración.

CRIPTA DE LA PAROCHIALKIRCHE

⑩

Una perspectiva de eternidad

Klosterstraße 66, 10179 Berlín
0 30 / 526 802 – 135
crossroads@besondere-orte.com
crossroads-berlin.com
Visita guiada gratuita previa reserva a través de CROSS ROADS – Berlin mit anderen
Augen Evangelischer Kirchenkreis Berlin Stadtmitte; reservas por correo electrónico o por teléfono
U2 (Klosterstraße)

Desde la amplia sala de culto de la iglesia barroca parroquial o Parochialkirche de la Klosterstraße, construida entre 1695 y 1703, para acceder a la cripta solo basta andar algunos pasos hasta llegar a una estrecha escalera de caracol construida en piedra. Es la única cripta de Berlín que alberga las tumbas de la pequeña nobleza y de la burguesía acomodada. Sus pasillos cruciformes siguen el mismo plano que el edificio religioso barroco. A partir de los dos ejes de la cruz, una treintena de sepulcros se distribuyen a los lados. Cada cripta está cerrada por una sencilla puerta de listones de madera que dejan entrever el interior y favorecen también que circule el aire.

Este buen sistema de ventilación, que ha sido desde el principio la particularidad de la cripta de la Parochialkirche, ha momificado totalmente vestidos a gran parte de las personas que descansaban

allí. Estas momias fueron redescubiertas durante la restauración de esta cripta única en su especie en Europa. Durante la visita guiada, podrá acercarse a la cripta donde yacen sus sarcófagos de piedra y sus ataúdes de madera, y las particularidades de las momias se explican a los visitantes con ayuda de fotografías.

Descubrirá, por ejemplo, el moderno vestido de la Baronesa Louise Albertine (fallecida hacia 1750 a la edad de 24 años), con un pronunciado escote y en seda dorada. Como su funeral tuvo lugar en invierno, su frágil piel no fue perforada por los gusanos. O el gato (también momificado) que reposa entre los brazos de Christoph Schneider, el comisario de la Moneda fallecido en 1715, así como el espacio lleno de ataúdes de niños y la cripta en cuyo interior se encuentra un ataúd de cristal, que se hubo añadido para luchar contra el miedo de ser enterrado vivo. Durante la visita, también se cuenta la macabra historia de Elsa la Roja. Cuando la concesión anual (el equivalente a unos 40 000 euros de ahora) dejó de pagarse, a los esqueletos se les daba sepultura por la noche en el pequeño cementerio parroquial, donde el común de los mortales se cubre de tierra y donde los vestidos, por preciosos como sean, se transforman en humus.

A lo largo del siglo XX, la cripta, que había permanecido durante mucho tiempo sin protección, fue profanada innumerables veces. Los ladrones de tumbas en busca de joyas cortaban los guantes de las momias, y los estudiantes del hospital de la Charité, animados por sus profesores, se hicieron con cráneos humanos totalmente gratis.

Al final se optó por tapiar la cripta, lo que impidió la circulación del aire y favoreció la aparición de moho, fenómeno que los arqueólogos han llamado a veces «la maldición del faraón».

LA GESCHÄFTSHAUS TIETZ

11

Un singular ejemplo de arquitectura Jugendstil en Berlín

Klosterstraße 64,
10179 Berlín
U2 (Klosterstraße)

En el número 64 de la Klosterstraße, frente al imponente Altes Stadthaus, la Geschäftshaus Tietz constituye un magnífico ejemplo

de arquitectura berlinesa del siglo XX. Al visitante que pase por esta antigua calle del centro histórico le sorprenderá su original fachada, toda de arenisca. La particularidad del edificio reside sin duda alguna en su estructura de pilares, un tipo de construcción que se desarrolló entre los siglos XIX y XX, y que permitía integrar un gran número de ventanas: incluso la planta baja está equipada de cuatro ventanales que no son de época, y que separan los seis pilares y dejan entrar la luz del sol para iluminar el interior. Las molduras de las cornisas, concentradas en el bloque central, son particularmente interesantes. Consisten en motivos florales y rostros estilizados de hombres y mujeres con capiteles jónicos y corintios.

Estos elementos decorativos son típicos del Jugendstil alemán (un estilo arquitectónico relacionado con el Art Nouveau), como, por ejemplo, los elementos decorativos de la puerta principal en hierro forjado, que da acceso a los patios interiores. La Geschäftshaus Tietz se construyó en 1904-1906 basándose en el proyecto del arquitecto Georg Lewy. Es uno de los escasos edificios de la zona que no sufrieron daños durante la Segunda Guerra Mundial. La construcción fue encargada por Berthold, Georg y Heinrich Tietz, tres hermanos empresarios de la industria textil. En el portón de entrada están esculpidos en altorrelieve sus nombres: Gebr. Tietz («Hermanos Tietz»). A los lados figuran los nombres de la ciudad de Berlín y de Annaberg, la localidad de Saxe de donde era originaria la familia (no confundir con los fundadores de los célebres grandes almacenes Tietz).

Los locales de este edificio al principio fueron alquilados a empresas textiles y utilizados por los propietarios como lugar de reventa de pasamanería hasta 1933, periodo en el cual el régimen nazi golpeó duramente a la comunidad judía a la que pertenecían los Tietz. En este lugar se instaló en 1940 la sede de la administración de la armada, antes de que el edificio acogiera después de la guerra el catastro de Berlín Este.

Actualmente, la Geschäftshaus Tietz está protegida por los bienes culturales y alberga las oficinas de varias empresas y profesiones liberales.

EL WUSTERHAUSISCHER BÄR ⑫

El último testimonio de fortificaciones de Berlín

Am Köllnischen Park 5, 10179 Berlín
U2 (Märkisches Museum)

Una curiosa torrecita de ladrillo sobresale en el Cöllnischer Park. Desde el suelo hasta lo alto de la escultura que remata su tejado en forma de ensaladera invertida, apenas hay cinco metros de alto. Su modesto interior está cerrado por una reja y perforado por una aspillera. La inscripción «Wusterhausischer Bär 1718», colocada en tiempos del rey de Prusia Federico Guillermo I («rey soldado» y padre del «Vieux Fritz»), no evoca gran cosa. Como la mayoría de las esculturas y otros restos arquitectónicos del viejo Berlín que están reunidos en este parque, la torre no se sitúa en su

lugar de origen. El lugar sirve de refugio a estas construcciones de piedra que tuvieron que ceder su lugar a los edificios del Märkisches Museum (el Museo de la Marcha de Brandebourg) o a su patio interior.

En los años 2000, se podía observar en la fosa de los osos de este parque un auténtico oso pardo, el animal heráldico de Berlín, a la hora de comer. Pero el «Bär» (que significa oso en alemán y que se pronuncia «Behr») de la escultura no tiene absolutamente nada que ver con los osos. La etimología de esta acepción de la palabra «Bär» vendría del latín medieval barra o «barrera». Se trataba de construcciones que formaban parte del arsenal defensivo al que también se le llama «Wehn» en alemán. Un «Bär» era un dique específico en las fortificaciones alrededor de Berlín. Las barreras estaban instaladas en los diques, en los muros desde los que se colocó una torre de defensa que debía proteger estas fosas y obstaculizar los ataques o el asedio de las fortificaciones. Ocupaba toda la anchura de la presa, de borde a borde, para que cualquiera que intentara rodearla, cayese irremediablemente al agua. De los tres pseudo osos («Bären», en realidad «Wehren», y por tanto presas) que se encontraban apostados en los fosos de defensa de Berlín, el Bär de Wusterhausen es el que ha resistido más tiempo a los asaltos en el tiempo. Después de haberse suprimido las fortificaciones en el siglo XVIII, el foso ha continuado llevando a cabo su labor en el llamado foso verde –*Grüner Graben*– regulando el agua que alimentaba un molino. Como esta barrera se encontraba en la ruta de la aldea de Königs Wusterhausen, fue bautizada como Wusterhausischer Bär. Cuando el foso verde y la presa se rellenaron en 1883 y 1884, lo único que quedó fue la torre llamada Wusterhausischer Bär en la nueva calle Jakobsstraße. De acuerdo con las medidas de conservación propuestas por el Märkisches Museum, fue desmontada para ser reconstruida en el Cöllnischer Park. A la inscripción de 1718 se le ha añadido lo siguiente: «Edificada en medio de la primera fosa verde tras el bastión VI». El *Bär/Wehr* u oso es hoy día el último testimonio de las antiguas fortificaciones monumentales de Berlín, que eran tan inexpugnables que nunca tuvieron que hacer frente a ataques ni asedios.

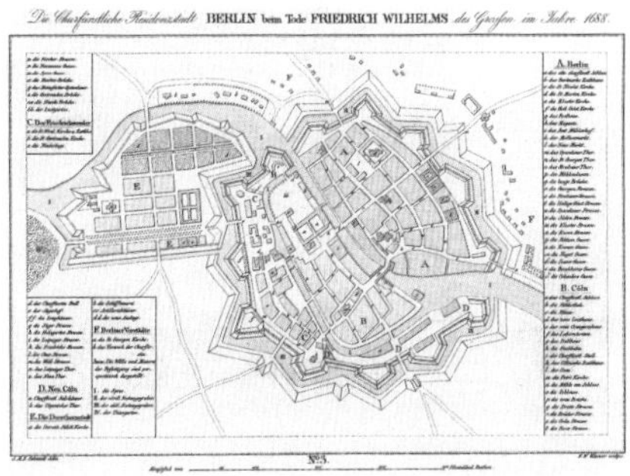

BAJORRELIEVE DE LA CASA ERMELER

⑬

Esclavos para enriquecer Berlín

Märkisches Ufer 10,
10179 Berlín
U2 (Märkisches Museum)

En el muelle Friedrichs-Gracht, la Ermeler Haus o casa Ermeler debe su nombre a uno de sus antiguos propietarios. El bonito bajorrelieve colocado sobre la puerta de entrada principal muestra un paisaje tropical a hombres y mujeres medio desnudos recolectando tabaco a mano.

El comercio de tabaco enriqueció considerablemente a los negociantes de Berlín. «Yo comencé con 1000 Taler, ahora a los 56 años, ya tengo más de 200000 [...] Totalmente merecidos». Aquí se muestra lo que puede leerse en el diario de Wilhelm Ferdinand Ermeler, que había comprado en 1824 esta casa al negociante de tabaco Neumann.

Un poco más lejos en el bajorrelieve, que ya existía cuando Ermeler adquirió la casa, se ve cómo el tabaco se traía en los barcos, con hombres blancos haciendo guardia junto a ellos.

A la derecha, las dos iglesias del Gendarmenmarkt revelan el destino del tabaco: Berlín.

Los comerciantes negreros de la ciudad de residencia de los príncipes electos –donde el comercio de esclavos tenía derecho de entrada desde la época del Gran Elector en el siglo XVII– deportaron, solo en los años 1690, 20 000 hombres, mujeres y niños de África para enviarlos a las plantaciones de las colonias del sur de los futuros Estados Unidos.

Durante un tiempo, la trata humana de Prusia superó incluso en número a sus competidores Holanda y Francia. Los ricos comerciantes de Berlín consideraban antes a los africanos como salvajes, animales que podían capturarse sin remordimientos para explotarlos – como lo hacían de hecho las misiones del pastor Gossner de la parroquia de Bethlehem de Berlín (Hermanos de la Unidad llamados «de Bohemia»).

Los africanos que viven hoy en día en Berlín consideran racista esta obra, al igual que el nombre de la calle resucitada en 1990: Mohrenstraße, «moro» que tiene en alemán la misma connotación que «negro».

Construida en el siglo XVIII en el n.º 11 de Breiten Straße, la casa Ermeler fue destruida entre 1966 y 1967 y reconstruida en su ubicación actual entre 1968 y 1969. En esta ocasión, se reemplazó el bajorrelieve original.

PIEDRA CONMEMORATIVA DEL FISCHERKIEZ

⑭

La destrucción de un «barrio sucio»

Fischerinsel 5, 10179 Berlín
U2 (Märkisches Museum)

En el muro del inmenso edificio prefabricado de la Friedrichsgracht, bordeando el Spree, una antigua piedra esculpida sorprende a los viandantes. Al visitante curioso no se le da ninguna explicación cuando este se pregunta por qué el oso de Berlín está sobre un hombre uniformado y con sombrero sosteniendo un pez en cada mano.

El nombre de la calle, Fischerinsel («isla de los pescadores»), basta para sugerir que debe tratarse de una referencia a un antiguo barrio de la ciudad. En efecto, hubo una vez aquí un barrio al que los peces dieron su nombre: el Fischerkiez, y en el que, sin embargo, los pescadores ya no desempeñaron ningún papel desde el siglo XIX.

El barrio se llamaba antiguamente Speicherinsel («isla de los graneros») debido al inmenso almacén que lo ocupaba. Algo anticuado y pintoresco, estaba considerado como el barrio más antiguo y rústico de Berlín. Aquí se encontraba el restaurante tradicional Zum Nussbaum, recomendado por el Baedeker a los intrépidos turistas berlineses.

El Milljöh, que se quiso reconstruir en 1987 por nostalgia en el solar que rodeaba los vestigios de la Nikolaikirche, tenía una reputación similar.

En los años 1920, el barrio estaba considerado como algo sucio que había que destruir. Al otro lado del Spree, un barrio similar, el tristemente célebre Krögel, desapareció en los años 1930 cuando se construyó la Moneda del Reich. La Speicherinsel, sin embargo, sobrevivió a la Segunda Guerra Mundial.

Después de que la exposición «Interbau» sirviera de ejemplo a Berlín occidental llenándolo de arquitectura moderna y funcional con el barrio futurista de Hansa, el oriental quiso imitarlo. Los antiguos edificios en un estado lamentable al sur de la Spreeinsel –barrio histórico de Cölln– se convirtieron de repente en motivo de vergüenza. Aunque la mitad de ellos pudiesen ser reformados, el plan de preservación y construcción fue rápidamente olvidado por partidarios de la eficiencia. Ni la protección del patrimonio bastó para salvar los 30 edificios antiguos que fueron demolidos.

VESTIGIOS DEL ANTIGUO AYUNTAMIENTO DE CÖLLN

⑮

La historia bajo nuestros pies

Scharrenstraße 22, 10178 Berlín
U2 (Spittelmarkt)

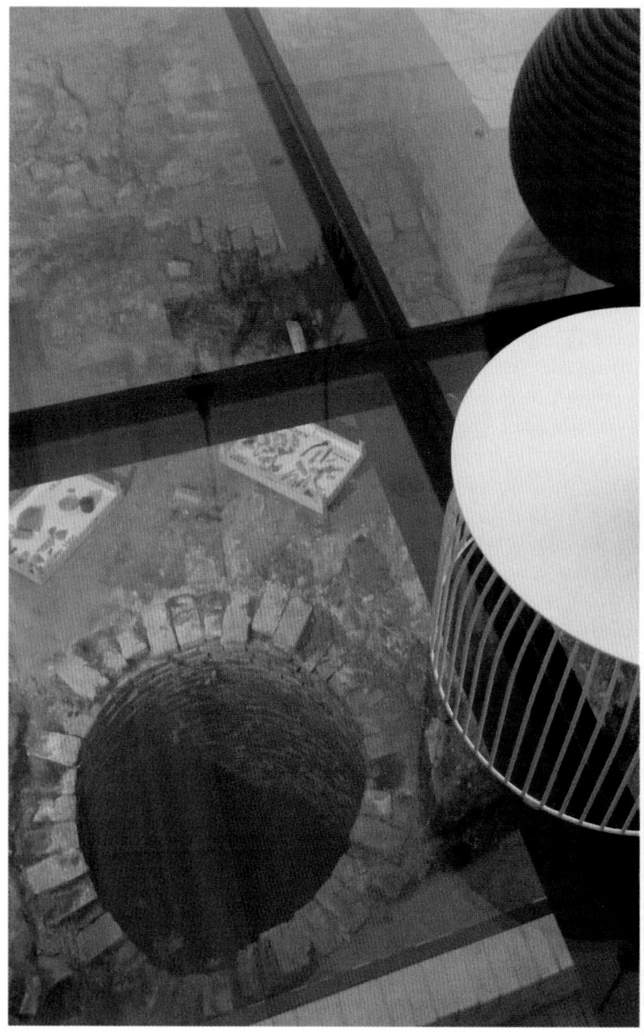

Berlín parece tener una nueva ambición: convertirse en la ciudad de los yacimientos arqueológicos, como el que se encuentra en Gesundbrunnen –Mauerbrunnen–, en la estación de metro Rotenn Rathaus. La más grande, en la Petriplatz, está todavía en fase de proyecto. Una de las más antiguas, pero también de las más discretas, está situada en el hotel Capri by Fraser, en el cruce de las calles Scharrenstraße y Breite Straße.

La estructura de este hotel, tan impersonal como el resto del complejo hotelero de los alrededores, refleja el estilo cúbico del antiguo ayuntamiento medieval de la ciudad de Cölln que probablemente se encontraba aquí. El segundo ayuntamiento, de estilo barroco, estuvo situado en el mismo lugar hasta que fue demolido en 1900.

Los arqueólogos que examinaron el lugar antes de la construcción del actual hotel, mucho más pequeño que el último ayuntamiento, encontraron en la planta baja del edificio barroco cimientos y sótanos de casas burguesas que datan de la baja Edad Media. En su momento se encontraban en la importante ruta comercial que atravesaba Cölln.

La empresa de construcción Hochtief, en un intento por preservar los descubrimientos arqueológicos, integró en el suelo del hall del nuevo edificio una enorme ventana-vitrina de 41 metros cuadrados accesible al público. Tras haber leído el cartel explicativo, el visitante puede bajar unas escaleras y penetrar en el corazón de la actual capital alemana.

Concebido inicialmente para ser la sede administrativa de las dos ciudades de Cölln y Berlín, unificadas en 1709, el ayuntamiento de Cölln no ha ejercido jamás esa función. Aunque Federico Guillermo I de Prusia, el «rey soldado», hijo del rey Federico I, llevase a cabo la construcción del ayuntamiento de Cölln hasta 1723 (sin la torre), las dos ciudades unificadas fueron de hecho gestionadas y gobernadas desde el antiguo ayuntamiento de Berlín, hasta que el actual Rotes Rathaus fuese construido.

EN LOS ALREDEDORES

Las puertas de la biblioteca municipal (16)

Breite Straße 30–36, 10178 Berlín

Entre los visitantes que empujan las pesadas puertas de la antigua biblioteca de Berlín-Est, raros son aquellos que perciben que están tapizadas con cuadros de la letra A en 117 tipografías diferentes (9 x 13). La obra es del profesor Fritz Kühn, cuyo trabajo con cuadrados también se encentra en las puertas coloridas del antiguo edificio del Staatsrat, así como en la entrada de la sala Leibniz del Landtag de Baja-Sajonia en el castillo Leineschloss de Hannover.

BAJORRELIEVES DEL RESTAURANTE MUTTER HOPPE

(17)

Testimonio de la historia comunista

Rathausstraße 21,
10178 Berlín
U2 (Klosterstraße)

Sobre los arcos del restaurante Mutter Hoppe (que data de 1987 y que no es tan «tradicional» como puede parecer), se exponen con un orgullo inusual los hechos más importantes de la historia del comunismo. Los bajorrelieves son obra de Gerhard Thieme, autor de la paloma del edificio vecino, y del célebre constructor del edificio de la Karl-Liebknecht-Straße. Como suele suceder, falta un cartel que explique una obra tan significativa, que se extiende en la fachada de este edificio de la época de la RDA.

El fresco comienza con los inicios del comunismo: la creación en 1919 del KPD, el partido comunista alemán, con Rosa Luxemburg y Karl Liebknecht, con la inconfundible bandera y el castillo de fondo. También muestra el discurso del presidente del Partido Comunista de Alemania, Ernst Thälmann. Concluye el primer bajorrelieve con un diorama en tres dimensiones que representa la sangrienta represión de las manifestaciones del KPD en mayo de 1929, durante la república de Weimar. El segundo inmortaliza los años de dictadura

nazi con el incendio del Reichstag, la quema de libros, los campos de concentración, los movimientos de resistencia, los bombardeos durante la guerra y la liberación de Berlín por el Ejército Rojo. Los años de posguerra componen el tercer bajorrelieve: la creación del SED (el Partido socialista unificado de Alemania) y de la RDA en 1949, del que se reconoce el emblema, muy estilizado, que apenas se ve hoy en día. El cuarto bajorrelieve ilustra los acontecimientos desarrollados entre 1950 y 1968 como la remodelación de la Alexanderplatz y la exitosa participación de deportistas de Berlín Oriental en los juegos olímpicos de México.

El quinto bajorrelieve continúa con los años 1970-1986: los Juegos mundiales de la juventud, la construcción del barrio de Marzahn, el 25 aniversario de la RDA y el legendario vuelo germano-soviético a bordo de la nave Soyouz 31, que se estableció en la Saliout 6, la estación espacial soviética. Los dos astronautas, Waleri Fjodorowitsch Bykowski y Sigmund Jähn, triunfaron, unidos por lazos fraternales.

Günther Stahn, el arquitecto del barrio Nikolai, concebió con conocimiento de causa estos bajorrelieves en hormigón en la misma línea que el enorme fresco del ayuntamiento con el fin de resaltar el contraste y la superioridad de esta nueva forma de sociedad basada en el comunismo.

Saliendo del restaurante Mutter Hoppe, podrá dirigirse directamente a la plaza del mismo nombre, que se encuentra solo a unos minutos, para dar las gracias a Marx y Engels.

PANEL DEL PALAST DER REPUBLIK

(18)

El último vestigio del Palast der Republik

Rathausstraße 53A, 10178 Berlín
U2 (Klosterstraße)

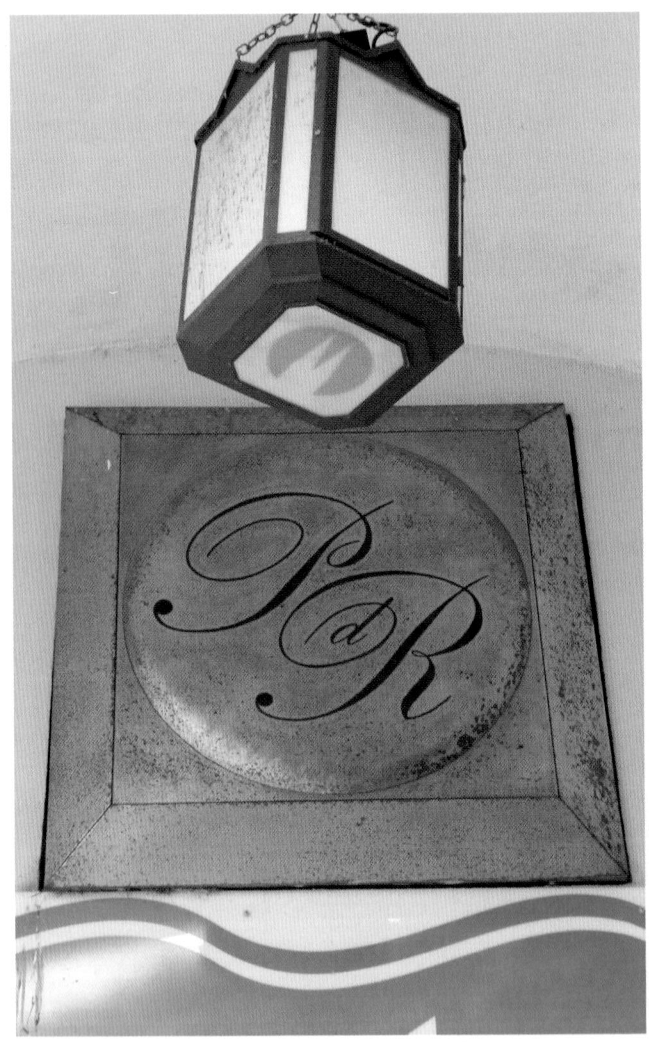

En el extremo noroeste del barrio Nikolaiviertel, un discreto panel fijo en el muro de la casa exhibiendo una paloma de la paz lleva las iniciales PdR, de *Palast der Republik*. Esta placa constituye en efecto el último vestigio del antiguamente célebre Palast der Republik. En este lugar antes se encontraba la taquilla del Palacio, donde se podían comprar desde los años 1980 las entradas para los espectáculos tan apreciados que tenían lugar aquí.

Abierto en 1976 en el castillo de Berlín, el palacio era la sede de la Volkskammer («la cámara del pueblo», el parlamento de Alemania del Este) además de un importante punto cultural y de encuentro. Su demolición tuvo lugar entre 2006 y 2008.

A pesar del descomunal coste de su construcción, el palacio fue rápidamente un lugar de encuentro para todas las generaciones. Aquí se organizaban fiestas en las ocasiones especiales y era también a donde se llevaba orgullosamente a los visitantes del Oeste.

El Palacio estaba espectacular con su restaurante, su *milk-bar*, su *weinstub* (bar de vinos, vinacoteca) y su vestíbulo. La gran sala hexagonal, con espacio para 4500 personas, estaba equipada con toda clase de dispositivos hidráulicos para elevar los elementos del escenario o regular las filas de asientos. Las entradas para sus conciertos estaban a buen precio y muy solicitadas. Como solo se podían conseguir cuatro pases por persona, se implicaba a toda la familia: hacer cola formaba parte de la cultura de la RDA, con sus pequeñas particularidades. Así, estaba permitido adelantarse en la cola si era para colocarse al lado de un conocido. Acampaban, llevaban consigo sillas portátiles. El simple hecho de estar en la cola ya era motivo para alegrarse. Numerosos músicos del Oeste vinieron a actuar al Palacio y, en el concierto de Tangerine Dream, las colas llegaron a ser de más de 500 metros, aunque solo unos pocos afortunados tuvieron la suerte de poder entrar a verlo.

Cuando hacía frío, el personal del Palacio servía café gratuito. Qué tiempos aquellos...

EL BRAZO DE LA ESTATUA DEL ANTIGUO CONSEJO DE ESTADO

⑲

Una reconstrucción diletante

Schlossplatz 1, 10178 Berlín
U2 (Hausvogteilplatz)

Se cuenta que hay restos de la fachada del castillo de Berlín en el antiguo edificio del Consejo de Estado, el Staatsrat, que fue la residencia oficial del canciller Gerhard Schröder tras la caída del Muro mientras esperaba que la cancelería fuese construida.

Según la leyenda, se trataría de una sección junto a la ventana utilizada antes para los discursos del emperador y desde la que Karl Liebknecht proclamó la «República socialista libre de Alemania» el 9 de noviembre de 1918, tras el asalto y saqueo del castillo. Tendría que ver con una herencia familiar del socialismo de la RDA, colgado en 1963 como un estandarte robado al enemigo frente a la fachada roja. Pero ¿esto es cierto realmente?

El castillo, demolido en 1950, contaba con cinco fachadas de entrada. Dos de ellas, la cuarta y la quinta, querían colgarse en el Consejo de Estado para decorar la parte delantera y trasera del edificio. Se decidió desmontar primero la fachada número 5 desde la ventana con la balaustrada desde la que Liebknecht había hablado. Para amortiguar su caída, se colocó paja en el suelo, pero la operación salió mal, y de la auténtica fachada de Liebknecht solo quedaron escombros. No obstante, se pudo desmontar la número 4 para hacerla pasar por la quinta reconstruyéndola manualmente piedra a piedra. La parte trasera del edificio del Consejo de Estado se quedó extrañamente vacío, lo que primero manifestó el fracaso del modernismo del Este.

Sin embargo, la mistificación llega aún más lejos. No solo es el pórtico equivocado, sino que ha sido objeto de una desafortunada falsificación. Si se compara el Atlas de la derecha con el de fotos antiguas, se percibe la extraña posición del brazo, que no tiene nada de ergonómico. Se esforzaron mucho más con la rica decoración interior donde un magnífico azulejado y la imagen de cristales de colores firmada por el artista por excelencia de la RDA, Womacka, hacen apología de la «vida en la República democrática alemana». Bajo las siluetas de Rosa Luxemburg y de Karl Liebknecht destaca la expresión que se usa siempre para desviar la atención de una mentira y una estafa: «¡Qué más da!».

ESCULTURA DE LA ALEGORÍA DE LA SPREE

20

Uno de los últimos vestigios del Monumento a Guillermo I

Unterwasserstraße, 10117 Berlín
U2 (Hausvogteiplatz) / U6 (Französische Straße)

Desde la Schinkelplatz, si fijamos la vista hacia el fórum Humboldt, la plataforma de la derecha corresponde en realidad al pedestal del antiguo Monumento nacional en honor a Guillermo I, que data de 1897 y del que es uno de los pocos vestigios que quedan (ver la foto de la página siguiente).

En el lado izquierdo de este pedestal, un pontón arqueado está decorado con una pequeña escultura olvidada que representa una delgada

silueta, envuelta en juncos y sujetando un pez entre los brazos. Esta simpática escultura es una de las raras representaciones alegóricas del Spree que se encuentran aún en Berlín.

El edificio no era el homenaje deseado por el pueblo a su amado emperador – ya había demasiados como este. La idea la tuvo su hijo, Guillermo II, también emperador y tan generoso con el dinero del pueblo que el proyecto le brindaba la ocasión de destruir la plaza de la Schlossfreiheit, barrio privilegiado de nobles de la corte, y del que detestaba la arquitectura que debía soportar desde su propio palacio, situado justo al lado.

El «zoo de Guillermo II»

El inmenso monumento fue rápidamente abucheado y llamado el «zoo de Guillermo I». Un satírico de la época contó de hecho 21 caballos, dos bueyes, ocho carneros, cuatro leones, 16 murciélagos, una ardilla, 10 palomas, dos cuervos, dos águilas, 16 búhos, un martín pescador, 32 lagartijas, 18 serpientes, una carpa, una rana y 16 cangrejos. En total, 157 animales.

Los otros vestigios del Monumento a Guillermo I

Solo dos leones y un águila sobrevivieron (además de la carpa situada en los brazos alegóricos del río): los leones han sido trasladados al zoo de Berlín Oriental (ver pág. 342) y el águila ha sido reubicada en el patio del Märkisches Museum.

Otros edificios barrocos, el Café Josty y el Café Helms también fueron víctimas de las pulsiones destructoras del emperador.

HISTÓRICA MARCA VIAL DE LA DÖNHOFF PLATZ

㉑

El punto cero de Berlín

Leipziger Straße 49, 10117 Berlín
U2 (Spittelmarkt)

En el número 49 de la Leipziger Straße, delante de la Spittelkolonnade de la plaza Dönhoff, destaca un obelisco de gran tamaño que pasa desapercibido a menudo, ya que los viandantes lo toman por un elemento de la Spittelkolonnade.

Este obelisco que data de 1979 es en realidad una copia del kilómetro «cero» (*Null-Meilenstein*) que marcaba el punto que tomaban de referencia la oficina de correos prusiana calculaba sus distancias desde Berlín. Instalada en 1730, la marca original se encontraba algunos metros más allá de la localización actual.

Al final de la Guerra de los Treinta Años (1618-1648), la desolación reinaba en Brandeburgo. La población alemana había diezmado: pasó de 13 000 a 4000 almas. La economía brandeburguesa se tambaleaba. Con el fin de propulsarla, el príncipe elector Federico Guillermo de Brandeburgo (1620-1688) estableció líneas postales que señalizaban las principales rutas comerciales de la región. Algunas de esas rutas han perdurado en el tiempo hasta hoy, convirtiéndose en las conocidas carreteras federales de la capital alemana (especialmente la 1 y la 5, inauguradas en 1646 y 1660 respectivamente).

De esta época datan las primeras marcas viales de la región, destinadas a calcular con precisión, en función de la distancia que haya que recorrer, los plazos de entrega y los gastos postales de la oficina de correos. Al mismo tiempo, indicaban las tarifas de transporte, puesto que el correo se repartía en las famosas «sillas de correos» o *Postkutsche*. A partir de 1800, estas rutas se convirtieron en carreteras pavimentadas llamadas «Chaussees», de ahí la Chausseestraße en Mitte, una de las dos primeras carreteras pavimentadas de la capital con la Bundesstraße 1 que lleva a Potsdam, un tramo de la cual aún lleva el nombre de Potsdamer Chaussee. Salvo el soberano y la oficina de correos, los usuarios de estas vías rápidas estaban sometidos a una tasa que se cobraba en función de las marcas viales.

Estas distancias eran calculadas a partir de puntos llamados «cero», marcados por un obelisco de granito en diferentes puestos de la ciudad, que, rodeada de fosos y bastiones, solo se extendía solo sobre unos pocos kilómetros cuadrados. Aunque sea difícil de establecerlo con exactitud, parece que había tenido al menos dos marcas de kilómetro cero: una al norte de la ciudad, delante de la puerta de Oranienbourg, y una al sur.

El obelisco de la Dönhoff Platz figuraba también así inicialmente al suroeste de la ciudad, delante de la puerta de Leipzig (de ahí la actual Leipziger Straße, a la que se abría esta puerta).

Partiendo de estos obeliscos, se colocaron marcas viales en la ruta a intervalos de una milla y de una milla y media (y, según algunos informes, de un cuarto de milla). La milla prusiana medía 24 000 pasos (unos 7,5 kilómetros), es decir, la distancia media recorrida por una silla de correos en dos horas.

Para más información sobre la localización de marcas viales en Berlín, véase la página siguiente.

Otras marcas viales de Berlín

Exceptuando la copia de la Null-Meilenstein de la Dönhoff Platz, 12 marcas viales decoran todavía discretamente las calles de la capital alemana:

1. En el n.º 63 de la Hauptstraße, Schöneberg
2. En el n.º 44 de la Potsdamer Straße, Zehlendorf
3. En el n.º 42 de la Königstraße, Wannsee
4. En el n.º 7 de la Spandauer Damm, Charlottenburg
5. Delante del n.º 220 de la Spandauer Damm, Ruhwald
6. En el puente de Lichtenberg (Lichtenberger Brücke), Lichtenberg
7. En la calle Alt-Mahlsdorf (delante del n.º 109, al otro lado de la calle), Mahlsdorf
8. En la esquina que une la Gabrielenstraße con la calle An der Mühle, Alt-Tegel
9. En la Ruppiner Chaussee (delante del n.º 377ª, al otro lado de la calle), Hennigdorf
10. En la esquina de la Falkenberger Chaussee con la Pablo-Picasso-Straße, Neu-Hohenschönhausen
11. En el n.º 169 de la Waltersdorfer Chaussee, Rudow
12. Enfrente del n.º 66 de la Buschkrugallee, Britz

MEILEN
von
BERLIN

EL MICHAELSEN-PALAIS 

Un magnífico ejemplo de Art Nouveau *alemán*

Schützenstraße, 6-6A, 10117 Berlín
U6 (Kochstraße/Checkpoint Charlie)

En el n.º 6 de la Schützenstraße, el Michaelsen-Palais, conocid también por el nombre de Hotel Roter Adler, constituye uno de lo ejemplos más representativos de la arquitectura Jugendstil (*Art Nouveau* que puede admirarse en el centro de Berlín.

Su imponente fachada decorada con esculturas de aires patriótico es una verdadera manifestación del *Art Nouveau* alemán. Entr los numerosos personajes que aparecen, distinguimos en la part superior, justo debajo de una inmensa pintura que representa al dio griego Hermes, dos célebres hombres: Carlomagno (a la izquierda) y el emperador Guillermo I (a la derecha). Entre ellos, encerrado en ur medallón, san Jorge lucha por derrotar al dragón (símbolo del bier luchando contra el mal) mientras que el busto del «canciller de hierro» Otto von Bismarck destaca claramente, más abajo, a la derecha, a la ltura del frontón. El portón de entrada del n. º 6 merece también una tención particular, sus ornamentos de estilo medieval lo convierten en no de los más bellos de la ciudad.

El edificio fue construido entre 1903 y 1907 por el arquitecto berlinés)tto Michaelsen, a quien debe su nombre. Este último había sido ncargado por el empresario Emil Voigt que, apenas un año después del n de las obras, tuvo que vender su propiedad por problemas financieros. l edificio fue adquirido después por la compañía aseguradora sueca Vinterthur que instaló allí sus oficinas. Parcialmente dañado durante a Segunda Guerra Mundial, el Michaelsen-Palais se utilizó durante este eriodo como sede del ministerio público y del tribunal penal de la ámara de comercio, así como hotel de lujo. En los años de la RDA, los spacios interiores fueron ocupados por la oficina de ingeniería civil y de onstrucción de carreteras, para volver a ser propiedad de la Winterthur ras la caída del Muro.

El edificio actual es en parte el resultado de importantes trabajos de enovación a principios de los años 2000, gracias a los cuales pudieron reservarse los elementos arquitectónicos originales y pudo reconstruirse l ala afectada por los bombardeos (en la esquina de la Charlottenstraße).

©Marek Sliwecki

EL EDIFICIO DE LA SCHÜTZENSTRAßE 8

(23

Una pequeña y sorprendente copia del palacio Farnesio de Roma

Schützenstraße 8, 10117 Berlín
U6 (Kochstraße/Checkpoint Charlie)

En la Schützenstraße, a unos cientos de metros del turístic Checkpoint Charlie, en el n.º 8, se alza una fachada muy poc berlinesa. Sus formas de estilo renacentista resultarán familiares a lc amateurs de la arquitectura. En efecto, se trata de una copia de una part

del patio interior del palacio Farnesio de Roma, diseñado por Antonio da Sangallo y acabado por Miguel Ángel en 1550.

Esta obra maestra de la arquitectura italiana ha sido reproducida en el centro de Berlín por el arquitecto italiano Aldo Rossi que, a principios de la década de 1990, se encargó de diseñar todo el barrio de Schützenstraße.

Construido entre 1995 y 1997 en lo que en los años del Muro se llamaba la «franja de la muerte», es decir, la lengua de tierra que separaba Berlín Oriental de Berlín Occidental, este complejo inmobiliario consta de cuatro patios interiores, uno de ellos octogonal, y es un homenaje a la arquitectura berlinesa del siglo XIX, destruida en gran parte en los bombardeos de la Segunda Guerra Mundial.

Aldo Rossi, en colaboración con el estudio Bellmann & Böhm, se inspiró directamente en los edificios de antes de la guerra de las calles Schützenstraße, Markgrafenstraße, Zimmerstraße et Charlottenstraße, incluso integrando en la fachada los restos de uno de los edificios supervivientes.

© Peter1936F

BAJORRELIEVES DE LA CASA ALFANDARY

24

Mitología en cerámica

Zimmerstraße 79–80,
10117 Berlín
U6 (Kochstraße/Checkpoint Charlie)

A solo pocos metros del Checkpoint Charlie, repleto de turistas, se encuentra una casa de ladrillo parcialmente acristalados llamados «holandeses» o «klinker», sobre la cual un estrecho friso despierta el interés.

Antes de la reunificación, esta casa era la sede de la redacción del periódico de Berlín-Est, *Neue Zeit*. Después de la Segunda Guerra Mundial, también albergó la oficina de lectores de la editorial Union-Verlag. El escritor Johannes Bobrowski trabajó allí durante un tiempo.

El muro de la casa daba a la frontera, a un terreno baldío que formaba parte de la zona de demarcación.

Hoy en día, el anuncio del *Neue Zeit* ya no luce en la fachada. Tras una minuciosa restauración, la casa se muestra en su estado original de 1914 – si no se tiene en cuenta el piso superior añadido bajo el tejado con sus ventanas que dan a la Zimmerstraße. En el pasado, este edificio construido para la familia sefardí Alfandary, que se dedicaba a la importación y exportación, había causado sensación. En la guía

telefónica de Berlín, en 1925 los Alfandary (Santiago se ocupaba de Istanbul, Moisés de Londres, y Salomón y Rafael, de Berlín) anunciaban «alfombras persas, bordados al por mayor y productos importados de Oriente».

El arquitecto alemán John Martens, que dirigía las obras, era especialista en cerámica de construcción y había desarrollado una nueva fabricación que la hacía especialmente resistente a la intemperie empleada para diseñar el friso que decora la fachada. Sobre todo, servía para desviar la atención de un cierto desequilibrio estético: a la derecha, había sido necesario integrar cuatro puertas que se extendían en dos pisos para abrirse a los almacenes. Se añadieron dos mujeres casi indistinguibles en el parteluz central entre dos ventanas.

Hans Schmidt, el diseñador de este friso, ha colocado las figuras y símbolos uno al lado del otro como si se tratara de jeroglíficos. Los personajes –tres mujeres y un hombre– aparecen tumbados, ya que no hay espacio para ponerlos de pie. También se alternan los símbolos de la perseverancia, la actividad económica (una colmena) y de la abundancia (una cesta de fruta). Un niño ofrece flores y un perrito de compañía a la primera joven, recostada cerca de un girasol; la segunda (Leda) levanta la mano contra un cisne; la tercera parece enfrentarse a un macho cabrío (quizás un sátiro). Las divinidades son evocadas por una cabeza grande que contiene otra, más pequeña, en su boca. Más a la derecha, el hombre que está dormido parece soñar con una edad de oro: con una hoja de cocotero en la mano, un gnomo tira de una vagoneta repleta de minerales.

MONUMENTO A KARL LIEBKNECHT

25

Un pedestal olvidado en el no man's land

Potsdamer Platz 10, 10785 Berlín
S1, 2, 25, 26 (Potsdamer Platz)

Frente al número 10 de la Potsdamer Platz, un bloque de piedra se identifica con una pequeña placa como la «Primera piedra del monumento en memoria de Karl Liebknecht», exdiputado del Partido Socialdemócrata de Alemania y cofundador del partido comunista, asesinado en 1919. ¿Quién habría querido dedicarle un monumento en medio de este templo del consumismo? A decir verdad, nadie. Este enorme pedestal nunca sirvió como base a la estatua de Liebknecht. Si este pedestal dedicado a un comunista todavía está tolerado en la Potsdamer Platz, es como un monumento casi «performativo». Es una muestra más de cómo las tradiciones socialistas y antimilitaristas se integran en Alemania. El 1 de mayo de 1916, Karl Liebknecht (1871-1919) y Rosa Luxemburg (1871-1919) exigieron que la Primera Guerra Mundial cesase inmediatamente en una manifestación en este mismo lugar, cerca de la estación ferroviaria de Potsdam. Liebknecht fue inmediatamente arrestado y condenado a cuatro años y un mes de reclusión, del que solo cumplió dos años. En 1951, por el 80 aniversario del nacimiento de Liebknecht y en el marco del Tercer Festival Mundial de Jóvenes y Estudiantes por la Paz, Friedrich Ebert, el entonces alcalde de Berlín-Est, colocó la primera piedra de la base del monumento en este histórico lugar y se terminó el pedestal rápidamente. Sin embargo, pasaron diez años sin que colocaran la escultura de Liebknecht en el pedestal. Después de 1961, el pedestal cayó en el olvido en la zona de demarcación enfrente del Muro. Con la caída de este, una valla de construcción le hizo compañía durante un tiempo, pero como los planos de los nuevos edificios no lo incluían, fue desmontado y almacenado en una sala de Marzahn a donde iban a parar la mayoría de los vergonzosos monumentos del Este.

La Comisión berlinesa de placas conmemorativas sin embargo ha considerado la situación insatisfactoria y por ello el 20 de noviembre de 2003, por decisión del gobierno regional, el pedestal fue devuelto a su lugar original en la Potsdamer Platz… esta vez como «elemento único de la topografía de los monumentos de la Guerra Fría».

El mármol de la estación de metro de Mohrenstraße ㉖

Las estaciones de metro de Berlín son únicas, y la de la Mohrenstraße no es una excepción. La piedra rojiza y pulida crea una atmósfera fúnebre, dando la impresión de una cripta abierta a la circulación, y el nombre de la estación, escrito con letras doradas en la pared como si fuera una enorme lápida, no ayuda a disminuir esta sensación. Hasta 1950, esta parada se llamó Kaiserhof (patio imperial), llamada así por un reputado hotel situado en la superficie y que fue destruido durante la guerra, al igual que los accesos y los andenes del metro. El hotel fue demolido y la estación renovada. Más o menos despejada, la triste Wilhelmstraße acogió la sede del gobierno de la RDA, mientras que el ministerio de la Aviación de Goering se convirtió en la «Casa de los ministerios» de la RDA: de forma que se autorizó a embellecer al subsuelo. Hacía falta mármol, o algo que se le pareciera, como piedras ornamentales extraídas de nódulos calizos de un espléndido color rojo. Se aprovechó la ocasión de honrar la memoria del antiguo presidente del partido comunista bautizando la estación como Thälmannplatz.

Lo irónico es que fueron las canteras de Saalburg, en Turingia, las que proporcionaron las piedras ornamentales… las mismas en las que Hitler había encargado un sucedáneo de mármol local para el comedor de la Neue Reichskanzlei vecina. Sin embargo, eligió «Matices de rosa - tonos moderados» –¿el castaño ya no era de su gusto?–, una variación de color que basta para desmentir las fantasías de muchas guías que afirman que el mármol de la Reichskanzlei se reutilizó para la estación de metro. De hecho, solo se trata de un rumor difundido por el semanario Der Spiegel.

Terminar las obras fue casi misión imposible. Se cuenta que las últimas placas se trajeron una noche antes de la inauguración, prevista para el 6. º aniversario del asesinato de Thälmann en el campo de concentración de Buchenwald. Siguiendo las instrucciones urgentes de las autoridades, las canteras dejaron de lado un pedido ingente para el planetario de San Petersburgo con el fin de dedicarse a las losas destinadas a Berlín. En el momento de la apertura de la estación el 18 de agosto, después de solo 108 días en obras, el diario berlinés *Berliner Zeitung* la definió como «la estación de metro más bonita de la capital». Irma Thälmann, hija del «gran líder de los trabajadores alemanes», estuvo presente. Y delante de ella Alfred Sichert, operario del metro, pronunció en nombre de la juventud un juramento a la República en el que decía que serviría a la estación fielmente y según el espíritu de Ernst Thälmann. Con promesas así, nada podía salir mal.

MITTE
Potsdamer Platz
Zimmerstraße
Alte Jacobstraße
Oranienstraße
Niederkirchnerstr.
Linkstraße
Wilhelmstraße
Friedrichstraße
Stresemannstraße
Potsdamer Straße
Mendelssohn-Bartholdy-Park
Schöneberger Straße
Lindenstraße
Alte Jacobstraße
Ritterstraße
Lobeckstraße
Hallesches Tor
Gleisdreieck
Möckernbrücke
Kurfürstenstr.
Park am Gleisdreieck-Westpark
Gitschiner Straße
Prinzenstraß
Obentrautstraße
KREUZBERG
Park am Gleisdreieck-Ostpark
Möckernstraße
Mehringdamm
Urbanstraße
Yorckstraße
Yorckstraße
Blücherstraße
Gneisenaustraße
Hagelberger Str.
Gneisenaustraße
SCHÖNE-BERG
Kreuzbergstraße
Bergmannstraße
Südstern
Mehringdamm
Katzbachstraße
Victoria Park
Platz der Luftbrücke
Fidicinstraße
Dudenstraße
PLATZ DER LUFTBRÜCKE
Columbiadamm
0
500
1 000 m
TEMPELHOF

Kreuzberg

FRIEDRICHSHAIN
Berlin Ostbahnhof
Heinrich-Heine-Straße
SCHILLING-BRÜCKE
MICHAELKIRCH-PLATZ
Köpenicker Straße
Mühlenstraße
Warschauer Straße
Moritzplatz
Waldemarstraße
ORANIEN-PLATZ
Oranienstraße
Manteuffelstraße
OBERBAUM-BRÜCKE
Stralauer Allee
Spree
Schlesisches Tor
Görlitzer Bahnhof
LAUSITZER PLATZ
Kottbusser Tor
Schlesische Straße
Wrangelstraße
Görlitzer Straße
Görlitzer Park
Manteuffelstr.
Lausitzer Straße
Reichenberger Straße
Wiener Straße
Kottbusser Straße
Schönleinstraße
ALT-TREPTOW
Kottbusser Damm
Hobrechtstraße
Landwehrkanal
Ratiborstraße
Lohmühlenstraße
Kiefholzstraße
Grimmstraße
Graefestraße
Urbanstraße
Fichtestr.
Reuterstraße
Pflügerstraße
LOHMÜLEN-BRÜCKE
Bouchéstraße
Wildenbruchstraße
Harzer Straße
Hasenheide
Pannierstraße
Weigandufer
Elsenstraße
Hermannplatz
Sonnenallee
Weichselstraße
WILDENBRUCH-BRÜCKE
Weserstraße
Volkspark Hasenheide
Karl-Marx-Straße
NEUKÖLLN

JARDÍN DE LA DIÁSPORA

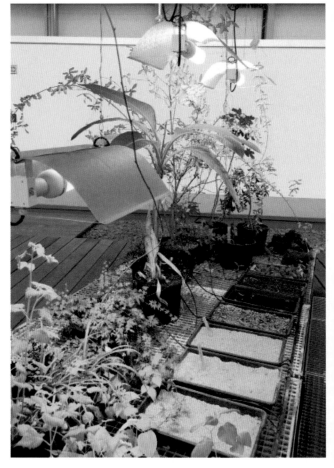

Un sorprendente jardín simbólico

Fromet-und-Moses-Mendelssohn-Platz 1, 10969 Berlín
De lunes a miércoles de 10 h a 19 h; martes, jueves y viernes de 10 h a 18 h
Gratuito
U6 (Kochstraße Checkpoint Charlie)

En frente del Museo Judío, uno apenas repara en la Academia W. Blumenthal, el centro de investigación y formación del museo. Sin embargo, este alberga un sorprendente jardín artificial donde es posible ver una rica variedad de plantas y flores venidas de todos los rincones del mundo: el Jardín de la Diáspora. Ideado por el Atelier Le Balto, un estudio de arquitectos paisajistas especializados en jardines, este lugar posee un carácter altamente simbólico. Aquí prospera en efecto una vegetación literalmente arrancada de su hábitat natural, y numerosas plantas de las que están expuestas poseen un estrecho lazo con la historia o la cultura judías.

Bañadas por la suave luz que penetra por el amplio ventanal, las plantas se extienden sobre grandes tablas metálicas. La mayoría de ellas reposan sobre una cama de tierra y son irrigadas artificialmente. La metáfora que caracteriza este original jardín es la de la diáspora: como el pueblo judío, esta vegetación tuvo que abandonar su lugar de origen y adaptarse a un nuevo entorno. De las especies expuestas, algunas están directamente ligadas a personalidades judías o tienen un papel fundamental en fiestas religiosas, mientras que otras deben su nombre a sentimientos antijudíos. Con una superficie de aproximadamente 500 metros cuadrados y más de 200 plantas que provienen de diversas zonas climáticas, el Jardín de la Diáspora está dividido en cuatro sectores, cada uno enriquecido con material informativo.

La academia también organiza programas educativos, especialmente escolares, que proponen a los participantes descubrir las características de estas plantas y de sus semillas con ejercicios prácticos.

La Academia W. Blumenthal alberga, además del Jardín de la Diáspora, una biblioteca con una sala de lectura pública, archivos, un auditorio y numerosos espacios de seminarios.

Este edificio, que acogía anteriormente el Blumengroßmarkthalle (mercado de flores), fue totalmente renovado entre 2010 y 2012 por el arquitecto Daniel Libeskind, que también diseñó el Museo Judío.

La entrada principal es particularmente original: la parte de uno de los cubos, revestida con tablones de madera, parece que está incrustada en la acera y que penetra en el interior de la fachada.

LA ESCALERA DE LA CASA DEL SINDICATO DE METALURGISTAS

②

La obra de arte desconocida de Erich Mendelsohn

IG-Metall-Haus
Alte Jakobstraße 149, 10969 Berlín
0 30 / 253 87 – 0
igmetall-berlin.de
Lunes, martes y jueves de 8:30 h a 12 h y de 12:30 h a 17 h; miércoles de 8:30 h a 12 h y de 12:30 h a 16 h; viernes de 8:30 h a 12 h
Gratuito
U1, 3, 6 (Hallesches Tor)

Haciendo esquina con las avenidas Alte Jakobstraße y Lindenstraße, la Casa del Sindicato alemán de metalurgistas (IG-Metall-Haus) no llama demasiado la atención de los viandantes poco apasionados a la arquitectura.

Abierto al público en horario de oficina, el edificio posee una espectacular escalera de cinco metros de diámetro, que se despliega en toda su altura. Con su magnífica balaustrada de latón que acentúa el efecto espiral, también merece la pena por su sistema de iluminación en picado que recorre toda la altura del edificio: en cada planta, un grupo de bombillas está encerrado en una elegante esfera de cristal.

Diseñado por Erich Mendelsohn, el famoso arquitecto alemán de la época asistido brevemente por R.W. Reichel, el edificio fue terminado en agosto de 1930. Su construcción, iniciada en 1929, fue perturbada por el Crack del 29 y por una huelga de cuatro semanas de los obreros reclamando una prima suplementaria.

El edificio en su conjunto es un importante ejemplo de arquitectura precursora del *art déco* con el letrero dorado de la palabra «Metall» y su tipografía típica de los años 20, los acabados en bronce de las ventanas y esquinas de algunas paredes en travertino, así como la fachada principal curvada hacia el interior, particularmente atípica.

Otros trabajos del arquitecto expresionista Erich Mendelsohn son la Schaubühne, teatro berlinés de vanguardia, construido en 1928 en el Kurfürstendamm, así como la espectacular torre Einstein en Potsdam.

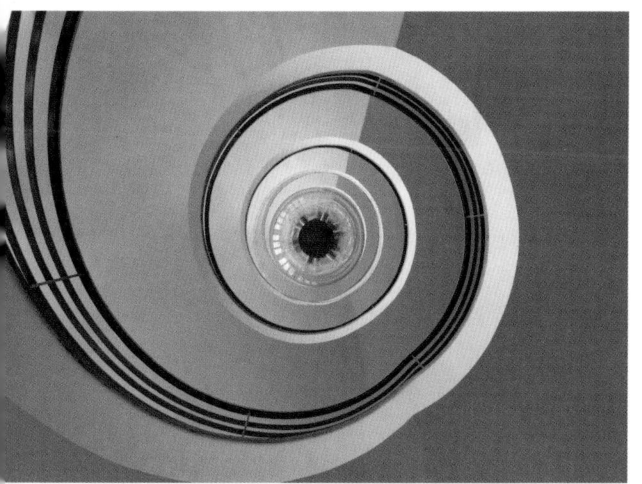

RESTOS DE LA VIA FÉRREA DE LA STRESEMANNSTRAẞE ③

Un vestigio de la vía férrea que unía las estaciones de Berlín

Stresemannstraße 37, 10963 Berlín
U1, 3, 6 (Hallesches Tor)

En el número 37 de la Stresemannstraße, en la esquina con la Großbeerenstraße, en la isleta que separa las dos carreteras, se percibe a algunos metros un trozo de vía férrea protegida por una barandilla. Un panel fijo al final de la barandilla central recuerda que se trata de uno de los raros vestigios de la primera vía férrea que conectaba las estaciones de Berlín.

La vida tal y como la conocemos hoy es básicamente producto de la revolución industrial. A principios del siglo XIX, Berlín, entonces capital de Prusia, contaba con cientos de miles de habitantes. Cien años más tarde, convertida entretanto en la capital del nuevo imperio que se formó tras la unificación política de Alemania en 1871, su población rozaba los 4,5 millones. Se consolidó como primera industria de Europa continental y es la tercera ciudad más grande del mundo después de Nueva York y Londres. Es sobre todo la llegada del tren lo que permitió que emergieran grandes centros industriales como Berlín, puesto que la concentración de la producción implicaba el transporte masivo de materias primas hacia un único lugar de transformación, del mismo modo que la distribución rápida y abordable de bienes producidos en todo el país.

Sin embargo, los trenes, ruidosos y contaminantes difícilmente

podían atravesar la ciudad, ya de por sí saturada. Todavía estaba rodeada de muros de recaudación de tributos (*Zollmauer*, véase página siguiente), con lo que se decidió al principio construir a las puertas de la ciudad las estaciones de término donde la vía férrea se cortaba en lugar de atravesar la ciudad. La red de vías del imperio alemán formó también una tela de araña, en el corazón de la cual se encontraba Berlín.

No obstante, esta situación planteaba un gran problema: el transporte de mercancías entre las diferentes estaciones de término cuando transitaban por Berlín, de un extremo a otro del imperio. Se trataba de la función inicial de la *Ringbahn*, la línea de S-Bahn que circula alrededor del corazón histórico, que se llamaba de hecho al principio la *Verbindungsbahn* («vía de enlace»).

Reorganizado en el trascurso de los años 1860 a fin de acomodar un número creciente de estaciones, el trazado actual de la *Ringbahn* data de 1871. De perímetro mucho más reducido, la primera vía de enlace, inaugurada en 1851, aseguraba el tránsito entre las estaciones de Stettin (el actual parque de la estación del Norte – *Nordbahnhof*), Hamburgo (museo de arte contemporáneo desde 1996), Potsdam (el actual parque Tilla-Durieux, justo bajo la Potsdamer Platz), Anhalt (los actuales parques Lili-Henoch, Elise-Tilse y Gleisdreick) y Frankfurt (llamada posteriormente estación de Silesia, que es la actual estación del Este – Ostbahnhof: la única de las antiguas estaciones de término que sigue en funcionamiento).

Este ancestro de la *Ringbahn* hace tiempo que desapareció totalmente del paisaje berlinés, salvo por una pequeña porción de la Stresemannstraße que conectaba las estaciones de Potsdam y de Anhalt.

El otro vestigio de la Verbindungsbahn

El paso de la antigua vía férrea de la primera *Ringbahn* de 1851 también queda demostrado por el nombre de la calle de Kreuzberg que le rinde homenaje: la Eisenbahnstraße («calle de la vía ferroviaria»), por la que circulaba el tren de enlace entre las estaciones de Görlitz (construida posteriormente, en 1866-1867) y de Frankfurt (estación del este – *Ostbahnhof*).

A la altura del Spree, la calle se alinea con los restos del Brommybrücke, un antiguo puente cuyas ruinas pueden visitarse en el número 1 de la Brommystraße (véase pág. 146).

EL MURO DE RECAUDACIÓN DE TRIBUTOS

④

El último testimonio del muro de aduanas de Berlín

Stresemannstraße 66-68, 10963 Berlín
S1, 2, 26, 26 (Anhalter Bahnhof)

En el terraplén de la Stresemannstraße, el pequeño trozo de muro que se eleva al nivel de los números 66-68, lejos de ser un edificio más destruido durante la última guerra, es el último vestigio de un muro de recaudación de tributos –para cobrar las tasas aduaneras– que rodeaba Berlín durante los siglos XVIII y XIX y cuyo trazado es aún reconocible en parte, en la Stresemannstraße, la Linienstraße y la Torstraße.

Es en 1987 que una de las secciones de este muro de recaudación de tributos fue reconstruida en este lugar, a partir de sus cimientos originarios.

Para Federico Guillermo I de Prusia, el «rey soldado», la muralla de

Berlín (su ciudad de residencia y de guarnición) servía ante todo para proteger la economía local de los baratos productos extranjeros, además de para limitar el tráfico de los contrabandistas que no tenían ninguna intención de pagar las tasas que se exigían al abandonar la ciudad. Por último, sirvió también simplemente para reponer las arcas del Estado y frenar las deserciones del ejército, ya que la mayoría de los soldados de las tropas prusianas estaban mal pagados, eran maltratados o incluso secuestrados o reclutados a la fuerza.

El muro de recaudación estaba acompañado de 18 puertas que permitían llevar a cabo controles en los puntos de paso. Actualmente, 17 de ellos no son más que un nombre en los planos de la ciudad.

En el siglo XVIII, tras un primer control a la entrada de la ciudad, los carros y las carretas tenían que pasar por el Packhof –el almacén aduanero– para descargar su contenido y saldar el impuesto percibido en cada mercancía. Cuando el territorio de la ciudad se expandió más allá de la muralla, esta fue destruida y el control de aduanas trasladado a la oficina de arbitrios lejos de los límites de la ciudad.

Una de estas barreras de recaudación ha sido conservada: el pabellón de la Inspección Real de aguas en la isla de Lohnühle.

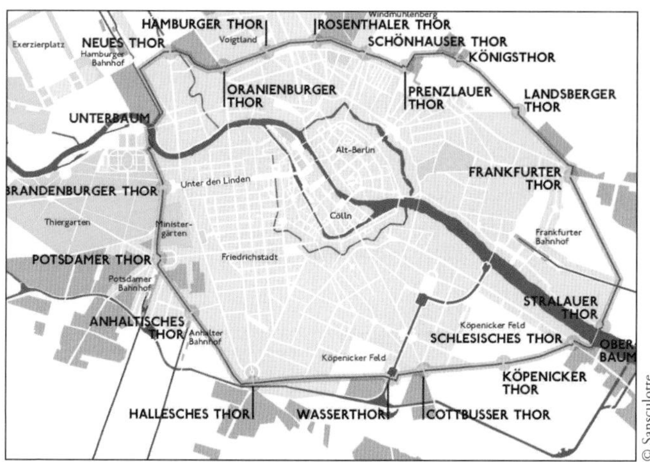

Cuando el muro de recaudación influye en la ubicación de las estaciones de tren

El muro aduanero incluso ha influenciado en la ubicación de las primeras estaciones de tren, llamadas estaciones de término, de donde parten las nuevas vías férreas: cada una de ellas de hecho fue erigida delante del muro de recaudación.

LA CASA DEL METRO

⑤

Cuando el metro atraviesa una casa…

Dennewitzstraße 2, 10785 Berlín
U1, 2, 3 (Gleisdreieck)

La casa del número 2 de la Dennewitzstraße es una verdadera curiosidad. De hecho, esta vieja construcción es quizás el único edificio en el mundo que es atravesado directamente, incluso se podría

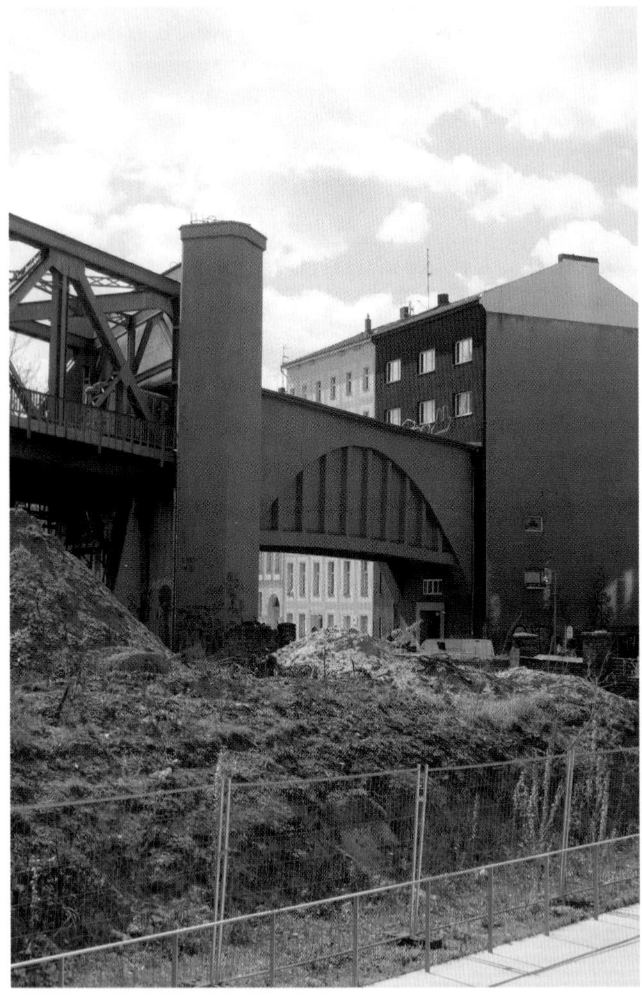

decir traspasado, por el metro.

El origen (indirecto) de esta peculiaridad es un grave accidente ocurrido el 26 de septiembre de 1908, cuando dos trenes de metro colisionaron frontalmente en Gleisdreieck, probablemente debido a un error de señalización. El accidente les costó la vida a 18 personas y enlutó a toda la ciudad. Para evitar que se repitiera una tragedia semejante, se ideó un carril de desviación, cuya construcción fue retrasada hasta mediados de los años 20 debido a la Primera Guerra Mundial. En esta época, los transportes públicos de Berlín (la BVG) adquirieron los 30 terrenos y edificios que allí se encontraban. En vez de demolerlos, se decidió atravesar las casas para hacer pasar las nuevas vías del metro; era simplemente la solución más económica. La mayoría de las casas atravesadas por un túnel desaparecieron después de la batalla de Berlín de 1945, pero la de la Dennewitzstraße resistió hasta el final.

Desde 1926, cada día laborable, los trenes de la línea U1 atraviesan habitualmente esta casa 444 veces (222 veces en cada dirección), si no se tienen en cuenta las alertas aéreas o las huelgas de conductores.

Después de haber atravesado el parque por el puente metálico, los trenes del metro pasan por una rampa cubierta que es «devorada» por la casa. Para sus ocupantes, a menudo entrevistados por la prensa local, todo comienza con un lejano estruendo que parece provenir de las entrañas del edificio como de las profundidades de una mina. El ruido se amplifica y se convierte en un rugido: da la impresión de que los techos vibran. Tac tac tac, las baldosas del suelo resuenan y después el ruido desaparece rápidamente. A lo largo de esta rampa, así como en la casa, los raíles se encierran en túneles de hormigón de doble grosor para amortiguar los ruidos no deseados del metro. Cabe señalar que, para atraer a los ocupantes, los alquileres son especialmente baratos.

LOS PILARES DE HORMIGÓN DE LA YORCKSTRAẞE

⑥

La diferencia entre puentes antiguos y renovados

Cruce de la Yorkstraße y de la Bautzenerstraße, 10829 Berlín
S1, 2, 25 / U7 (Yorckstraße)

El transeúnte atento caerá quizás en que solo ciertos puentes de la Yorckstraße tienen sus pilares encajados en bases de hormigón. Esta diferencia indica que los puentes que han sido renovados desde la obra iniciada en 2011-12 y la inicial (finales del siglo XIX y principios del siglo XX).

El hormigón restante se vertió durante la Segunda Guerra Mundial para evitar que los pilares se saliesen de su punto de articulación en caso de que se produjeran ondas de choque a causa de las bombas. Estos pilares, conocidos como «pilares péndulos» (*Pendelstützen*), no están sujetos al tablero del puente, más alto, sino que simplemente lo sostienen mediante sistemas de articulación esferoidales sobre los que simplemente se coloca la cubierta.

Actualmente, estas bases de hormigón actúan más bien como elemento estabilizador en el caso de que un peso pesado golpee los pilares. Dado que los puentes renovados se modifican ahora de manera que los pilares ya no sean portantes, la base de hormigón ya no resulta superfluo.

El puente metálico más antiguo de Berlín

Hasta la Segunda Guerra Mundial, 40 puentes cruzaban la Yorckstraße, frente a los 30 actuales, 26 de los cuales son originales y forman desde 1992 un conjunto protegido, un auténtico museo al aire libre del desarrollo técnico de los puentes metálicos entre 1875 y 1934.

El más antiguo, el puente número 5 haciendo esquina con la Bautzenerstraße, es también el puente metálico más antiguo de Berlín.

Berlín, capital europea de los puentes

Berlín posee un número de puentes impresionante: cerca de 2700, más que Hamburgo contrariamente a la creencia popular, que cuenta con menos de 2500, y más que cualquier otra ciudad del mundo después de Nueva York (véase la página web brückenweb.de, que los enumera). Construido sobre un terreno pantanoso, Berlín es uno de los de Venecia del Norte. Cerca de 450 de sus numerosos puentes cruzan un río, más que en Venecia.

¿Por qué la Yorckstraße forma un ángulo?

Si mira atentamente la Yorckstraße en un plano de Berlín, llama la atención un detalle: la Gneisenaustraße, que se convierte en Yorckstraße en el oeste, está alineada con la Bülowstraße, la Kleiststraße y la Tauentzienstraße, al otro lado del parque Gleisdreieck. Sin embargo, a la altura del parque Gleisdreieck, la Yorckstraße se curva bruscamente hacia el sur para luego volver a elevarse y retomar su eje inicial como Bülowstraße.

De hecho, para celebrar el final de la ocupación napoleónica, se decidió crear a mediados del siglo XIX una larga avenida que atravesaría la ciudad de oeste a este, en línea recta, entre dos iglesias también construidas en el marco de este proyecto: la Kirche am Südstern por un lado, no muy lejos del nuevo cementerio de la guarnición de Berlín (Columbiadamm 122-140), donde están enterrados los soldados caídos e Dennewitz y Großbeeren durante las guerras de liberación contra Napoleón; y la Iglesia Memorial por otro lado, en honor a Guillermo I, el fundador de la unidad política alemana que las guerras de liberación habían preparado. Se rindió también homenaje a los grandes generales prusianos de las

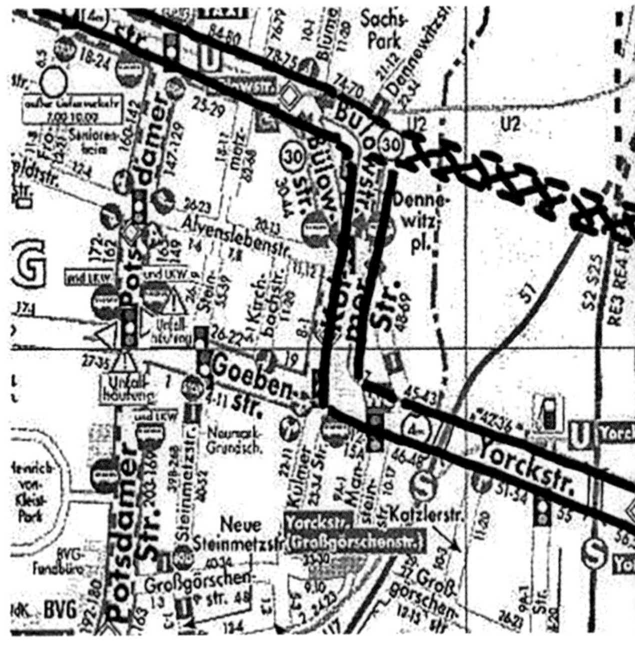

guerras de liberación dándole el nombre de Yorck, Bülow, Kleist y Tauentzien al Generalszug («desfile de generales»). Los nombres de las plazas que acompañan esta avenida (Dennewitz, Nollendorf, Wittenberg) son los de las ciudades donde estos generales obtuvieron victorias decisivas.

Sin embargo, este proyecto ideado en plena revolución industrial planteaba un problema mayor: debía atravesar las numerosas vías férreas norte-sur de las líneas de Potsdam y de Anhalt, a las que se añadirían pronto las de la estación militar de Schöneberg así como la línea de Dresde, que convergían todas hacia Gleisdreieck. La ciudad siguió insistiendo en crear una avenida sin paso a nivel, lo que implicaba considerables trabajos de terraplenado que las compañías ferroviarias rechazaban asumir. Tras varios años de negociaciones, se encontró una solución: aprovechando la explanada de Teltow un poco más al sur, se bajó 400 metros el *Generalszug* con el fin de utilizar la pendiente natural del terreno, reduciendo en gran medida las obras necesarias. Esto explica además los numerosos puentes que atraviesa la Yorckstraße en este lugar.

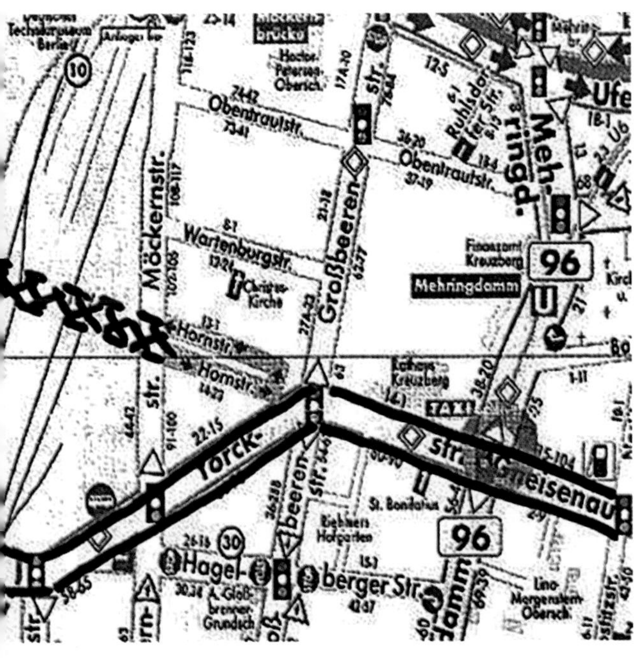

LAPIDARIUM DE KREUZBERG ⑦

Uno de los grandes secretos de Berlín

Viktoriapark
Monumento a las Guerras de Liberación (campaña de la Alemania napoleónica), 10965 Berlín
0 30 / 50 58 52 – 32
Visita guiada (solo en alemán) de dos horas, una vez al mes de mayo a octubre
Venta de entradas al museo Friedrichshain-Kreuzberg-Museums (FHXB), Adalbertstraße 95ª
Sin reserva
U6 (Platz der Luftbrücke)

En el Viktoriapark, en la parte trasera del Monumento nacional de las Guerras de Liberación (zona norte del parque), una discreta puerta metálica se abre a uno de los mayores secretos de Berlín: una colección de moldes de escayola y otras esculturas de personajes que figuran en el monumento, además del original del friso de la Moneda, una obra de Johann Gottfried Schadow, maestro de Schinkel.

Este friso decoraba anteriormente la antigua moneda –l'Alte Münze– del mercado de Werder en el barrio histórico de Friedrichswerder. De 37 metros de largo, los relieves retratan la historia económica de la Humanidad.

La nueva moneda, en el Palacio Schwerin de la plaza Molkenmarkt, es el único que posee una copia del friso.

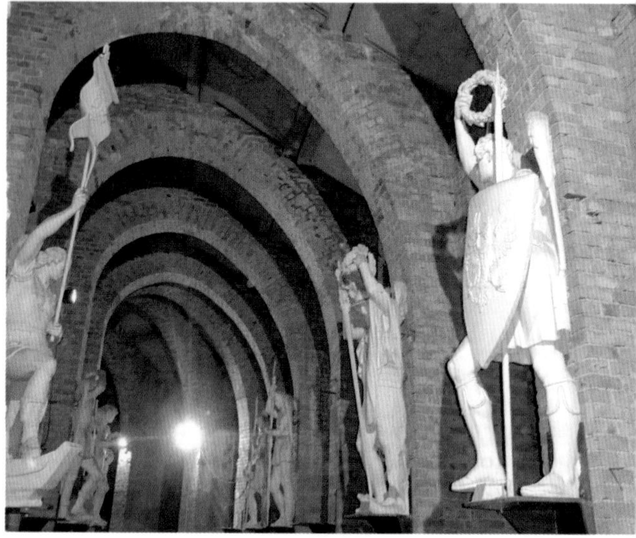

Entre otras curiosidades, la visita guiada desvela que la reina Luisa (la esposa de Federico Guillermo III, el rey de Prusia que a menudo se caía de su caballo) hizo durante un tiempo causa común con Napoleón tras las derrotas prusianas de Iéna y Auerstaedt, antes de imponerse finalmente al unirse a la Sexta Coalición.

Una première mundial

La iglesia completa prevista originalmente era demasiado cara, así que solo se construyó esta aguja, razón por la que se parece tanto a un campanario. Esta aguja de hierro fundido fue en su momento una première mundial para un monumento de la época.

EN LOS ALREDEDORES

Placa del androide emocionalmente avanzado (8)

Justo a los pies del Monumento nacional, inmediatamente a la derecha del inicio de la cascada, se encuentra una placa sujeta discretamente al tronco de un árbol que marca un acontecimiento importante: «En este parque tuvo lugar la contemplación de N44 V864 962, el primer androide emocionalmente avanzado. Este contempló una hoja durante 2357 horas, deduciendo su estructura atómica y su función dentro del Todo. 12 de septiembre/19 de diciembre de 2313». Cada uno que interprete lo que buenamente quiera…

HALL DE ENTRADA DEL EDIFICIO DE LA KREUZBERGSTRAßE ⑨

Las cuatro estaciones en Kreuzberg

Kreuzbergstraße 29, 10965 Berlín
Es posible verlo si se lo pide amablemente a un vecino
U6 (Mehringdamm) / U7 (Yorkstraße) / S1, 2, 25, 26 (Yorkstraße)

Si la banal fachada del número 29 de la Kreuzbergstraße no deja entrever nada de extraordinario, el hall de entrada del edificio esconde en realidad unos cuadros fascinantes y desconocidos del pintor berlinés Wilhelm Weigmann, a los que a veces se puede echar un vistazo si se pregunta a un residente. Especializado en la pintura y el mosaico histórico, Weigmann es conocido por contribuir en el mosaico de la iglesia del Recuerdo o en la decoración del hotel Bristol (Unter den Linden 5-6, según el antiguo sistema de numeración), desaparecido hoy en día.

Weigmann efectuó un valioso retrato de la época: cuatro paisajes que ilustran las cuatro estaciones de la Kreuzbergstraße tal y como la veían los habitantes del edificio en el momento de su inauguración en 1888.

A la izquierda, un paisaje invernal representa la parte sur de la Kreuzbergstraße antes de la construcción del parque Victoria y de la cascada, inaugurados en 1894. Se reconocía en su parte superior el Monumento Nacional de Friedrich Schinkel, que data de 1821, y la ladera nevada de la colina con niños deslizándose en trineos. A su derecha, un segundo cuadro representa la primavera kreuzberguesa. Distinguimos la misma colina, esta vez ligeramente más alejada y vista desde el ángulo de la Kreuzbergstraße y la Großbeerenstraße. Además de los niños jugando en la colina o los habitantes paseándose alrededor del Monumento, se representa también una parte de la calle, con su tranvía hipomóvil (en aquella época estaba empezando a funcionar el tranvía eléctrico, véase la página 410), algunos transeúntes y la villa Richter, demolida en vista de la construcción de la cascada en 1893. Al otro lado, un tercer lienzo haciendo las veces de paisaje de verano representa la colina de Kreuzberg soleada con el cielo azul de fondo. En la calle cubierta de adoquines típicamente berlineses (Kopfsteinpflaster), un hombre monta un Gran Bi, la primera bicicleta con ruedas de radios ideada por el inglés James Starley en 1870. Según las interpretaciones, lo que está en la ladera de la colina es o bien la villa Naundorff, actualmente desaparecida, o bien otra vez el Monumento Nacional, en la cima de la colina, en cuyo caso la vista sería la del ángulo de la Kreuzbergstraße y la Möckernstraße.

La cuarta pintura representa una tarde de otoño, con una pareja paseando a la luz de las farolas. Otras dos personas los llaman desde la terraza de un bistró.

ANTIGUA GASOLINERA 

Ruinas del antiguo complejo de transporte automovilístico Translag

Mehringdamm 20–30,
10961 Berlín
U6, 7 (Mehringdamm)

En el cruce de la Mehringdamm y la Obentrautstraße, son pocos los clientes del supermercado bio los que se dan cuenta de que la entrada de la tienda aún mantiene la estructura de una antigua gasolinera.

Bajo el gran tejado plano sostenido por cuatro pilares se encontraban los surtidores de gasolina. A ambos lados de la entrada del supermercado, los dos pequeños anexos de estilo Streamline Moderne servían de mostradores. En cuanto al edificio principal, que originalmente estaba cerrado por un lateral (bajo el tejado), se utilizaba como túnel de lavado para los coches que entraban por una puerta trasera, ahora tapiada, y salían por el lado de la ventana que daba a la Mehringdamm.

La gasolinera y el túnel de lavado se inscribían en el gigantesco complejo de transporte automovilístico Translag (Transport und Lagerhaus). Desarrollado en la década de 1920, incluía un concesionario, un servicio de reparación de vehículos y una flota de reparto compuesta por 600 vehículos. La compañía fue instalada en los antiguos terrenos de la caballería alemana (Guardia Dragoner). Mientras que 500 soldados se alojaron originalmente en Mehringdamm 22, los cuatro largos edificios que aún pueden verse en la parte trasera albergaban 700 caballos, pero tras la Primera Guerra Mundial, Alemania se desmilitariza y la caballería se disuelve. El Finanzamt en Kreuzberg se trasladó a los barracones y el Translag a los establos.

Aunque desde fuera parecen normales, impresionan por sus techos compuestos por tres series de bóvedas de aristas sostenidas por dos hileras de pilares de hierro fundido, que les han valido el apodo de «catedrales para caballos».

Pueden admirarse mientras compra en el supermercado bio, cuya ala sur ocupa una parte de los antiguos establos.

TUMBA DE LEOPOLD FERDINAND DE HABSBURGO-LORENA ⑪

La vida extraordinaria de un antiguo duque rebelde

Cementerio evangélico de Jerusalén III
Mehringdamm 21,
10961 Berlín
Todos los días: en enero y diciembre de 8 h a 16 h; en febrero y noviembre de 8 h a 17 h; en marzo y octubre de 8 h a 18 h; en abril y septiembre de 8 h a 19 h; de mayo a agosto de 8 h a 20 h
U-Bahn (Mehringdamm)

En el cementerio evangélico de Jerusalén III, próximo a la entrada, una tumba destaca sobre las otras: un bloque de cemento rectangular sostiene una cruz de hierro forjada y dorada, bajo la cual se puede ver una placa funeraria con el nombre de Leopold Wolfling. Este tipo de sepultura suele reservarse a las personas de la Iglesia, pero el hombre que yace en este lugar nunca destacó en vida por una fe ferviente ni por su rectitud moral. Leopold Wölfling no es ni su verdadero nombre:

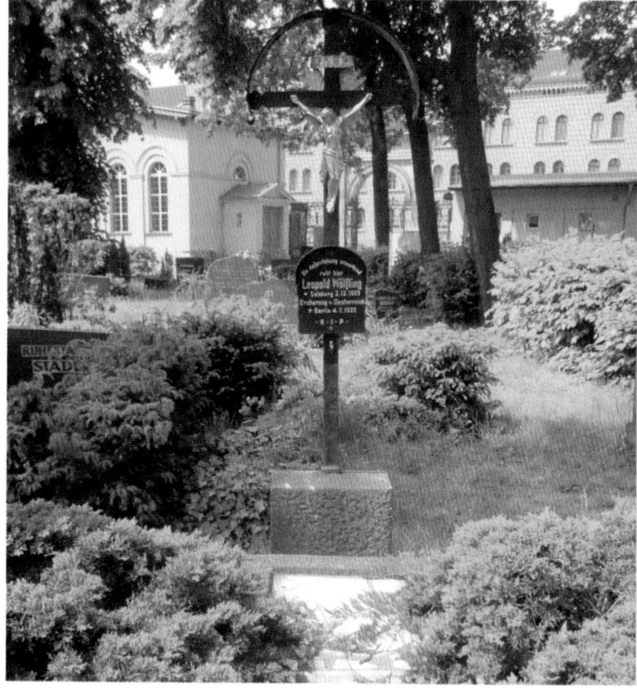

él se llamaba en realidad Leopold Ferdinand Salvator María José Juan Bautista Zenobio Roger Luis Carlos Santiago Vivian de Habsburgo-Lorena. Hasta 1902, cuando Leopold Ferdinand tenía 34 años, hijo del último gran duque de la Toscana, renunció a su título nobiliario de archiduque para adoptar una vida lejos del confort de la corte y de la carrera militar a la que estaba destinado. Así pudo liberarse de sus opresivas obligaciones familiares y casarse con Wilhelmine Adamovicz, una joven dama que, según muchos contemporáneos, se dedicaba a la prostitución.

Esta extraña pareja se casó en Suiza en 1903 antes de instalarse en el Monte Verità, en el cantón del Tesino, donde a principios de siglo había una colonia de nudistas vegetarianos. No obstante, la estancia en esta comunidad fue breve: dos semanas más tarde, Leopold abandonó a su mujer, y en 1907 se casó con Marie Magdalena Ritter, otra joven prostituta comprada de nuevo a su protector de Munich, en Baviera. El antiguo archiduque y ella fueron a París, pero esta relación se terminó también al cabo de los años.

Debido a la Primera Guerra Mundial y a la caída del Imperio de los Habsburgo, Wölfling perdió los ingresos mensuales que le habían permitido subsistir hasta entonces. Al regresar a Viena, abrió una tienda de alimentación y trabajó como guía turístico en los palacios imperiales. La nueva vida que llevaba en Austria tampoco calmó a este hombre que nunca permanecía mucho tiempo en un mismo lugar. Así que Leopold partió a Berlín, donde fue contratado como comentarista de una película muda sobre los Habsburgo y como portero del cabaré *Rakete*. En el mismo lugar, hizo el papel de sangre azul en una comedia ambientada en el Imperio austrohúngaro. Más adelante, se dedicó a escribir y publicó una autobiografía en checo y otra en inglés, además de un libro de anécdotas sobre la familia real austriaca. También colaboró en el diario *Berliner Morgenpost*, al que propuso una serie de artículos sobre las emperatrices que conoció en persona.

En 1933, a los 60 años, se casó con Klara Pawlowski, una joven de Europa del Este mucho más joven que él, con la que vivió en un edificio en el 53 de la calle de la Bella Alianza (actualmente Mehringdamm 119) hasta que murió, pobre, en 1935. La tumba de Klara, la tercera y última esposa del antiguo archiduque, está justo enfrente de la de su marido.

SEPULCRO DE LA FAMILIA MÜHLENHAUPT ⑫

Sombreros de la resistencia

(Böhmisch-Lutherischer Bethlehems Friedhof)
Mehringdamm 21, 10961 Berlín
Abierto todos los días: en diciembre y enero de 8 h a 16 h; en febrero y noviembre de 8 h a 17 h; en marzo y octubre de 8 h a 18 h; en abril y septiembre de 8 h a 19 h; de mayo a agosto de 8 h a 20 h
U6 (Mehringdamm)

La sepultura de la familia Mühlenhaupt es con diferencia la más original del cementerio Bethleem de Kreuzberg. Consta de cuatro estelas fundidas en hormigón, decoradas con retratos coloreados de algunos de los miembros de la familia Mühlenhaupt, compuestos según las reglas del arte naíf. A la izquierda: Kurt Mühlenhaupt y su esposa Friedel. A la derecha: los hermanos y hermana de Kurt Mühlenhaupt, Wilheim y Margarete.

Estas pinturas las realizó Kurt Mühlenhaupt (1921-2006), artista naíf apodado el «pintor del amor», cuyo signo distintivo era un sombrero rojo intenso de ala ancha que nunca se quitaba, fácilmente reconocible en el autorretrato de su lápida. La elección de llevar sombrero tiene su origen en la profunda indignación que sintió de niño cuando un profesor pegó a un compañero judío que tuvo la osadía de no quitarse la gorra durante el himno nacional con el que abrían la jornada escolar. Observe que todos los miembros de la familia están igualmente representados con un sombrero.

Al lado de Günter Grass, Kurt Mühlenkaupt era miembro de la sociedad berlinesa de los poetas-pintores fundada en 1972 en Kreuzberg, donde vivió durante la mayor parte de su vida, cerca del cementerio donde quiso que le enterrasen. Mühlenhaupt diseñó las cuatro estelas cuando murió su hermano Wilheim en 1977, al principio en metales preciosos que decoró con retratos esmaltados. En 1981, Mühlenhaupt dijo de ellos: «Para los habitantes de Kreuzberg, el cementerio es una especie de parque. Para alegrarlo un poco, coloqué mi propia lápida, al igual que las de mi esposa, mi hermana y mi hermano. De momento solo mi hermano yace en su tumba». Robadas a mediado de los años 80, fueron reemplazadas en 1988 por las actuales estelas de hormigón.

EN LOS ALREDEDORES

Sala de exposición de la familia Mendelssohn-Bartholdy ⑬

Cementerio I de la Santa Trinidad (contiguo al cementerio de Belén, con el mismo horario de apertura, ver a continuación)

En la antigua capilla del cementerio de la Santísima Trinidad I, situada en el muro sur de la Baruther Straße, una exposición rinde homenaje a la familia judeo-alemana Mendelssohn-Bartholdy. Este lugar se eligió porque es en este cementerio donde está enterrado entre otros su descendiente más destacado, el compositor Felix Mendelssohn (1809-1880), conocido como el «Mozart de Hamburgo». Félix era nieto de Moses Mendelssohn (1729-1786), importante filósofo de la Ilustración alemana e iniciador de una impresionante estirpe que sobresalió tanto en las finanzas como en las artes y las ciencias.

MAUSOLEO DE LA FAMILIA OPPENFELD

⑭

Una sorprendente sepultura de estilo egipcio

Cementerio Dreifaltigkeitskirchhof II
Bergmannstraße 39–41, 10961 Berlín
Todos los días de 8 h a 20 h
U7 (Gneisenaustraße)

En el lado este del cementerio Dreifaltigkeitskirchhof II (es decir, a la izquierda entrando por la Bergmannstraße) se encuentra una impresionante tumba: con techo voladizo, muros inclinados, una colorida puerta de entrada en forma de trapecio y acanaladuras decoradas con motivos florales, el mausoleo Oppenfeld es un magnífico ejemplo de arquitectura de estilo egipcio.

Fue construido en 1828 bajo la voluntad de Georg Moritz y Carl Daniel Oppenfeld, dos importantes miembros de la línea epónima de banqueros berlineses. La familia, antiguamente los Oppenheim, recibió la autorización de modificar su nombre a Oppenfeld el 22 de septiembre de 1827, apenas un año antes. Este cambio fue debido al abandono de la religión judía y la conversión a la fe católica de Georg Moritz, que había recibido el sacramento del bautismo en 1822, renunciando a su nombre judío de Moses.

La razón por la que el banquero deseó erigir una tumba de estilo egipcio sigue siendo incierto. ¿Fue sólo en respuesta a la moda de la campaña de Egipto de Napoleón de 1798 a 1801 lo que suscitó en el viejo continente un inmenso interés por el país?

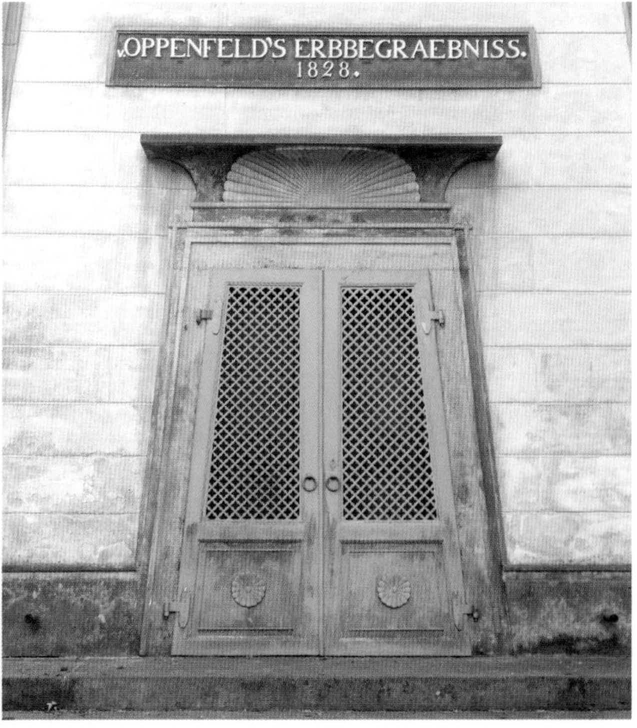

TUMBA DE ERWIN REIBEDANZ

⑮

Un sorprendente cometa de estilo expresionista

Cementerio de Luisenstadt
Lot 10 (al centro del lado este, es decir a la izquierda de la entrada)
Südstern 8–12, 10961 Berlín
Todos los días: en diciembre y enero de 8 h a 16 h; en febrero y noviembre de 8 h a 17 h; en marzo y octubre de 8h a 18 h; en abril y septiembre de 8 h a 19 h; de mayo a agosto de 8 h a 20 h
U7 (Südstern)

En medio del cementerio de Luisenstadt, la tumba del empresario Erwin Reibedanz (1878-1919) es una de las más extrañas de Berlín: la sepultura representa un cometa surgido del suelo derribando una cruz.

Representado por una bola con puntas que deja tras ella una larga cola rectangular decorada a rayas, el cometa está esculpido en piedra caliza llamada *Muschelkalk* («caliza de molusco»).

Más bien apagada, era originalmente una obra policromada decorada de colores vivos: rodeada de un seto de rosas rojas, la base y la cruz estaban pintadas en azul grisáceo oscuro y la parte inferior de la cola en azul intenso, mientras que la estrella y los relieves de los rayos eran dorados. Desde su inauguración, fue objeto de numerosas protestas que rápidamente se impusieron a esta cacofonía de colores.

Algunos ven en esta obra una expresión de la fe cristiana; el cometa es entonces el espíritu triunfante de la muerte representada por la cruz que caía. Sin embargo, se trata más bien de una referencia al cometa Halley que había revolucionado el mundo entero a su paso hace ahora algunos años, en abril de 1910. La lápida de Reibedanz, próxima a la de los arquitectos más vanguardistas de su época, fue construida en estilo expresionista por Max Taut, pionero de la arquitectura expresionista (y hermano del famoso arquitecto moderno Bruno Taut).

El cometa Halley –leitmotiv de la concepción expresionista del mundo– había hecho temer la aniquilación de toda forma de vida envolviendo la Tierra en una nube de gas tóxico. En este sentido, la lápida celebraría entonces la destrucción de la religión con el paso del cometa.

Otras obras expresionistas en Berlín: véanse las páginas 234 y 400.

¿Qué es el expresionismo?

El expresionismo es una corriente artística que abarca numerosos campos: pintura, arquitectura, literatura, teatro, cine, música, danza, etc. Y que apareció a principios del siglo XX al norte de Europa, concretamente en Alemania. Condenado por el régimen nazi, que lo consideraba un «arte degenerado», el expresionismo tiende a deformar la realidad y suscitar una reacción emocional en el observador. A menudo, las representaciones están fundadas en visiones desesperadas, producto del pesimismo que los expresionistas tienen de su época, amenazada por la Primera Guerra Mundial que se anuncia por el pasaje inquietante del cometa Halley en 1910. Con una técnica fotográfica perfeccionada y una relación entre arte y realidad totalmente modificada, el expresionismo rompió también con el impresionismo –que describía la realidad física– de una forma muy agresiva, a través de colores violentos y líneas afiladas. El expresionismo no constituye verdaderamente un movimiento o una escuela, sino más bien una reacción contra el academicismo y la sociedad.

Der blaue Reiter («El Caballero azul») y *Die Brücke* («El Puente») son los dos grupos más conocidos de artistas de inspiración expresionista. El Grito, del pintor Edvard Munch, o Caballo azul, de Franz Marc, son dos de los cuadros más famosos de este género pictórico. En música, las sinfonías de Dmitri Chostakovitch tuvieron espíritu expresionista desde finales de los años 1920.

TUMBA BIEDERMANN 

Un magnífico mosaico del jardín del paraíso

Cementerio de Luisenstadt
Südstern 8-12, 10961 Berlín
Todos los días: en diciembre y enero de 8 h a 16 h; en febrero y noviembre de 8 h a 17 h; en marzo y octubre de 8 h a 18 h; en abril y septiembre de 8 h a 19 h; de mayo a agosto de 8 h a 20 h
U7 (Südstern)

En la parte más cercana a Kreuzberg del cementerio de Luisenstadt, adosado al muro sur a lo largo de la Züllichauerstrasse, se encuentra la tumba de la familia Biedermann, una de las más importantes del lugar, a pesar de haber visto días mejores. Recuerda a una alcoba con techo abovedado y recubierto con zinc. Se trata de una estructura de mampostería revestida y con bloques de piedra (arenisca y *Muschelkalk*, «caliza de concha»).

La entrada está flanqueada por dos estatuas que representan a un hombre y a una mujer aparentemente alterados. Algunos creen ver una alegoría del día y la noche. Sin embargo, un examen más exhaustivo permite descubrir, escondida tras la enredadera, la causa precisa de la agitación del hombre: en su costado derecho, se distingue el cuerpo curvilíneo de una criatura reptiliana. La cabeza del reptil, que parece haber sido decapitado voluntariamente, aparece claramente en fotos más antiguas. Así, el dúo representa a Eva en las garras de la serpiente como consecuencia de su pecado, mientras que un ángel –que adorna la clave– observa la escena. El interior de la alcoba está presidido por un gran trono de piedra, símbolo del reino de los cielos. Destaca por un magnífico mosaico de colores vivos salpicado de teselas doradas que representan un delicioso jardín con una fuente en el centro de la que beben dos palomas. Es fácil distinguir una imagen del paraíso encontrado, con su fuente de juventud que da de beber a los corazones puros –las palomas– en el Más Allá. El mosaico lleva una inscripción en griego clásico de Menandro, un dramaturgo del siglo IV: *Ον γαρ οι Θεοί φιλούσιν, αποθνήσκει νέος* («muere joven el que es amado por los dioses»). La cita se refiere en este caso a Liza Biedermann, que falleció en 1901 con poco más de veinte años.

Visiblemente incompleta, parece que la tumba fue desprovista de sus partes metálicas: seguramente una lámpara colgada del techo, algunas estatuas o urnas colocadas en los nichos, una verja bloqueando el paso, los ornamentos del trono y, a ambos lados de este, las esquelas mortuorias. Presumiblemente compuestas de bronce, se deduce que fueron utilizadas en la Segunda Guerra Mundial para producir armamento.

MEMORIAL DEL CAMPO DE CONCENTRACIÓN DE COLUMBIAHAUS

⑰

El mayor campo de concentración que hubo en Berlín

Columbiadamm, en la esquina de la Golßener Straße, 12101 Berlín
U6 (Platz der Luftbrücke)

Al norte de la Columbiadamm y de la Golßener Straße se encuentra un pequeño monumento de metal oxidado que pasa desapercibido. Representa una casa de aproximadamente 2,5 metros de altura con 3 celdas. Una de las paredes, apartada de las demás, evoca una lápida y hace las veces de placa conmemorativa. Sutilmente, el conjunto rinde homenaje a las víctimas del campo de concentración de Columbiahaus, que se encontraba, entre marzo de 1933 y noviembre de 1936, al otro lado de la calle.

Entre la Friesenstraße y la Golßener Straße, un complejo del siglo XIX acoge desde 1920 algunas dependencias de la policía berlinesa. Al principio albergaba cuarteles y poseía su propio cuartelillo para los arrestos con 156 celdas llamado Columbiahaus, situado justo enfrente, donde se encuentra el actual Hangar 1 del antiguo aeropuerto de Tempelhof. Las SS se hicieron con el cuartelillo en 1933, convirtiéndolo en una extensión de la prisión central de la Gestapo, situada en el número 8 de la Prinz-Albrecht-Straße –en las dependencias de la policía secreta prusiana,

la Gestapa, de la que dependía originalmente la Gestapo–, ya que esta rápidamente se vio desbordada.

Mientras los otros campos de concentración, construidos desde 1933 en el corazón de la capital alemana, dependían generalmente de tropas paramilitares SA, la particularidad del campo de Columbiahaus es que desde el principio estuvo controlada por las SS. Además, sobrevivió a la neutralización del movimiento SA entre finales de 1933 y principios de 1934.

Columbiahaus se convirtió en un órgano policial independiente. La Gestapo obtuvo el control de la amenaza dentro de él y el terror de los campos improvisados dio lugar a un miedo sistematizado al estilo del campo de Dachau. Respecto a ello, la Columbiahaus era el único campo de concentración oficial de la capital, el segundo de este tipo después de Dachau.

Fue el mayor campo que hubo en Berlín. Acogió entre 8000 y 10 000 prisioneros políticos y opositores, y centenares de ellos fueron torturados hasta la muerte. Con Dachau, la Columbiahaus no fue solo uno de los primeros campos de concentración y un lugar de detenciones y tortura, sino también un espacio de formación de oficiales de las SS y de experimentación, sentando las bases de cómo serían organizados el resto de los campos de concentración.

En noviembre de 1936, el campo de Columbiahaus fue disuelto y el edificio, demolido, en la primavera de 1938, para construir en su lugar el aeropuerto de Tempelhof.

Para ver los otros campos de concentración que existieron en Berlín, véase la página 200.

El origen del nombre de Columbiadamm

Inicialmente, el nombre del actual Columbiadamm era Prinz-Ausgust-von-Würtemberg-Straße, rebautizado más tarde –en 1927– en honor a Clarence D. Chamberlin, pionero de la aviación. El 4 de junio de 1927, a bordo de la Miss Columbia (como también se conocía a *El América*, en referencia a Christophe Colomb), Chamberlin y su copiloto Charles Levine se propusieron batir el récord del vuelo transatlántico más largo que entonces ostentaba Charles Lindbergh. Después de un vuelo de casi 6295 kilómetros efectuado en 42 horas y 45 minutos desde Nueva York, se estrellaron en Eisleben, a unos cientos de kilómetros al sur de Berlín, batiendo el récord de Lindbergh en 480 kilómetros. Al día siguiente, aterrizaron en el aeropuerto berlinés de Tempelhof, donde fueron recibidos triunfalmente por una multitud de 150 000 personas.

FRESCO MURAL DE LA FICHTESTRAßE 2

18

Un bonito fresco mural oculto en un patio trasero

Fichtestraße 2, patio trasero, 10967 Berlín
0177 304 0630
nele.wasmuth@gmail.com
Domingo de 11 h a 16 h
Visita guiada gratuita bajo demanda
U7 (Südstern) / U8 (Schönleinstraße)

Invisible desde la calle, el número 2 de la Fichtestraße à Kreuzberg alberga un sorprendente y precioso fresco mural originario de la construcción del inmueble en 1890. Accesible el domingo entre las 11 h y las 16 h, recubre la totalidad de los muros cortafuego que cierran el lado izquierdo del patio, en una superficie de más de 300 metros cuadrados.

En los barrios obreros del Berlín industrial, el espacio era escaso y caro: a fuerza de maximizar la capacidad de acoger nuevos inmuebles, las ventanas de algunos patios interiores dan a menudo en los muros cortafuego de las construcciones vecinas. Estos estaban recubiertos de frescos que representaban paisajes con vastos horizontes para atenuar la sensación de claustrofobia de los inquilinos. Este fue el caso del número 2 de la Fichtestraße.

Según la Fundación alemana para la protección de monumentos históricos (DSD – Denkmalschutz Deutschland), 25 de estos frescos subsistían en los patios interiores del Berlín de los años 1980. En todo este tiempo, se ha restaurado el 60 % de estos últimos. El patio de la Fichtestraße fue salvado y restaurado en 2018 gracias a los vecinos del edificio, sobre todo a Nele Wasmuth, que hicieron lo imposible para financiar la operación.

Realizado en un estilo que recuerda al impresionismo de Edgar Degas, el fresco se compone de grandes superficies difuminadas. Algunos ven escenas de Don Giovanni de Mozart, mientras que otros ven un paisaje sudamericano de finales del siglo XVII, por el casco característico de los conquistadores españoles, que los más atentos distinguirán sobre la cabeza de un hombre a caballo acompañado de su perro.

EL SAPO DE LA ESTACIÓN DE METRO DE PRINZENSTRAẞE

⑲

Un príncipe sapo prusiano

Gitschiner Straße (Ecke Prinzenstraße), 10969 Berlín
U1, 3 (Prinzenstraße)

Viniendo del metro de Kottbusser Tor, encontrará al principio del andén norte de la estación de Prinzenstraße, la pequeña y simpática escultura de un sapo con una corona dorada en la cabeza.

Este sapo lleva en la estación desde que fue inaugurada en 1902 y es un guiño a muchos niveles: el nombre de esta, Prinzenstraße, hace referencia al cuento de los hermanos Grimm *La hija del rey y la rana* (en alemán *Der Froschkönig oder der eiserne Heinrich*), donde un príncipe azul es convertido en sapo, pero finalmente logra recuperar su forma original. El príncipe dará nombre a la calle, Príncipe Guillermo de Prusia.

La fábrica real de porcelana KMP diseñó el sapo. Su sede, en el número 1 de la Wegelystraße, está próxima al Tiergarten.

Afortunadamente, la compañía ferroviaria encargó varios ejemplares, porque este ha sido sustraído varias veces.

Durante la construcción de la nueva entrada acristalada, el sapo permaneció guardado en un armario a buen recaudo, donde fue olvidado una vez finalizaron las obras. Pero su ausencia no pasó desapercibida durante mucho tiempo. Debido a las quejas de jóvenes usuarios, el anfibio se trasladó a su nuevo hogar en la estación, (casi) inalcanzable para evitar nuevos robos.

EN LOS ALREDEDORES

Escultura Stehfisch (20)

Wassertorstraße 65, 10969 Berlín

Una sorprendente y discreta estatua llamada *Stehfisch* (literalmente, «bípedo») se encuentra en el parquecito que hace esquina con la Wassertorstraße y la Gitschiner Straße. Es obra de Ernst Baumeister y representa un ser mitad hombre mitad pez o lo que sea que represente. Esta forma parte de un programa de desarrollo del arte en el espacio público, que tuvo lugar en 2004.

EL RITTERHOF

(21)

Un «Gewerbehof» que sobrevivió a la guerra

Ritterstraße 11, 10969 Berlín
U8 (Moritzplatz)

El Ritterhof es uno de los pocos edificios de esta calle que sobrevivieron a la barbarie de la Segunda Guerra Mundial. La fascinante fachada de este antiguo *Gewerbehof* (complejo industrial provisto de apartamentos) de principios del siglo XX está hecha con ladrillos vidriados de color rojo oscuro. Sin duda, merece la pena desviarse. El nombre *Ritterhof*, escrito en letra gruesa, figura en la parte superior de la entrada y hace referencia a la calle donde se construyó la fábrica. En alemán, *Ritter* significa «caballero». Esto explica la presencia del caballero con la espada en el nicho que hay en mitad de la fachada. *Hof* significa «patio» y hace referencia a la clásica división en patios de los complejos industriales y comerciales berlineses. Más arriba, sobre el único y pequeño balcón de balaustrada roja, también observará un caballo erguido sobre las patas traseras, otro elemento que recuerda al nombre del edificio. En el pórtico de entrada están esculpidos en altorrelieve un hombre y una

mujer trabajando, que representan la función de este lugar.

El Ritterhof fue construido entre 1906 y 1907 siguiendo los planos de los arquitectos Walter Schilbach y Heinrich Schweitzer, y por encargo de los herederos de la familia de empresarios Scheck'schen. En los años 1930, antes de que estallase la guerra, al menos 30 empresas de distintas áreas tenían su sede en los tres patios interiores, entre ellas la editorial Eulen y la fábrica de lámparas Böhm. El complejo fue restaurado a principios de los años 1990 y hoy en día está protegido.

EN LOS ALREDEDORES

La fachada de la Pelikan-Haus

Ritterstraße 9–10, 10969 Berlín

Al lado del Ritterhof está la maravillosa Pelikan-Haus, construida entre 1902 y 1905 por encargo del banquero alemán Georg Solmssen. Mientras que en el cuarto piso se observan las estatuas de cuatro atlantes, en la parte central distinguirá un medallón dorado con el logotipo de la famosa empresa de artículos de papelería Pelikan, que tuvo aquí su sede a principios de los años 30 y que dio nombre al edificio.

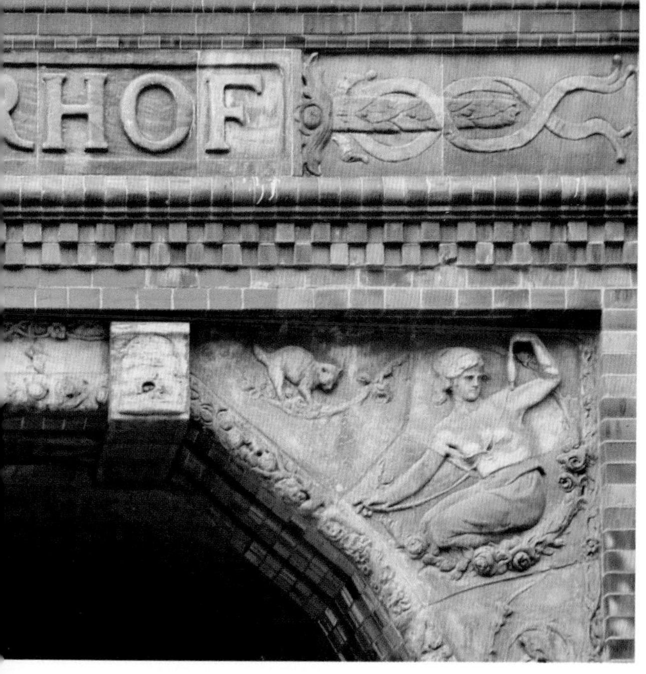

BAJORRELIEVES DEL ENGELBECKEN HOF

22

Un recuerdo del pasado industrial de los lugares

Leuschnerdamm 13, 10999 Berlín
U8 (Heinrich-Heine-Straße) / U1, 3, 8 (Kottbusser Tor)

El Engelbecken Hof se encuentra en el número 13 de la Leuschnerdamm. Es un edificio que llama rápidamente la atención por su elegancia y en especial por su frontón, donde los rayos de dos soles dorados inciden justo sobre el año de su inauguración, 1904. A media altura, los balcones voladizos (orieles) muestran dos bonitos bajorrelieves que representan un barco y un tren, ambos flanqueados por figuras con cascos y cuerdas que evocan el pasado industrial del edificio, construido para Kessel & Röhl, una empresa germano-sueca especializada en el corte y pulido del granito, y situado frente al antiguo Luisenstadtkanal, que conectaba el Landwehrkanal y el Spree. Trabajar la piedra precisa una gran cantidad de agua, de ahí que trajeran la piedra ya trabajada desde Suecia en tren, pero sobre todo en barco, y la depositaran a las puertas del Engelbecken Hof. Esta inestimable ventaja logística es la que retratan los bajorrelieves de los orieles.

En el periodo de entreguerras desaguaron el Luisenstadtkanal, convirtiéndolo en el paseo que conocemos hoy, con el Engellbecken como única fuente de agua.

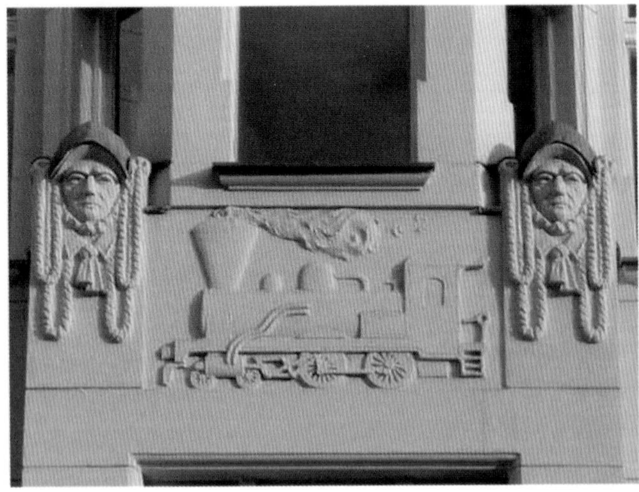

También hay que señalar que la parte delantera del complejo es mucho más elaborada que la trasera, ya que cumplía funciones que actualmente se llevarían a cabo en lugares diferentes. El *Vorderhaus* da a la calle y servía como bloque de oficinas y como comercio. Es de estilo Secesión berlinesa, típico de los grandes almacenes de fin de siglo, y al que el enorme frontón aporta un toque medieval. Los talleres, articulados alrededor de seis patios interiores, están diseñados en un estilo mucho más moderno y sencillo.

EN LOS ALREDEDORES

Un ascensor «Jugendstil»

A la izquierda, nada más entrar al edificio encontrará, antes de llegar al primer patio interior, un magnífico ascensor clásico decorado con motivos florales *Jugendstil* (Arte nuevo).

¿Por qué «Engelbecken»?

En honor del arcángel San Miguel, el estanque donde el Leuschnerdamm desemboca en el río se llama Engelbecken («estanque del ángel»), representado en el pórtico de la vecina iglesia del mismo nombre.

Hasta la fundación del Gran Berlín en 1920, el trazado de los canales al norte y al sur de la ciudad (Spandauerkanal y Landwehrkanal), cruzados por razones logísticas, coincidía exactamente con los límites de Berlín. Toda la ciudad estaba comunicada por vías marítimas y poseía varios puertos, como el de Humboldthafen al noroeste y el de Engelbecken al sudeste.

PLACAS DE ASFALTO DE LA LEUSCHNERDAMM

㉓

Vestigios del Muro de tercera generación

Leuschnerdamm, entre el 1 y el 19, 10999 Berlín
U8 (Heinrich-Heine-Straße, Moritzplatz o Schönleinstraße)

A lo largo de la Leuschnerdamm, entre la Bethaniendamm y la Waldermarstraße, los más despiertos verán que una serie de adoquines ha sido sustituida por asfalto. Esto se debe a que son restos muy sutiles del Muro de Berlín: estos agujeros en la calzada se hicieron a finales de los años 60 para introducir los pilares que sostenían las placas de hormigón que componían el Muro de Berlín de la tercera generación.

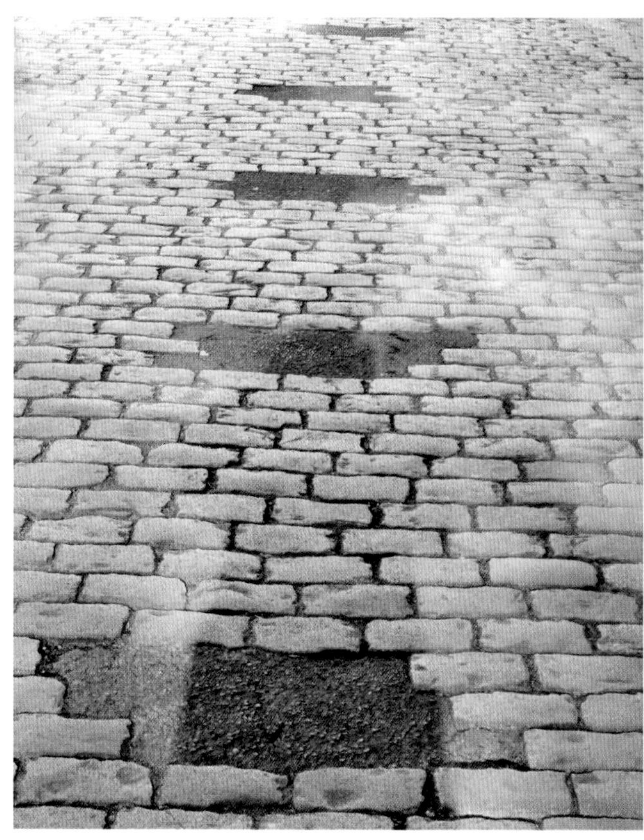

El régimen de Alemania oriental siempre buscó perfeccionar el Muro. Cuando este cayó, la fase 5 de su desarrollo estaba a punto de comenzar. La más conocida suele ser la fase 4, de 1975.

El muro exterior estaba compuesto por dos paredes, separadas por una zona de seguridad de aproximadamente 80 metros de anchura, rematado con un tubo de hormigón de amianto de 40 centímetros de diámetro y formado por elementos del mismo material en forma de L de 3,6 metros de altura. Tres versiones lo precedieron.

El Muro de la primera generación se completó en dos fases. La primera fase de la operación terminó el 13 de agosto de 1961 y consistió en cerrar la frontera con alambre de espino. Durante la noche del 17 al 18 de agosto, comenzaron los trabajos para sustituir esta simple barrera por un verdadero muro a la altura del hombre. Estaba hecho de bloques de hormigón y cemento, y rematado con piezas metálicas en forma de Y que sostenían varias hileras de alambre de espino.

El Muro de la segunda generación, construido en 1962, añadió al ya existente un segundo muro denominado interior, que era adyacente a la frontera política, para crear una zona de obstáculos en la frontera y hacerla más difícil de cruzar y de vigilar.

Construido entre 1965 y 1968, el Muro de la tercera generación fue la primera versión de aspecto uniforme del Muro. Sus paredes, ya rematadas con el característico tubo de hormigón, estaban compuestas por nueve placas horizontales de hormigón, colocadas unas sobre otras en pilones también de hormigón o de acero en forma de H.

Ello explica la falta de adoquines en el Leuschnerdamm, donde se insertaron los pilares de esta tercera versión del Muro.

RELIEVES DE LA FACHADA DE LA ADALBERTSTRAßE 79

(24)

Un edificio «destucado» y más tarde redecorado

Adalbertstraße 79 y Waldemarstraße 46, 10997 Berlín
U1, 3, 8 (Kottbusser Tor)

Justo en la esquina que une la Adalbertstraße con la Waldemarstraße, se ubica un edificio que data de la revolución industrial, con una fachada lisa decorada con relieves y motivos pintados.

Entre las ventanas de la planta baja y del primer piso hay una serie de figuras de cerámica que representan escenas de niños divirtiéndose, como las que pueden verse en cualquier parque. Dan volteretas, corren, tiran de la cuerda, juegan a la rayuela… Un niño observa cómo su globo se eleva unos pisos más arriba.

Las cornisas del tejado están cubiertas de frisos y medallones que representan a diversos personajes, entre ellos una mujer desnuda. Las ventanas están delineadas con una fina línea de color trazada con pincel. Algunas, aparentemente escogidas al azar, están más coloreadas y engastadas con esmalte. Recuerdan al «derecho de ventana» del arquitecto alemán Hundertwasser, que mandaba a los habitantes embellecer el espacio alrededor de sus ventanas, «hasta donde alcance el brazo».

Estos dibujos, catalogados, son obra de Yater Hanefi, un artista berlinés de origen turco que se formó en la Hochschule der Künste de Berlín (HdK) durante la Guerra Fría. Realizó estas fachadas en 1984, en el marco de la Exposición Internacional de Arquitectura (Internationale Bauausstellung, IBA), una institución federal destinada a fomentar el desarrollo social y ecológico de las ciudades alemanas. Quizás sorprenda que el edificio, que data de 1864-66, no tenga las fachadas neobarrocas típicas de la época. En efecto, fueron «destucadas» a partir de 1920 al producirse el boom de la arquitectura moderna en Alemania (véase a continuación).

El «destucado» de las fachadas de Berlín

Hasta la Segunda Guerra Mundial, las fachadas de los edificios de Berlín estaban decoradas en exceso. En la megalópolis industrial que sufre desigualdades sociales inimaginables, esta exuberancia exhibía la suntuosidad de los ricos y ocultaba la miseria de la clase obrera. El arquitecto austriaco Alfred Loos fue el primero en denunciar este gusto por lo artificioso y la necesidad de exhibir materialmente una supuesta superioridad. Este acto marcó el nacimiento de la arquitectura moderna, cuyo objetivo era acabar con la ostentación y la farsa.

Al final de las dos guerras mundiales, esta revolución arquitectónica penetró tanto en el imaginario popular que todo lo que no era estrictamente funcional parecía ridículo y anticuado, al este y al oeste de Alemania.

La Alemania de posguerra se reconstruyó con un pragmatismo impecable. Volaron barrios enteros que habían sobrevivido a los bombardeos para dar paso a la ciudad moderna. De los 1,5 millones de viviendas del siglo XIX y principios del XX que todavía eran habitables tras la guerra, ahora solo queda un tercio de ellas.

A la mitad se les ha «destucado» la fachada para ponerlas al día. Entre 1920 y 1979, 1400 edificios se «destucaron» solo en Kreuzberg. Existe incluso la leyenda de que a los «destucadores» berlineses se les pagaba por kilo... No fue hasta finales de los años 60 cuando empezaron a alzarse voces a favor de la conservación de este patrimonio arquitectónico.

En el Berlín Occidental, se invierte primero en la renovación de calles especialmente representativas de la época guillermina: la Planufer y la Chamissoplatz en Kreuzberg, la Reformationsplatz en Spandau, así como la Schloßstraße y la Christstraße en Charlottenburg. Estas fueron las primeras en ganarse el favor de las autoridades.

En el Oriental, fue bien después, con motivo del 750 aniversario de la ciudad en 1987, cuando se tuvo la idea de convertir los barrios de Kollwitz y Helmholz de Prenzlauer Berg en una especie de museo al aire libre para rememorar cómo fue el Berlín obrero. Actualmente, en muchas partes de la ciudad se pueden encontrar edificios muy parecidos entre sí, pero que han sufrido distinta suerte; algunos han sido «destucados» pero otros no.

FACHADA DEL CENTRO BETHANIEN

(25)

Un edificio inspirado en el palacio ducal de Urbino

Kunstquartier Bethanien
Mariannenplatz 2, 10997 Berlín
U1, 3, 8 (Kottbusser Tor)

Situado en la Mariannenplatz, a pocos metros de la iglesia de Santo Tomás, el Bethanien es uno de los centros artísticos más importantes de Berlín. Este antiguo hospital de religiosas se construyó entre 1845 y 1847 sobre el entonces llamado Köpenicker Feld («el campo de Köpenick») y representaba solo una parte del vasto plan urbanístico ideado por la capital prusiana, que entonces experimentaba un fuerte crecimiento demográfico. El rey de Prusia, Federico Guillermo IV, puso todas sus esperanzas en este proyecto, confiándoselo a Ludwig Persius, arquitecto de la corte y discípulo del famoso Karl Friedrich Schinkel.

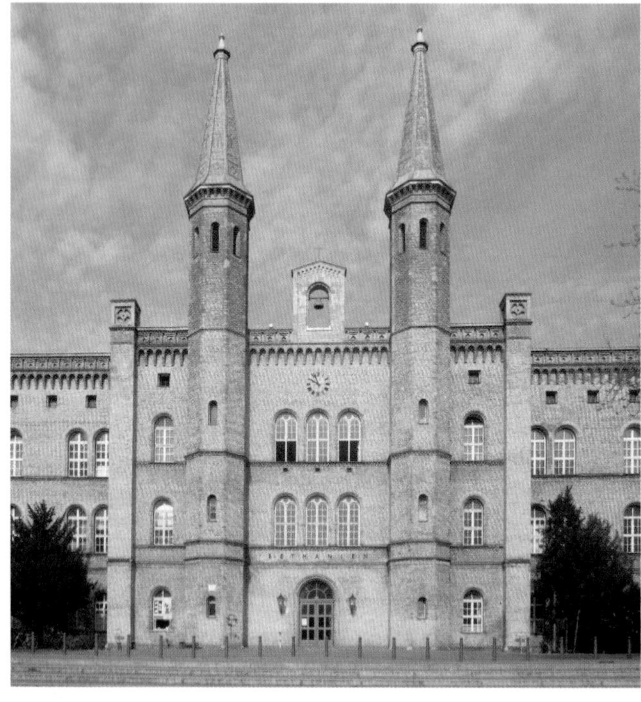

Algunos especialistas sugieren que el mismo Federico Guillermo IV, con sus conocimientos de arquitectura, se habría encargado de definir la línea estética del complejo hospitalario.

La fachada de centro Bethanien se construyó en estilo Rundbigen (arco de medio punto), muy al estilo renacentista. Muchos especialistas coinciden en que Persius habría encontrado la inspiración en la espléndida fachada de los Torricini («pequeñas torres»), del palacio ducal de Urbino, que presenta un bloque central del que sobresalen dos torres idénticas. El arquitecto prusiano quedó fascinado por los modelos arquitectónicos italianos, tanto que se recorrió Italia visitando ciudades como Roma, Nápoles, Venecia y Verona en 1845, fecha de su muerte. Tenía 42 años.

El Bethanien no es el único de sus proyectos inspirado en edificios italianos. Ese mismo año comenzaron las obras de la Friedenskirche («Iglesia de la Paz») en el parque del palacio de Sanssouci, en Potsdam. La iglesia sigue el modelo de la basílica de San Clemente de Roma. En este caso, Persius se limitó a desarrollar los bocetos dibujados por Federico Guillermo IV.

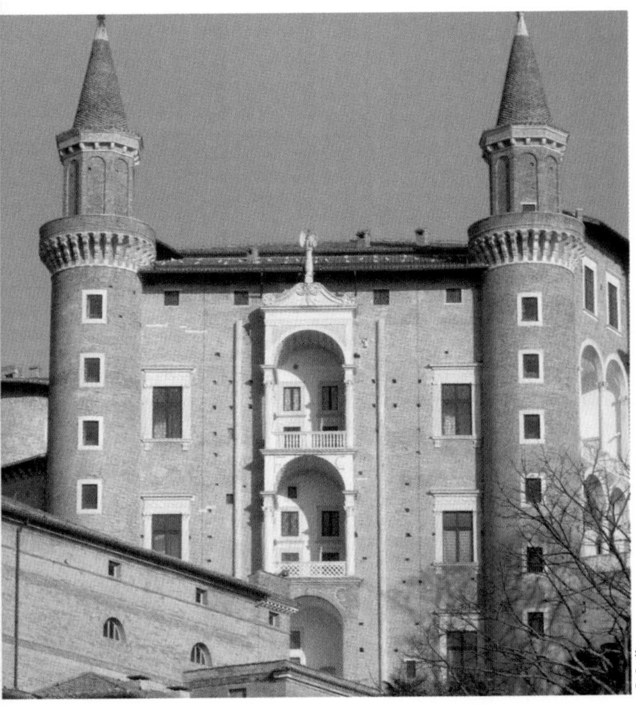

© Sailko

LA FARMACIA DE THEODOR FONTANE

26

Un viaje en el tiempo

Kunstquartier Bethanien, Mariannenplatz 2,
10997 Berlín
Martes y jueves de 14 h a 17 h
Miércoles de 11 h a 17 h
Gratuito
U1, 3, 8 (Kottbusser Tor)

Si la fachada del Bethanien resulta peculiar incluso para la polifacética arquitectura de Berlín, este centro de arte encierra algo todavía más original. En el ala derecha de la planta baja está la Theodor-Fontane-Apotheke, la antigua farmacia del hospital.

La farmacia ha permanecido tal cual desde que se detuvo el tiempo en los años 1848-49. Con alacenas de madera, material obsoleto y estanterías con frascos de otra época. Aquí fue donde el famoso escritor Theodor Fontane, uno de los principales representantes del realismo poético alemán trabajó como farmacéutico.

Theodor, hijo del farmacéutico Louis Henri Fontane, llegó a Berlín en 1845 y trabajó en la farmacia polaca del doctor Julius Eduard Schacht. Dos años después, obtuvo el título de farmacéutico de primera clase y fue contratado en el Bethanien, que había abierto sus puertas solo unos meses antes. Durante los dos años que sirvió en el hospital, Fontane también participó en la formación de dos religiosas, las primeras que aprendieron esta profesión en Berlín, hasta entonces reservada exclusivamente a los hombres.

Fontane se alojaba en el complejo hospitalario, una estancia que recuerda una placa visible en el número 3 de la Mariannenplatz, cerca de una de las entradas del edificio. En esta época, el escritor y farmacéutico llevaba en paralelo una intensa actividad revolucionaria. Aunque trabajase en un hospital construido por Federico Guillermo IV, tomó parte en las revueltas de marzo de 1848, luchando por la unidad nacional de Alemania y contra la monarquía.

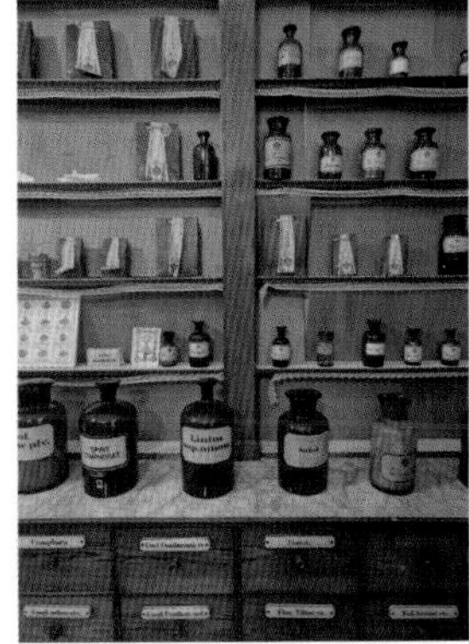

Su experiencia en el Bethanien fue la última de Fontane como farmacéutico. Al año siguiente, decidió abandonar su carrera para dedicarse a tiempo completo a escribir y a la prensa. En su autobiografía Von Zwanzig bis Dreißig («De veinte a treinta años») escribió algunas páginas recordando esos dos años en Bethanien, donde cuenta en detalle cómo conoció a Emmy Danckwerts, una de las dos religiosas a su cargo.

La antigua farmacia del hospital la administra el Friedrichshain-Kreuzberg Museum (Adalbertstraßeª95a), un museo que se ocupa de la memoria histórica y cultural de los barrios berlineses de Kreuzberg y Friedrichshain.

VESTIGIOS DEL BROMMYBRÜCKE

(27)

Un viaje en el tiempo

Brommystraße 1, 10997 Berlín
U1 (Schlesisches Tor)

Desde el Spreebalkon, en el número 1 de la Brommystraße se atisba el pilar de un antiguo puente que resurge de agua como un arrecife: el Brommybrücke, dinamitado por el ejército alemán en 1945 para frenar el avance de las tropas soviéticas.

Este vestigio es el último de todos los puentes ferroviarios de la *Verbindungsbahn*, precursor de la *Ringbahn*, que entre 1851 y 1871 aseguraba el paso de mercancías entre las estaciones de término y las puertas de la ciudad (véase página 104).

Después de 1871 y tras la apertura de la *Ringbahn*, los puentes ferroviarios de la antigua *Verbindungsbahn* quedaron obsoletos *de facto* y varios de ellos fueron desmantelados, como el Unterspreebrücke, que discurría ligeramente al este del Moltkebrücke. Otros fueron sustituidos por puentes de carretera.

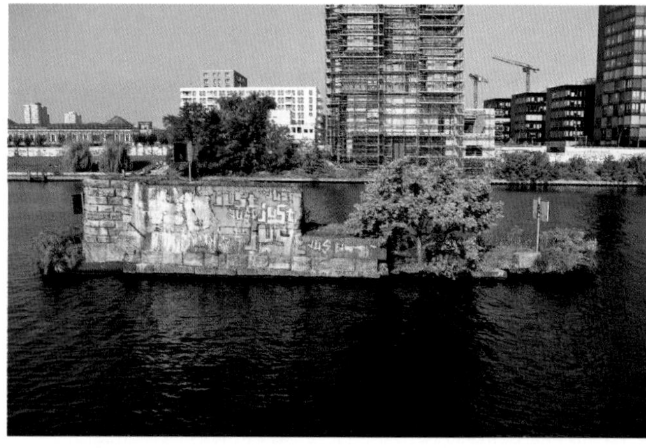

Le rovine del Brommybrücke si vedono ancora nella Sprea, all'altezza di Eisenbahnstraße, il cui nome ("strada della ferrovia") ricorda che un tempo passava di qui la vecchia ferrovia di raccordo.

¿Por qué pasaba por aquí la «Verbindungsbahn»?

El trazado de la *Verbindungsbahn* en este punto respondía a las necesidades del ejército prusiano más que río abajo o río arriba. Al oeste de la Brommystraße, el complejo de ladrillos amarillos típico de los edificios públicos prusianos de la revolución industrial corresponde a los antiguos locales de la *Heeresbäckerei*, la panadería del ejército, donde se elaboró el pan de munición (*Kommissbrot*) de toda la guarnición berlinesa desde 1805 y durante más de 100 años.

El complejo, de dimensiones considerables, no solo comprendía cuatro gigantescos hornos para cocer el pan, sino que poseía también sus propios silos para almacenar el grano, su propio molino, edificios administrativos para la gestión y viviendas oficiales para los administradores.

Entre las estaciones de Frankfurt y Görlitz, el tren de unión podía detenerse, no para entregar el grano, que llegaba a la panadería por barco, sino para recoger las decenas de miles de porciones de pan producidas diariamente y garantizar su distribución a todos los rincones de la ciudad. Por ello, este tramo de la línea férrea siguió en funcionamiento durante muchos años después del desmantelamiento de la antigua vía de conexión y la inauguración de la nueva Ringbahn en 1871, igual que para la entrega de carbón para la producción de gas en la orilla opuesta (en el emplazamiento del actual *Energieforum*).

Como se trataba de un puente giratorio demasiado bajo para permitir el paso de barcos, era un obstáculo para el tráfico marítimo y fue sustituido por un puente de carretera más alto, inaugurado en 1909: el Brommybrücke, bautizado con el nombre de un oficial de la marina alemana, el contralmirante (*Konteradmiral*) Karl Rudolf Brommy (1804-1860).

LA GASOLINERA ABANDONADA DE LA LOHMÜHLENINSEL

28

Una de las gasolineras más antiguas de Berlín

Vor dem Schlesischen Tor 2,
10997 Berlín
U1, 3 (Schlesisches Tor)

En el número 2 de la calle Vor dem Schlesischen Tor se encuentran dos gasolineras: una en funcionamiento, y otra abandonada a su derecha, casi desapercibida, la gasolinera de arte decorativo.

Aunque no sea la más antigua de Berlín, esta bonita gasolinera tiene una particularidad. Al contrario de lo que afirma el actual jefe del bar, que la ha adquirido y renovado respetando su aspecto histórico, es el vestigio de un sitio de mayores dimensiones que en su día se dedicó a la industria del automóvil. Este incluía un taller mecánico, garajes (104 de puertas correderas de la empresa Heinrichs) y un restaurante. Este complejo fue construido en 1928-29 según los planos de Paul Schröder y Max Pohl en el emplazamiento del Stadt-Park-Theater de Gustav Ruflair en Lohmühleninsel. El dueño de la casa vivía en el primer piso.

En el lado que da a la carretera, el gran toldo se percibía mejor desde la gasolinera, que desgraciadamente ha desaparecido. El surtidor de gasolina estaba en un lugar inmejorable, ya que en los años 1930 había

que tomar obligatoriamente la Schlesische Straße para salir de la ciudad al sudeste. Esta atravesaba la Lohmühleninsel y seguía el cauce del Spree. Como su nombre indica, lleva a Silesia (Schlesien) pasando por Cottbus y Varsovia.

La antigua fuente del Görlitzer Park: un homenaje a las aguas termales del Pamukkale en Turquía

El cercano Görlitzer Park se creó a finales de la década de 1980 en el emplazamiento de la antigua Görlitzer Bahnhof. Este cuenta con una serie de terrazas de hormigón, grafiteadas la mayoría, que son el último vestigio físico de una fuente olvidada.

Wigand Witting, su creador, tuvo una idea genial: imaginó en pleno barrio turco una fuente compuesta por terrazas que recordaran a las famosas aguas termales de Pamukkale, Turquía.

Después de tres años de obras, la fuente fue inaugurada en el verano de 1998. Desgraciadamente, las primeras heladas provocaron la rotura de parte de la estructura al entrar en contacto con el agua. Así que primero se cortó el flujo del agua de la fuente y luego, por motivos de seguridad, se valló el lugar antes de ser clausurado. Hoy solo quedan los cimientos de hormigón, cuya historia muchos viandantes desconocen.

INSTALACIONES ARTÍSTICAS DE LA REICHENBERGERSTRAßE

29

En memoria del pasado industrial de la ciudad

Reichenberger Straße 140–151, 10999 Berlín
U1, U3 (Görlitzer Bahnhof)

En la esquina de la Reichenberger Straße con la Manteuffelstraße, en Kreuzberg, los más atentos distinguirán un trozo de vía férrea de unos metros de largo e integrado entre los adoquines del pavimento, entre cuyos raíles hay una serie de herraduras.

Caminando hacia el este por la Reichenberger Straße, también encontrarán entre las losas de piedra algunos mosaicos y 16 losas de cemento en las que se han fundido diversas herramientas y piezas mecánicas.

Estas instalaciones, realizadas tras la caída del Muro de Berlín a principios de los años 1990, son producto de un proyecto artístico que se remonta a los años 1980. Enmarcada en la Exposición Internacional de Arquitectura (IBA) de 1986, la administración del barrio de Kreuzberg organizó una colaboración destinada a revalorizar esta calle, bastante sucia, en honor al pasado glorioso anterior a la guerra.

Tras la división política de Alemania y la creación del enclave de Berlín Occidental perdió su condición de capital, convirtiéndose en una ciudad bastante pobre, repleta de artistas, ochenteros y rebeldes de todo tipo. Rodeada por tres lados por el Muro, el célebre SO36 —Sudeste 36, donde «Ost» significa Este— llamado así por los antiguos códigos postales introducidos en el Berlín occidental tras la construcción del Muro, la parte de Kreuzberg al norte del Landwehrkanal, se transforma en el barrio más caliente de Berlín, en gran parte «okupado», contrario al 61, la otra parte de Kreuzberg considerada burguesa. «36 brennt, 61 pennt», decía el refrán («el 36 arde, el 61 ronca»).

Hasta la Segunda Guerra Mundial, era un barrio obrero dinámico de la ciudad más poblada e industrializada de la Europa continental. Carl Lindström se convirtió por ejemplo en el mayor fabricante de discos y gramófonos de Europa (Schlesischestraße 26). De ahí que la Reichenberger Straße fuera una calle típica.

De las 15 instalaciones que inicialmente debían decorar las anchas aceras, se hicieron al menos 10, algunas de las cuales están en mal estado o son difíciles de interpretar.

He aquí los detalles:

- Frente al n.° 153 de la Reichenberger Straße, en el lado norte de la Manteufelstraße: mosaico de autor desconocido con un tema oscuro, parcialmente dañado.

- En la esquina de la Reichenberger Straße con la Manteufelstraße, lado norte: raíles y herraduras que recuerdan al tranvía tirado por caballos que circulaba antes de la electrificación de las líneas a finales del siglo XIX (véase la página 410).

- En la esquina de la Reichenberger Straße con la Manteufelstraße, lado sur: mosaico de artista desconocido con un tema difícil de identificar debido al deterioro de la obra.

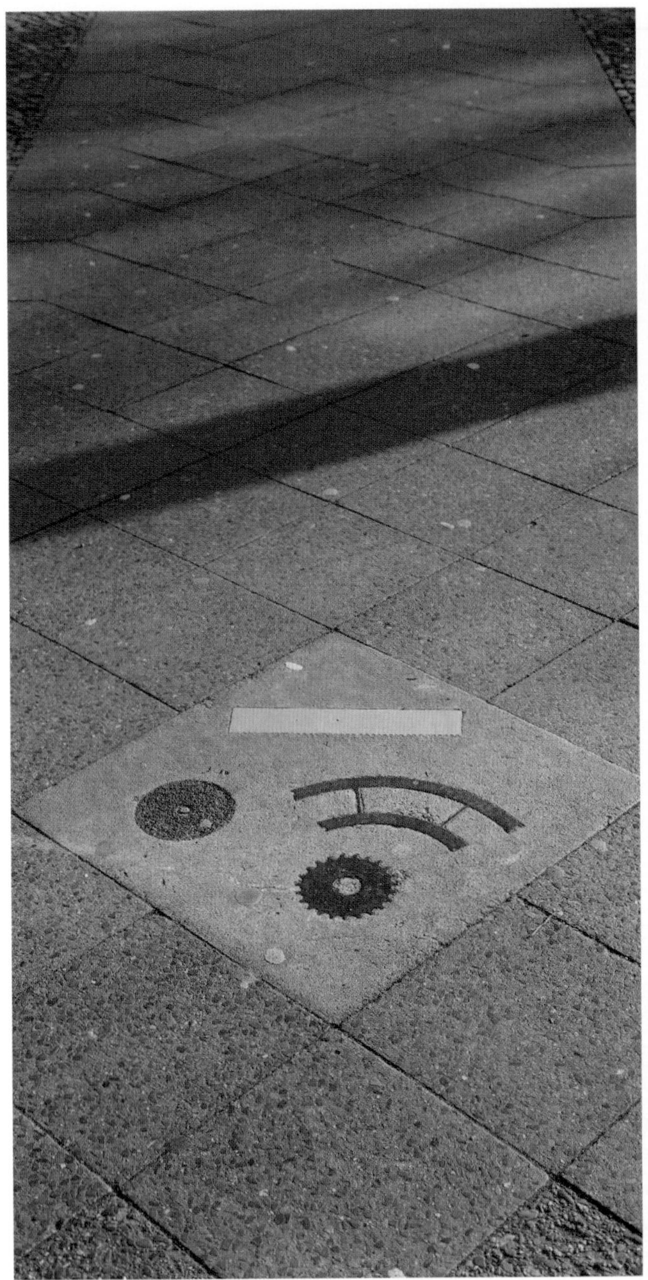

- Reichenberger Straße, entre la Manteufelstraße y la Lausitzer Straße, lado norte: herramientas metálicas fundidas en cemento (16 placas), que evocan los diversos talleres y fábricas que poblaban los patios interiores.

- En la esquina que une la Reichenberger Straße con la Lausitzer Straße, en el lado norte: un mosaico de autor desconocido que parece representar a un caballero con armadura acompañado de una paloma. Esta obra simboliza el Hospicio de Santa María, en el n.º 44 de la Lausitzer Straße, fundado a principios del siglo XX por las hermanas católicas de la congregación Santa María de la Inmaculada Concepción.

- En la esquina que une la Reichenberger Straße con la Lausitzer Straße, lado sur: mosaico de Lutz Werner Brandt titulado «De la lechería al supermercado» (*Vom Milchgeschäft zum Supermarkt*). Muestra un código de barras rodeado de cuatro letreros antiguos marcados con las palabras *Milch*, *Brot*, *Butter*, *Käse* (leche, pan, mantequilla, queso), y evoca un pasado no tan lejano, cuando las tiendas especializadas todavía no habían sido sustituidas por los supermercados.

- Frente al n.º 64-66 de la Reichenberger Straße, lado sur: mosaico de autor desconocido que representa una chimenea derrumbándose, rompiendo el cielo azul con un arcoíris. En la primavera de 1977, la población ocupó el antiguo parque de bomberos de ladrillo con una gran chimenea en el n.º 66, con intención de convertirlo en un centro comunitario. El 12 de mayo de 1977, dinamitaron el edificio, haciendo añicos los suelos de los ciudadanos.

- En la esquina de la Reichenberger Straße con la Ohlauer Straße, lado norte, frente al n.º 126: mosaico de Irene Niepel que representa las teclas blancas y negras de un piano. Recuerda a las Bechstein Werke, cuyos locales son todavía visibles en la Ohlauer Straße 5-11 y Reichenberger Straße 124. Con una producción de 5000 ejemplares por año, a principios del siglo XX se reafirmaban como el primer productor de piano del mundo.

- Frente al n.º 101 y 90 de la Reichenberger Straße, lados norte y sur: mosaicos anónimos que representan unas serpientes cuya simbología está por determinar.

- Frente al n.º 80 de la Reichenberger Straße: un bonito mosaico de Lutz Werner Brandt que representa un teléfono rodeado de cables. La obra rinde homenaje a la compañía Richard Bosse and Co., con sede en el n.º 43 de la Wiener Straße, una calle al norte de la Reichenberger Straße. A lo largo del siglo XX, esta se impuso como referente en la industria telefónica, antes de ser comprada por AGFEO en 1978.

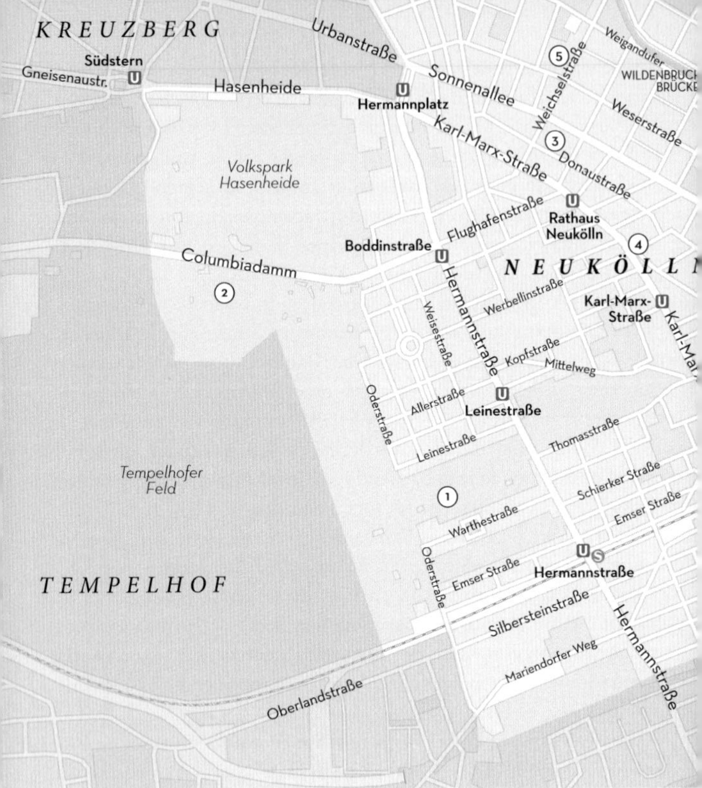
KREUZBERG
Südstern
Gneisenaustr.
Hasenheide
Urbanstraße
Sonnenallee
Hermannplatz
Weigandufer
WILDENBRUCK BRÜCKE
Weichselstraße
Weserstraße
Karl-Marx-Straße
Donaustraße
Volkspark Hasenheide
Flughafenstraße
Rathaus Neukölln
Boddinstraße
Columbiadamm
NEUKÖLLN
Hermannstraße
Werbellinstraße
Karl-Marx-Straße
Weisestraße
Kopfstraße
Mittelweg
Oderstraße
Allerstraße
Leinestraße
Leinestraße
Thomasstraße
Tempelhofer Feld
Schierker Straße
Emser Straße
Warthestraße
Oderstraße
Emser Straße
Hermannstraße
TEMPELHOF
Silbersteinstraße
Mariendorfer Weg
Oberlandstraße
Hermannstraße

Neukölln

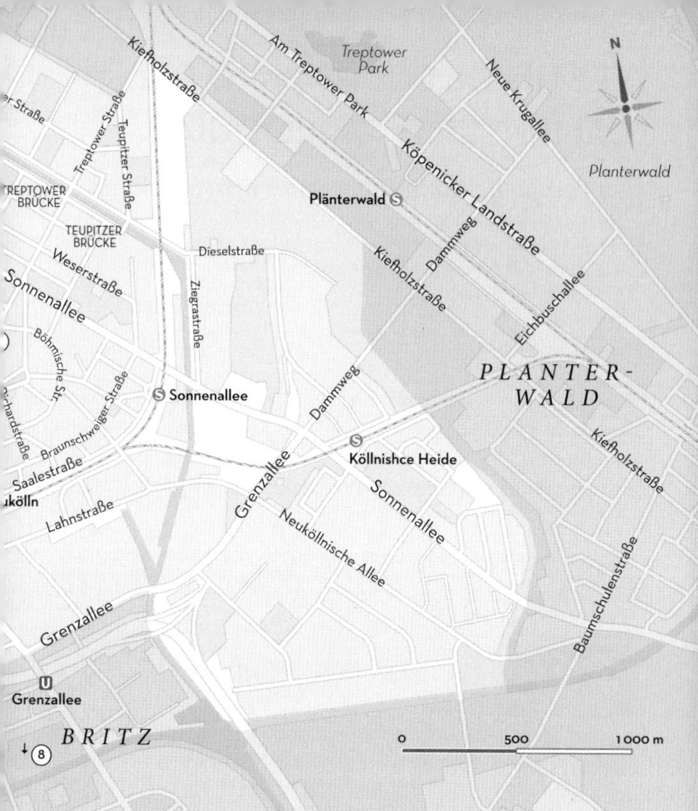
Treptower Park
Am Treptower Park
Kiefholzstraße
Neue Krugallee
N
Planterwald
Köpenicker Landstraße
Pläntерwald
Treptower Straße
Teupitzer Straße
TREPTOWER BRÜCKE
TEUPITZER BRÜCKE
Weserstraße
Dieselstraße
Dammweg
Kiefholzstraße
Eichbuschallee
Sonnenallee
Ziegrastraße
Böhmische Str.
PLANTER-WALD
Braunschweiger Straße
Sonnenallee
Dammweg
Köllnishce Heide
Kiefholzstraße
Saalestraße
Grenzallee
Sonnenallee
Lahnstraße
Neuköllnische Allee
Baumschulenstraße
Grenzallee
Grenzallee
BRITZ
8
0
500
1000 m

VESTIGIOS DEL «CAMPO DEL CEMENTERIO PARROQUIAL» ①

Un campo de trabajos forzados dirigido por la iglesia

Campo y piedra conmemorativa
Jerusalems- und Neue Kirche – Friedhof V
Hermannstraße 84–90,
12051 Berlín
U8 (Leinestraße)

Entrando por la Hermannstraße hasta el fondo del cementerio V de la iglesia Jerusalems- und Neue Kirche, que hace esquina con el Grüner Weg y la Netzestraße, la mirada se posa al instante en los vestigios evidentes de dos edificios construidos en 1942.

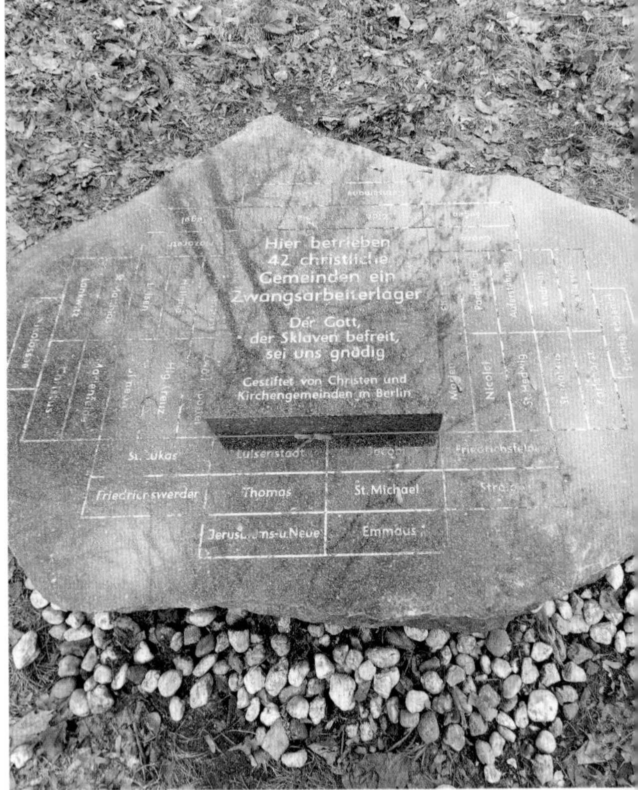

El secreto se ha guardado durante más de 60 años. En realidad, este lugar fue un campo de esclavos de la iglesia berlinesa, que hasta 2012 no reconoció su responsabilidad por los hechos… Hoy en día, una piedra conmemorativa recuerda estos acontecimientos.

De octubre de 1942 a 1945, un centenar de hombres —civiles capturados al azar por la Wehrmacht en Ucrania y después deportados— estuvieron permanentemente hacinados en estos dos barracones. Un 40 % de ellos tenía menos de 20 años, los más jóvenes 15. El trabajo de estos «trabajadores del Este» consistía en mover lápidas y cavar tumbas en 46 cementerios parroquiales de la ciudad.

Durante los bombardeos a Berlín de 1944 y 1945 vivieron escenas apocalípticas: cuando las bombas caían en los cementerios, sacaban del impacto los cuerpos que acababan de ser enterrados y los arrojaban a los árboles, obligando a los prisioneros a recuperar los jirones de carne para volver a enterrarlos. Si resultaban heridos trabajando, eran trasladados a un campo transitorio antes de ser reconducidos a un campo de exterminio. Sin embargo, no escaseaba la mano de obra. Siempre había recién llegados para tomar el relevo. Como no se les permitía refugiarse cuando llegaban los bombarderos aliados, se escondían detrás de las tumbas o se deslizaban por las alcantarillas.

Encontrará más detalles sobre estos horrores en el pabellón de información del cementerio St. Thomas-Kirchhof, ubicado casi enfrente, al otro lado de la Hermannstraße, 12053 Berlín (del 15 de abril al 15 de octubre, miércoles y sábado de 15 h a 18 h, entrada libre).

EL PUÑO DE LA TUMBA DE LOS GRANADEROS

2

Desgarrador

Columbiadamm 122–140, 10965 Berlín
Todos los días de 8 h a 18 h
U8 (Boddinstraße)

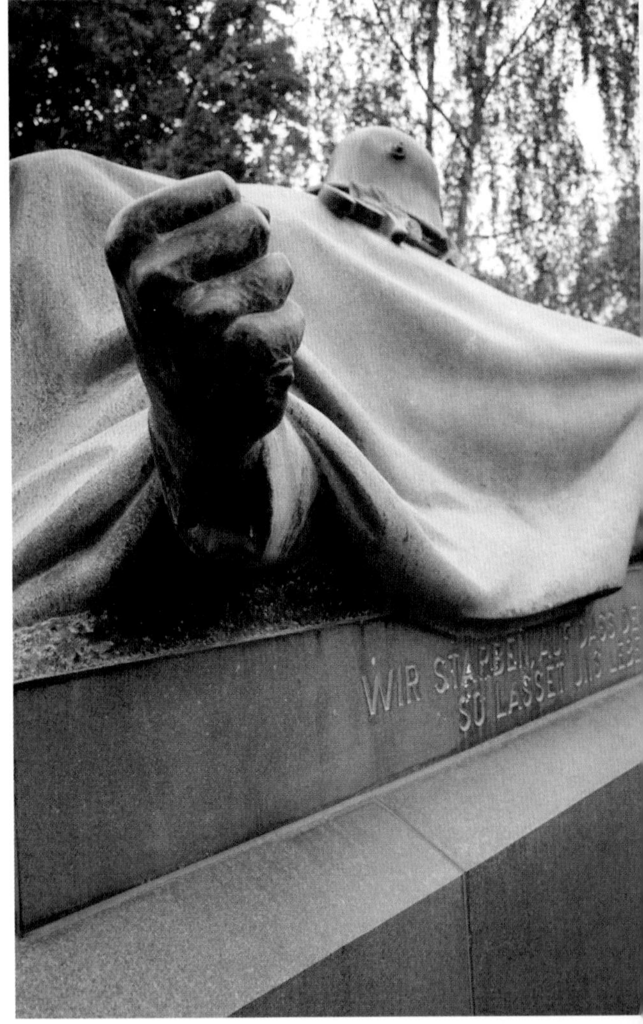

En el nordeste de Tempelhofer Feld, el Friedhof Columbiadamm es uno de los cementerios más interesantes y románticos de Berlín. Y la mayor parte del tiempo, estará prácticamente solo.

Creado en 1861 para acoger a los soldados de la guarnición de Berlín muertos en combate y para remediar la falta de espacio del Alter Garnisonfriedhof (el antiguo cementerio de la guarnición, Kleine Rosenthaler Straße 3-7) que se quedó pequeño, este cementerio ocupa una superficie de alrededor de 10 hectáreas. El lugar no fue elegido al azar, sino que desde el siglo XVIII, este vasto campo de la periferia sur de Berlín fue utilizado por las tropas prusianas para sus desfiles y maniobras.

Más de 7000 soldados descansan aquí, la mayoría muertos en combate durante la Primera y la Segunda Guerra Mundial. Después de 1945, la zona fue prácticamente arrasada y solo se han conservado algunas tumbas monumentales de gran interés. Así, el visitante a veces tendrá la impresión de encontrarse en un inmenso y espléndido jardín público.

La más conocida de las esculturas conmemorativas es la *Fahnenträger* («el portaestandarte»), realizado en 1888 por Johannes Boese. Este monumento en bronce es considerado una de sus obras maestras. Representa un soldado a los pies de un obelisco, sosteniendo su bandera a media asta durante la Guerra austro-prusiana de 1866 y franco-prusiana de 1870-71.

A algunos metros de ella encontrará un memorial más sobrio: una enorme cruz de piedra arenisca con una espada en el centro, en memoria de 50 soldados franceses que murieron como prisioneros en los años 1870-71.

Otra importante escultura conmemorativa es la dedicada a los granaderos caídos en combate del 4. º regimiento de la guardia de la reina Augusta, terminado en 1925 por Franz Dorrenbach como homenaje a uno de los regimientos que más bajas sufrió durante la Primera Guerra Mundial. Representa un casco y una bayoneta apoyados en el cuerpo de un soldado cubierto con una bandera.

De forma dramática y conmovedora, su puño cerrado sobresale en señal de lucha. En la imponente base puede leerse: *Wir starben, auf dass Deutschland lebe, so lasset uns leben in euch!* («Nosotros morimos para que Alemania viviese, ¡mantenednos vivos en vosotros!).

SÍMBOLOS OLVIDADOS DEL IDEAL-PASSAGE

③

Inspirado en la ópera Der Freischütz

Fuldastraße 55–56D / Weichselstraße 8–8F, 12043 Berlín
Todos los días de 7 h a 20 h
U7 (Rathaus-Neukölln)

Por orden de la cooperativa de empleados de seguros médicos *Allgemeine Ortskrankenkasse* (AOK), los arquitectos Paul y Willi Kind edificaron en 1907-08 el Ideal-Passage (protegido en 1998), que une la Fuldastraße y la Weichselstraße por tres patios interiores.

Aunque no del todo desconocido para los habitantes del barrio, pocos saben que este complejo, considerado en el momento de su construcción como modelo de vivienda social, se construyó siguiendo la estructura de la ópera *Der Freischütz*, como reza en una placa colocada en cada una de sus entradas.

Cada patio fue diseñado inspirándose en uno de los decorados de la ópera.

El primero, cerca de la Fuldastraße, tiene un animal encima de cada puerta y recuerda a la *Festplatz des Dorfes*, el recinto ferial del pueblo bordeado de setos. En 2006 se añadieron las *Belles Poules*, esculturas de metal de los artistas alemanes y franceses Gabriele Roßkamp y Serge Petit. Antes presidía este jardín una estatua del cazador Max, que representaba el *Waldhof*.

El segundo patio, al igual que uno de los edificios y parte del ala lateral de la Weichselstraße, fue destruido durante la Segunda Guerra Mundial. Entre las pinturas de su fachada había una fuente, un gallo, un pato y un granjero. El patio representaba el *Bäuerliches Dorf* («pueblo rural»).

El tercer y último patio corresponde al *Wolfsschlucht* («la Garganta del Lobo»), el lugar donde se refugia Samiel. Algunos de los ornamentos de las fachadas evocan los animales salvajes y los espíritus que aparecen cuando Kaspar está haciendo las bolas.

La ópera Der Freischütz

Der Freischütz fue compuesta en 1821 por Carl Maria von Weber y se considera la primera ópera romántica de Alemania. Cuenta la historia de Max, un aprendiz de guardabosques, y de Ágata, su prometida e hija del actual guarda. Juntos luchan por su amor contra Kaspar, que cuenta con el apoyo de Samiel.

LAS PIEDRAS DE LA PLAZA ALFRED-SCHOLZ ④

El mosaico de la diversidad

Alfred-Scholz-Platz/Karl-Marx-Straße 111, 1
2043 Berlín
alfred-scholz-platz.berlin
U7 (Rathaus Neukölln)

La mayoría de los que a diario pasan por este lugar abarrotado no se dan cuenta de que están caminando por una plaza muy particular. Si se observa con atención, a lo largo de la Karl-Marx-Straße pueden verse algunas piedras reunidas a lo largo de una línea con un nombre, una región de origen y un porcentaje, que corresponde al porcentaje de residentes de Neukölln originarios de estas mismas regiones.

Estas piedras de distintas tonalidades también sirvieron para construir la plaza. El 67,8 % de las piedras de la plaza son de la *grauwacke* (corresponden a los residentes alemanes), el 13,6 % son de basalto en referencia a los inmigrantes de Oriente Medio, el 9 % de granito para los habitantes que vinieron de Europa del Este, etc.

Por toda la plaza hay piedras marcadas con una cruz muy discreta que simboliza a quienes participaron activamente en el proyecto y construyeron la plaza.

La creadora de este proyecto artístico llamado *Meinstein* («Mi piedra») fue Nadia Kaabi-Linke y representa la colorida población de Neukölln. De 2010 a 2014, la artista de origen tunecino trabajó junto con el estudio de arquitectura El:ch Landschaftsarchitekten para colocar en sus casi 910 metros cuadrados unas 150 000 piedras traídas de todo el mundo.

En asambleas dirigidas por el artista holandés Roos Versteeg en 2011, los habitantes de Neukölln debatieron temas como la tierra natal o la inmigración. A continuación, estos datos se transcribieron en un código diseñado por el artista multimedia berlinés Ralf Baecker, que más tarde se convirtió en la imagen gráfica utilizada como plano para *Meinstein*.

Anteriormente llamada Platz der Stadt Hof, esta plaza reabrió sus puertas en abril de 2014 y en 1919 fue rebautizada en honor a Alfred Scholz, el primer alcalde socialdemócrata de Neukölln.

EN LOS ALREDEDORES

Erdemuseum ⑤

Weichselstraße 52, 12045 Berlín
erdemuseum.de
0 30 / 62 73 74 74
De miércoles a viernes de 14 h a 18 h o bien concertando cita previa

El *Erdemuseum* («museo de la tierra»), inaugurado en 2015 por el artista holandés Li Koelan, constituye otro ejemplo de la diversidad de Neukölln. Desde 2009, Li fue reuniendo muestras de suelo de los países de origen de los habitantes del barrio. De las 163 diferentes nacionalidades que viven en Neukölln, Li expone en su pequeño museo 303 muestras que representan a 120 países.

JARDÍN-HUERTO DEL CAFÉ BOTANICO

⑥

Un jardín-huerto secreto en permacultura

Richardstraße 100, 12043 Berlín
cafe-botanico.de
info@cafe-botanico.de
0 30 / 89 62 20 00 (de 17 h a 19 h)
De martes a viernes de 17 h a 22 h, sábados y domingos de 15 h a 22 h
Visita guiada al jardín: 10 €
U7 (Rathaus-Neukölln)

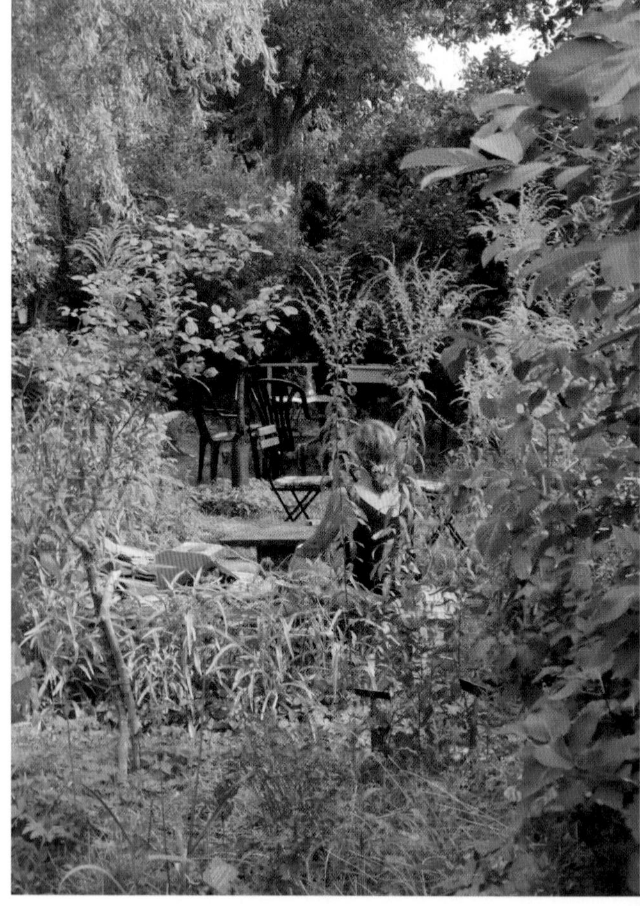

Desde la calle, nadie diría que el Café Botanico es más que un simple café. En su interior, atravesando el restaurante hasta el patio, hay que pasar por un caminito a la izquierda que bordea un jardín privado a la derecha. Al cabo de unos 100 metros, descubrirá un fantástico e inmenso jardín-huerto (1000 metros cuadrados) en permacultura donde crecen 200 tipos de plantas, desde el exótico berro de Pará hasta el manzano común. Dos tercios de ellas son comestibles.

Este jardín-huerto vio la luz en 2012 gracias a Martin Höfft, de acuerdo con métodos de permacultura y la filosofía de la agricultura natural de Masanobu Fukuoka. El suelo se fertiliza con compost y abono vegetal a base de ortiga, consuelda, hojas de col, *stillingia sylvatica* (delicia de la reina), cola de caballo y restos de otros vegetales.

Martín evita cavar y solo labra la superficie de la tierra. Los pesticidas químicos están totalmente prohibidos y las plantas crecen lo más libremente posible en este espacio vivo y autorregulado, hogar de abejas y mariposas. Una colonia de abejas forma parte integrante de este ecosistema.

Una vez al mes, Martín sirve de guía a un grupo de ocho personas a través de sus cultivos. Durante una hora explica qué es la permacultura y su propio enfoque, cuenta la historia del huerto y presenta sus mejores hierbas silvestres, las joyas del huerto.

La gran mayoría de los ingredientes del café proceden del huerto.

EN LOS ALREDEDORES

Jardín del Silent Rixdorf ⑦

Wanzlikpfad 3, 12043 Berlín
facebook.com/Silent-Rixdorf-Garten-333924137279861
Abierto habitualmente todos los miércoles de 16 h a 18 h (verificar en la página de Facebook)

El Wanzlikpfad, que conecta la Kirchgasse con la Donaustraße, es un pequeño campo a pocos metros de la encantadora Richardsplatz. Oculto tras una cerca, el jardín del Silent Rixdorf abre habitualmente sus puertas el miércoles y recibe al público con frutas y verduras gratuitas (las donaciones son bienvenidas) así como flores. También hay un pequeño café en el que se suelen organizar actividades. Consulte la página de Facebook para obtener más información.

TEMPLO HINDÚ SRI MAYURAPATHY MURUGAN

8

Objeto de veneración

Blaschkoallee 48/Riesestraße 20–22, 12359/12347 Berlín
Todos los días de 7 h 30 a 12 h 30 y de 16 h 30 a 19 h 30
U7 (Blaschkoallee)

Entre los edificios normales y corrientes de la Blaschkoallee y la Riesestraße, el templo de Sri Mayurapathy Murugan destaca por sus colores vivos y sus franjas verticales blancas y rojas.

Sobresalen dos torres (gopuras) con los colores del arcoíris, que se elevan hasta 5 y 7 de metros y albergan multitud de dioses hindúes.

En el interior de este templo hinduista dedicado al culto de Shiva, predominan también dos divinidades de varios colores. El dios principal del templo es Murugan, un hijo de Shiva, al igual que Ganesh.

En los años 1980, los tamiles de Sri Lanka huyeron de la guerra civil de su país y vinieron a refugiarse a Berlín, donde ahora hay más de 1100. Con este templo construido entre 2009 y 2013 por el arquitecto indio Govindan Ravi Shankar han recreado el ambiente espiritual de su país.

Berlín cuenta con otros dos templos hinduistas: uno en el parque Hasenheide, construido por shivaístas indios en honor a Ganesh, y otro en el parque World Gardens de Marzahn-Hellersorf erigido por los balineses, que acuden principalmente los días de luna llena.

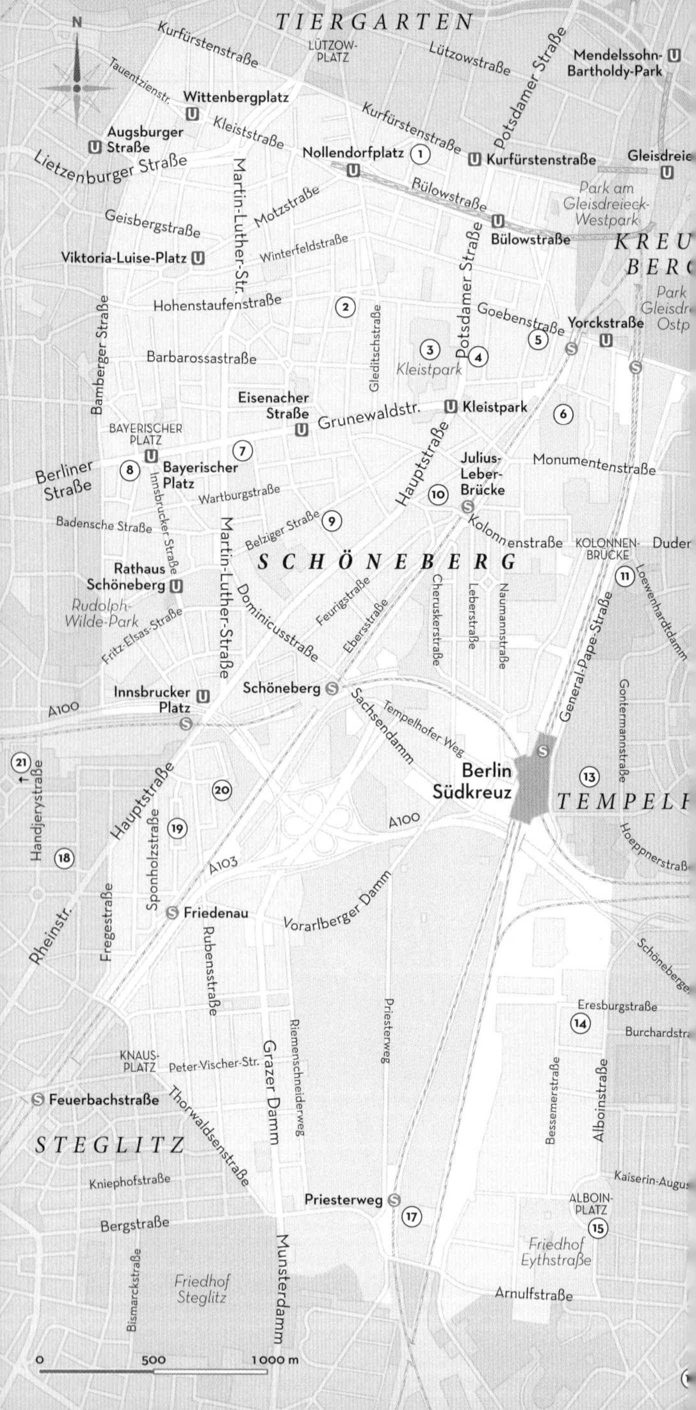
N
TIERGARTEN
Kurfürstenstraße
LÜTZOW-PLATZ
Lützowstraße
Potsdamer Straße
Mendelssohn-Bartholdy-Park
Tauentzienstr.
Wittenbergplatz
Kurfürstenstraße
Augsburger Straße
Kleiststraße
Nollendorfplatz 1
Kurfürstenstraße
Gleisdreieck
Lietzenburger Straße
Martin-Luther-Str.
Bülowstraße
Park am Gleisdreieck-Westpark
Motzstraße
Geisbergstraße
Bülowstraße
KREUZBERG
Viktoria-Luise-Platz
Winterfeldstraße
Potsdamer Straße
Hohenstaufenstraße
2
Gleditschstraße
Goebenstraße
Yorckstraße
Park Gleisdreieck-Ostpark
Bamberger Straße
3
4
5
Barbarossastraße
Kleistpark
Eisenacher Straße
Grunewaldstr.
Kleistpark
6
BAYERISCHER PLATZ
7
Bayerischer Platz
8
Berliner Straße
Hauptstraße
Julius-Leber-Brücke
Monumentenstraße
Innsbrucker Straße
Wartburgstraße
10
Badensche Straße
Belziger Straße
9
Martin-Luther-Straße
Kolonnenstraße
KOLONNEN-BRÜCKE
Dudenstraße
SCHÖNEBERG
Rathaus Schöneberg
11
Dominicusstraße
Feurigstraße
Cheruskerstraße
Leberstraße
Naumannstraße
Loewenhardtdamm
Rudolph-Wilde-Park
Fritz-Elsas-Straße
Ebersstraße
General-Pape-Straße
Innsbrucker Platz
Schöneberg
Sachsendamm
A100
Tempelhofer Weg
Gontermannstraße
21
Handjerystraße
Hauptstraße
20
Berlin Südkreuz
13
TEMPELHOF
19
A100
Hoeppnerstraße
18
A103
Sponholzstraße
Fregestraße
Vorarlberger Damm
Rheinstr.
Friedenau
Rubensstraße
Schöneberger
Priesterweg
Riemenschneiderweg
Eresburgstraße
14
Burchardstraße
KNAUS-PLATZ
Peter-Vischer-Str.
Grazer Damm
Bessemerstraße
Alboinstraße
Feuerbachstraße
Thorwaldsenstraße
STEGLITZ
Kniephofstraße
Kaiserin-Augusta
Priesterweg
17
ALBOIN-PLATZ
15
Bergstraße
Friedhof Eythstraße
Munsterdamm
Bismarckstraße
Friedhof Steglitz
Arnulfstraße
0
500
1000 m

Schöneberg

LAS VENTANAS DE LA IGLESIA DE LOS DOCE APÓSTOLES

①

Miles de botellas de alcohol a modo de ventanas

An der Apostelkirche 1, 10783 Berlín
U1, 2, 3, 4 (Nollendorfplatz)

A simple vista, la iglesia neogótica de los Doce Apóstoles o *Zwölf-Apostel-Kirche*, inaugurada en 1874, no parece distinguirse de otras iglesias del mismo estilo. Sin embargo, desde el exterior se puede ver que algunas ventanas no están hechas de cristales o vidrieras, sino de más de 50 000 culos de botella de ginebra.

Berlín fue la ciudad más bombardeada durante la Segunda Guerra Mundial. Las cifras varían según las fuentes, pero algunas estimaciones elevan el peso total de las bombas lanzadas sobre Berlín a 450 000 toneladas. Teniendo en cuenta que una bomba media pesaba 250 kilos, estaríamos hablando de unos dos millones de bombas.

La escasez de ventanas en el Berlín de posguerra era una realidad, de ahí que en las iglesias tuvieran que ser sustituidas con los pocos medios que tenían.

Fue en este contexto cuando, en la primavera de 1945, la comunidad religiosa local decidió renovar la iglesia de los Doce Apóstoles, gravemente dañada durante los bombardeos del 22 y el 23 de noviembre de 1943.

La familia propietaria de la compañía de licores GILKA, miembro de la parroquia, tuvo entonces la ingeniosa idea de donar miles de botellas de alcohol para reconstruir de forma original sus enormes ventanales destrozados.

Renovadas en 2018-19 con una subvención federal de 28 000 €, estas extraordinarias ventanas están ahora clasificadas como monumentos históricos.

SÍMBOLOS FRANCMASONES DE LA KACHELHAUS ②

Una magnífica –y desconocida– fachada

Goltzstraße 32/Hohenstaufenstraße 69, 10781 Berlín
U1, 2, 3, 4 (Nollendorfplatz) / U7 (Eisenacher Straße)

El edificio situado en la esquina de la Goltzstraße con la Hohenstaufenstraße es una magnífica construcción de 1895 con fachada de ladrillo vidriado.

Muchos ignoran que la francmasonería inspiró este conjunto decorativo e influyó sobremanera en los círculos intelectuales de la Alemania de los siglos XVIII y XIX; desde Federico el Grande a Guillermo I pasando por Mozart y Goethe.

Centrado justo encima de la puerta del número 32 de la Goltzstraße, un evocador relieve representa a un hombre cegado por la luz de un sol brillante. La escena se desarrolla en un marco, encuadrado por las ramas de una planta que nace de un pedestal apoyado en dos delfines, y cuya flor adopta la forma de una figura femenina alada. De generoso pecho y coronada con nueve rayos, despliega dos tallos portadores de numerosos frutos.

El delfín, símbolo de regeneración, sabiduría y prudencia, nos recuerda las cualidades necesarias para que un hombre pueda alcanzar la iluminación espiritual (las alas, el sol, los frutos), objetivo último de todo francmasón iniciado. Preside la escena Isis, diosa egipcia de la resurrección del alma y de la que la francmasonería se declara heredera.

Se puede distinguir en el frontón de la esquina, casi en lo alto del edificio, un casco antiguo decorado con plumas y marcado con la letra S, cuyo significado sigue siendo un misterio. En cuanto al casco, quizás haga referencia a Atenea, diosa de la guerra y la sabiduría, representada con su característica armadura. Sería el equivalente griego de Isis.

En el friso del primer piso se representa a Ishtar, el equivalente babilónico de Isis, al que los romanos llamaban Venus, reconocible por la estrella que lleva en la frente. Es el lucero del alba (de cuatro u ocho puntas), asociado a la diosa. Las rosetas y los botones de ocho puntas del friso son otra evocación de ello.

El dios griego Dioniso, de cuyos templos cuelgan racimos de uvas, también acompañaba a Ishtar-Venus. Los Titanes lo devoraron, dejándole solo el corazón, que Zeus utilizó para fecundar a la virgen Sémele. Dioniso es otra alegoría del renacimiento espiritual. Un salón del primer piso, decorado con un friso que rodea un corazón ensangrentado, representa este mito.

Probablemente las figuras de hombres con turbantes, así como el estilo orientalista de la fachada en su conjunto, rindan homenaje al papel desempeñado por el mundo musulmán en la transmisión de los misterios de iniciación egipcios. En la Edad Media, cuando el mundo occidental, dominado por un cristianismo férreo, buscaba erradicar todo rastro de sabiduría antigua, los moros mantuvieron viva esta tradición y acabaron introduciéndola en Europa por España, en una época donde otra ola de conocimiento esotérico llegaba a Italia desde Grecia y Oriente Medio. El Renacimiento estaba en marcha.

Para más información, puede consultar las guías *Florencia insólita y secreta* y *Roma insólita y secreta* de nuestra editorial.

TRIBUNAL DE APELACIÓN DE BERLÍN

③

Una joya de la arquitectura abierta al público

Elßholzstraße 30–33, 10781 Berlín
berlin.de/gerichte/kammergericht/das-gericht/besucherinformationen
Lunes, martes y miércoles de 7 h 25 a 16 h 20; jueves de 7 h 25 a 18 h; viernes de 7 h 25 a 14 h 35; sábados y domingos cerrado
Entrada libre al Plenarsaal el primer jueves de cada mes, de 15 h 30 a 17 h 30
U7 (Kleistpark)

Muy pocos berlineses saben que además de ser el tribunal en funcionamiento más antiguo de Alemania –fue construido en 1468 por Federico II de Brandeburgo–, el *Kammergericht* («Tribunal de apelación») es una joya de la arquitectura abierta al público. Este edificio monumental construido entre 1909 y 1913 según los planos de Rudolf Mönnich y Paul Thoemer, es uno de los ejemplos más representativos de la arquitectura neobarroca en Berlín. Con sus 135 metros de largo, la fachada del edificio se extiende al oeste del Heinrich-von-Kleist Park, frente a las imponentes *Königskolonnaden* ("columnas reales"). Su parte central, incluido el pórtico de entrada, es especialmente llamativa: este, similar al de un templo griego, sobresale cuatro metros de la fachada y parece descansar con sus columnas sobre los balcones del segundo piso. Las tres grandes ventanas del centro están rematadas por cabezas esculpidas de mujer, mientras que también se ven sobre las dos ventanas redondas a cada lado dos águilas esculpidas. En el tímpano triangular se distingue el *Großes Wappen Preußens* («Gran Escudo Prusiano») con una corona real dorada.

Una vez pasados los controles de seguridad, accederá al interior del *Kammergericht* y a su atrio, un hall circular de 17 metros conforme a la solemnidad del conjunto del edificio. A las plantas superiores, abiertas y con balcones de piedra y hierro forjado, se accede por una larga escalera. Una serie de medallones dorados próximos a la última planta representan personajes antiguos relacionados con la justicia: Solón, Hammurabi, Salomón, Licurgo y Aristóteles. Al lado de la escalera también está el panel de anuncios de madera que utilizaba en la inmediata posguerra el *Alliierter Kontrollrat* («Autoridad de Control Aliada»), con sede en este edificio hasta 1948. Este llamativo elemento, que recuerda vagamente a un armario, se utilizaba para exponer el programa de las reuniones.

La *Plenarsaal* puede visitarse libremente el primer jueves de cada mes, de 15 h 30 a 17 h 30. El techo de esta magnífica sala inaugurada en 1917 está decorado con frescos del pintor alemán Albert Maennchen. Sobre la chimenea, el balcón ricamente ornamentado fue diseñado solo para que el emperador pudiese dominar físicamente a la multitud.

La sede permanente del Tribunal militar internacional que juzgó los crímenes de guerra en los Juicios de Núremberg

El 18 de octubre de 1945, la *Plenarsaal* fue el escenario de uno de los acontecimientos más importantes de la historia del siglo XIX: aquí se reunió por primera vez el Tribunal Militar Internacional que juzgó los crímenes de guerra en los juicios de Núremberg.

MOSAICO DE VACA

4

El recuerdo de la última lechería de Schöneberg

Steinmetzstraße 22, 12207 Berlín
U2, 3 (Bülowstraße)

En Berlín parece ser una especie de tradición, o al menos una práctica habitual, inscribir la historia de la ciudad en sus amplias aceras. Un ejemplo son las instalaciones de la Reichenbergerstraße en Kreuzberg (véase página 150) o, más recientemente, las famosas *Stolpersteine* de Gunter Demnig.

Frente al número 22 de la Steinmetzstraße, la línea de adoquines se interrumpe brevemente para cederle su espacio al mosaico coloreado de una simpática vaca moteada con una regordeta ubre. Esta recuerda el pasado del edificio, que hasta 1982 albergó en su patio interior las 31 vacas de Milchhof Mendler. Fue la última lechería que hubo en un patio de la «ciudad interior» (los berlineses llaman Innenstadt, «centro de la ciudad», a la parte de Berlín que está circunscrita por la *Ringbahn*).

El primer patio era antes un cobertizo utilizado como punto de venta, que distribuía más de 80 000 litros de leche al año. Los establos estaban en el segundo patio. Cerdos, gallinas y conejos criados en el sótano completaban el conjunto.

La granja después se trasladó a Rudow. Hasta 1996 contaba con 80 vacas lecheras, 300 cerdos de engorde y 30 hectáreas de tierras cultivadas. Actualmente reconvertida en un centro ecuestre, aún posee 65 hectáreas de maíz y pastos.

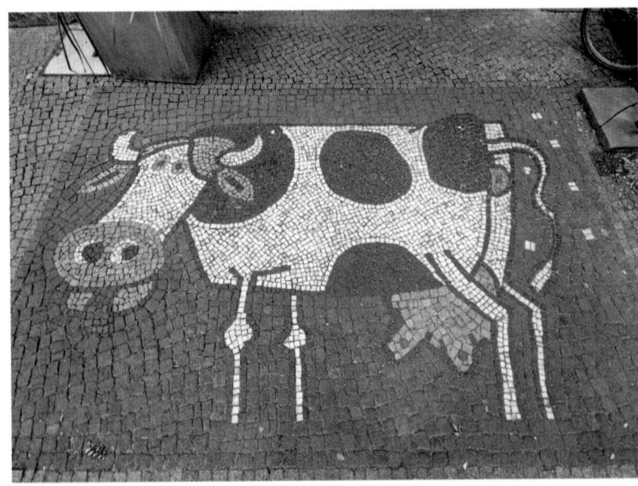

Un ejemplo único de biodiversidad urbana en Europa

2500 parques públicos, un 48 % de espacios verdes, 53 especies de mamíferos, un refugio ornitológico (en Berlín hay representaciones de 180 especies de pájaros, más que en todo Brandeburgo) y 20 000 especies de plantas. Sin duda, Berlín es un ejemplo único de biodiversidad urbana en Europa.

En 2018, la capital alemana contaba oficialmente con más de 1200 animales de granja. Actualmente, 41 granjeros siguen cultivando 1900 hectáreas (19 km^2) de tierra, a pesar de que ahora la actividad ganadera se desarrolle exclusivamente en la periferia de Berlín.

En 1928, la ciudad contabilizó unas 25 000 vacas lecheras que se acumulaban en los patios interiores de viviendas obreras del corazón de la capital. A principios del siglo XX, prácticamente cada calle de la «ciudad interior» poseía al menos un establo que abastecía de mantequilla, queso y leche fresca a los vecinos del barrio los siete días de la semana. A finales de los años 1920, solo estos establos cubrían el 17 % de las necesidades de la ciudad en cuanto a productos lácteos… con algunos inconvenientes que ya imaginará: olores, ruido, insalubridad.

En el Berlín Occidental, la presencia del Muro alargó hasta principios de los años 1980 la incoherencia de estas lecherías urbanas, a las que eran particularmente aficionados los berlineses de origen turco. Aquí encontraban leche fresca y sin pasteurizar que les permitía hacer un delicioso yogur casero.

LAS FACHADAS DE LOS NÚMEROS 1 Y 2 DE LA KIRCHBACHSTRAßE ⑤

Un contraste espectacular

Kirchbachstraße 1–2, 10783 Schöneberg
S1, 2, 25, 26 / U7 (Yorckstraße)

En los números 1 y 2 de la Kirchbachstraße destacan entre las viviendas dos sorprendentes construcciones idénticas, con un parking de varias plantas cada una.

Mientras que el edificio del número 2 ha permanecido intacto desde su construcción, el del número 1 presenta impresionantes decoraciones realizadas en 2015 por el *street artist* Phlegm.

Como son edificios contiguos, es fácil establecer una comparación del antes y el después de la intervención artística.

El conjunto, realizado entre 1977 y 1979 siguiendo los planos de Peter Henrichs y Joachim Wermund, está protegido y encarna el viejo imperativo automovilístico. En una época en la que los ayuntamientos destruían barrios enteros para construir carreteras, el coche debía poder circular por todas partes. Vivir encima del propio parking –construido no en el sótano, sino en las primeras plantas del edificio– era lo más.

En las fachadas, las 16 rejillas de ventilación del aparcamiento, que recuerdan a ojos de buey, le dan un aspecto de fábrica. Este también parece haber sido el pensamiento de Phlegm, ilustrador, para quien los excesos de la sociedad moderna son un motivo recurrente. Aquí el artista acentúa el carácter mecánico del edificio utilizando los grandes paneles que ocultan el aparcamiento como las viñetas de un cómic.

Encontramos también a su personaje favorito, un chico desgarbado vestido con una enorme sudadera con capucha de la que sobresale su cabeza, escalando la montaña sin fin de artilugios electrónicos que se acumulan, esforzándose por mantenerse en la cima, aunque esta lo absorbe y lo reduce al estatus de siervo-consumidor, aplastándolo contra los bordes del panel por la pila de aparatos que devoran todo el espacio disponible.

SEPULCRO «DESLOCALIZADO» DE LA FAMILIA LANGENSCHEIDT

⑥

Traslado de difuntos

Großgörschenstraße 12–14, 10829 Berlín
efeu-ev.de
A partir de las 8 h en verano y las 9 h en invierno hasta el anochecer
S1, 2, 25, 26 / U7 (Yorckstraße)

Nada más entrar al antiguo cementerio parroquial de San Mateo, a la izquierda, encontrará en un edificio de nueva construcción, la representación estilizada de un monumento funerario. Lo distinguirá por la inscripción *Langenscheidt* que figura en su fachada.

Próximos entre sí, la Langenscheidtstraße y el puente Langenscheidtbrücke hacen referencia a la editorial Langenscheidt, fundada en 1856 por Gustav Langenscheidt, con sede en la Crellestraße hasta el año 2005 (y actualmente en Múnich).

Hasta 1939, el panteón familiar del fundador de esta célebre editorial estaba en el cementerio de la parroquia de San Mateo. Sin embargo, al igual que el barrio de Tiergarten en la zona del actual Kulturforum, este último tuvo que ceder su espacio como parte del desarrollo del eje norte-sur ideado por Germania, la capital del Reich (véase página 190). Así, en 1938, un tercio del cementerio fue «desacralizado» y los emplazamientos para las tumbas, nivelados. Estas medidas rediseñaron toda la zona norte del lugar que sigue el trazado de la Großgörschenstraße.

A partir de 1938, los berlineses ya no fueron los únicos afectados por la transformación inicial de la capital del Reich, sino también los difuntos, a los que no se les permitió descansar en paz.

Además del antiguo cementerio parroquial de San Mateo, tuvieron que soportar los delirios de grandeza de Hitler el nuevo cementerio de la parroquia de los Doce Apóstoles y el de Schöneberg I y IV (Priesterweg). Estos se ubicaban o en la zona prevista por el eje norte-sur, o en la destinada a una nueva estación ferroviaria, la gran estación del sur, a la que se añadiría una estación enorme de mercancías. Como resultado, hasta 1940 unas 15 000 sepulturas fueron trasladadas a Stahnsdorf.

En aquella época, una parcela específica (la llamada *Alte Umbettung*) fue especialmente acondicionada para recibir alrededor de 120 de ellos, incluidos suntuosos panteones familiares.

El mausoleo de la familia Langenscheidt es uno de esos afortunados elegidos para los que se hizo el esfuerzo. Los restos exhumados de 2000 tumbas que no pudieron ser identificadas acabaron en una fosa común.

EN LOS ALREDEDORES

El cementerio de los niños

La esquina sureste del cementerio es especialmente estremecedora, ya que contiene numerosas tumbas de niños nacidos sin vida o muertos prematuramente. Estas están decoradas con juguetes y otros objetos relacionados con la infancia.

VISITA AL TRIBUNAL DE SCHÖNEBERG

7

Ein neobarocker Bau, der den Krieg überdauert hat

Grunewaldstraße 66–67, 10823 Berlín
De lunes a viernes de 9 h a 13 h, presentando su identificación
U7 (Eisenacher Straße) / U4 (Bayerischer Platz)

El tribunal de Schöneberg es una de los ejemplos de arquitectura neobarroca más interesantes de Berlín. Fue construido entre 1901 y 1906 según los planos de Paul Thoemer y Rudolf Mönnich y es además uno de los pocos edificios de la zona que sobrevivieron a los bombardeos de la Segunda Guerra Mundial. Los únicos daños que tuvo que lamentar fueron en el ala oeste (en la esquina de la la Martin-Luther-Straße), posteriormente reconstruida y ampliada a finales de los años 1950.

Desde la Grunewaldstraße pueden distinguirse la monumental fachada y su característica entrada, que son un perfecto ejemplo del gusto arquitectural berlinés de principios del siglo XX. Como en otros edificios de Thoemer y Mönnich (la *Kammergericht* de Schöneberg (véase pág. 174) y l'*Amtsgericht* de Mitte (véase pág. 60), toda su parte central en gris sobresale del resto de la fachada. Sus columnas emergiendo hacia el exterior, sus ventanas alargadas en arco y sus decoraciones esculpidas recuerdan al estilo de una iglesia barroca.

Encima de la puerta principal, un altorrelieve representa la Justicia con los ojos vendados en medio de unos cuerpos humanos enredados.

En el tímpano de arriba hay un grupo de esculturas que incluyen a San Jorge a caballo clavando su lanza al dragón. Entre ellos hay una figura femenina que simboliza la ley humana, y un ojo dentro de un triángulo radiante (el «Ojo que todo lo ve») que se superpone a un roble con muchas ramas, asociado a menudo con el tema de la justicia.

El tribunal puede visitarse durante el horario de apertura, tras pasar los controles de seguridad. Los vivos colores del techo, de las paredes y las barandillas de hierro forjado del interior contrastan con el exterior austero. Un espectacular atrio circular conduce a las tres plantas superiores a través de anchas escaleras laterales. Las decoraciones de estuco son particularmente bellas, al igual que los grandes ventanales arqueados que dotan a la sala de una luminosidad excepcional.

MEMORIAL ORTE DES ERINNERNS

(8)

Un memorial a la escala del barrio

Bayerischer Platz und Umgebung,
10779 Berlín
stih-schnock.de/remembrance.html
U4, 7 (Bayerischer Platz)

A la derecha de la entrada del ayuntamiento de Schöneberg, pocos visitantes o residentes observan un mapa de la zona que rodea la Bayerischer Platz, situada a pocos minutos a pie y que señala varios lugares.

Estos corresponden a un discreto, pero espectacular trabajo de memoria. Los puntos del mapa hacen referencia a 80 letreros visibles en la calle que recuerdan artículos de leyes antisemitas de los años treinta. En un lado del cartel hay un texto y la fecha en que se promulgó la ley correspondiente. En la otra cara hay un pictograma relacionado con el texto.

En 1933, este barrio de Schöneberg, llamado *Bayerisches Viertel* («barrio bávaro») por la arquitectura de sus edificios burgueses contaba con 16 000 judíos. Entre ellos había celebridades como el físico Albert Einstein, la politóloga Hannah Arendt, la escritora Gertrud Kolmar y el fotógrafo Helmut Newton. Más de 6000 de estos judíos fueron asesinados por los nazis tras el ascenso de Hitler al poder.

Schöneberg fue uno de los primeros distritos de Berlín en iniciar un proceso conmemorativo para recordar a sus habitantes fallecidos. Diseñado por los artistas Renata Stih y Frieder Schnock, el memorial *Orte des Erinnerns* («Lugares de la memoria») fue inaugurado en 1993.

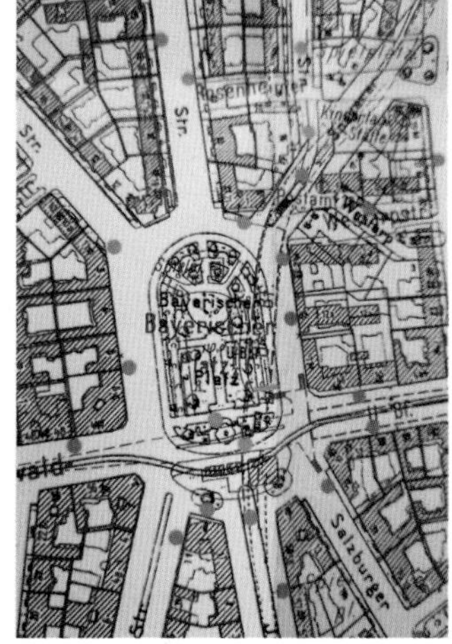

Para reforzar este vínculo con el pasado, colocaron algunos carteles en lugares simbólicos. El de la prohibición de que los niños «arios» jugasen con niños judíos aparece por ejemplo junto a un parque infantil frecuentado por familias del barrio (frente al número 14 de la Heilbronner Straße).

Hay otros dos mapas idénticos que muestran la ubicación de 80 letreros. Se encuentran en la esquina sureste de la Bayerischer Platz y la Münchener Straße, un poco al sur del cruce con la Hohenstaufenstraße.

Ejemplos de letreros

«Los judíos no están autorizados a salir de casa después de las 8 h de la noche (9 h en verano). (1.9.1939)».,

«A partir del 1 de abril de 1933 inclusive, la sanidad berlinesa no cubrirá los tratamientos prescritos por médicos judíos. (31.03.1933)»,

«Los judíos no tienen derecho a tener animales de compañía (15.5.1942)».

La nueva aplicación para smartphone *Orte des Erinnerns* permite traducir cualquier texto a los viajeros que no hablan alemán.

LA PUERTA DE ENTRADA DE LA EISENACHER STRAẞE 68

⑨

Una joya del Arte nuevo

Eisenacher Straße 68, 10823 Berlín
U7 (Eisenacher Straße)

El edificio del número 68 de la Eisenacher Straße posee una importante fachada modernista que muchos vecinos del barrio no han advertido. Fue construido en 1901-02 por los contratistas Christoph Schilling y August Wiehe, siguiendo los planos del arquitecto Paul Jatzow.

Sin embargo, con sus estucos de temática floral, muy apreciados por el modernismo, y su puerta, en gran parte inscrita en una original estructura circular, es una de las manifestaciones más bellas de este estilo arquitectónico en Berlín, que floreció en toda Europa a principios del siglo XX con diferentes nombres: *art nouveau* en los países francófonos, *jugendstil* en Alemania, *sezessionstil* en Austria, *modernismo* en España, *modern style* en los países anglófonos, estilo *liberty* en Italia, estilo *noodle* en algunos casos…

El edificio, prácticamente destruido durante la Segunda Guerra Mundial, fue reconstruido en 1947 y después renovado en 1976.

Unos diez años más tarde, Jatzow también fue uno de los autores de la Rüdesheimer Platz, quizás una de las plazas más bellas de Berlín e injustamente pasada por alto por cualquiera que no viva en ese barrio.

EN LOS ALREDEDORES

Museo de las cosas no escuchadas ⑩

Crellerstraße 5-6, 10827 Berlín
0 30 / 7 81 49 32
museumderunerhoertendinge.de
De miércoles a viernes de 15 h a 19 h
M48, 85,104,106,187, 204, N42 (Kaiser-Wilhelm-Platz) / S1 (Julius-Leber-Brücke) / U7 (Kleistpark)

Abierto tres tardes a la semana, el «Museo de las cosas no escuchadas» o *Museum der Unerhörten Dinge* es un pequeño museo que presenta una treintena de objetos acompañados de una ficha explicativa. Como explica su propietario, toda historia vinculada a su objeto es posible… pero no necesariamente real, aunque no siempre lo dirá. Así, cada ficha (traducida a varias lenguas) se convierte en un simpático ejercicio de estilo cercano al surrealismo.

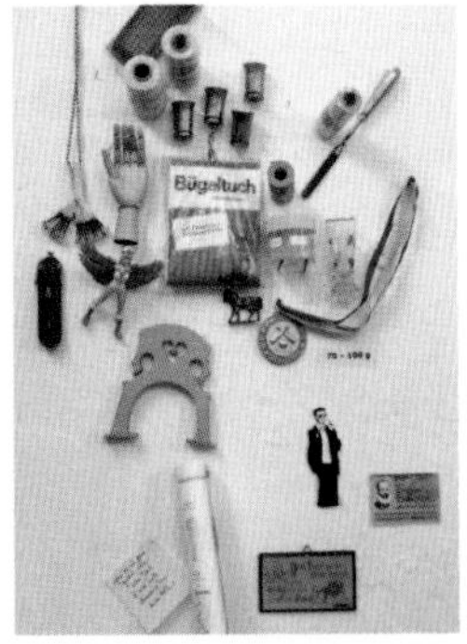

Si le pregunta al responsable del lugar, quizás le pueda mostrar también el depósito, donde hay decenas de objetos fijados a la pared y clasificados según su peso: de 10 a 20 gramos, de 20 a 50 gramos, etc.

EL SCHWERBELASTUNGSKÖRPER ⑪

Un espectacular cilindro de hormigón que se utilizó para medir el hundimiento del suelo para la Germania

General-Pape-Straße 100, Tor 1, 12101 Berlín
schwerbelastungskoerper.de
De abril a octubre: martes, jueves, sábado y domingo de 14 h a 18 h
S1, 26 (Julius-Leber-Brücke)

El *Schwerbelastungskörper* (literalmente «estructura de carga pesada») es un gran cilindro de hormigón de 12 650 toneladas, 21 metros de diámetro y 14 metros de altura, además de un lugar asombroso, secreto y espectacular, que la mayor parte del tiempo permanece oculto tras los árboles que lo separan de la calle.

A pocos metros de allí, se erigiría para toda la eternidad el monumental Arco del Triunfo del proyecto Germania de Hitler (véase la doble página siguiente). Los nazis llamaron a este arco de 117 metros de altura (más del doble de la altura del Arco del Triunfo de París, pero con un peso 20 veces mayor) y de 170 metros de ancho, «obra T».

En su fachada debían inscribirse los nombres de los 1,8 millones de soldados alemanes caídos durante la Primera Guerra Mundial.

Hitler odiaba Berlín y no dudó en destruir partes enteras de ella, pero temía que el suelo de la ciudad cediera ante el peso colosal de este arco, ya que estaba compuesto de *till*, una mezcla de escombros rocosos y de material blando no estratificado que los glaciares iban dejando tras ellos.

De ahí que se utilizara el Schwerbelastungskörper para comprobar, a 17 metros de profundidad, la capacidad del suelo para soportar el peso del arco monumental. Para ello, se utilizó un equipo óptico situado en el interior que medía la velocidad a la que el cilindro de hormigón se clavaba en el *till*.

No dio tiempo a utilizar el edificio diseñado en 1941 por Albert Speer, pero a diferencia de todas las construcciones colosales no realizadas planeadas por los nazis, el mastodonte de hormigón existe para bien. Está protegido desde 1995.

A partir de 1941, en dos años y medio, el Schwerbelastungskörper ya se había hundido 19,3 cm.

Germania, el proyecto ilusorio de «capital mundial» de Hitler y Albert Speer

Tras suspender el examen de acceso a la escuela de pintura de la Academia de Bellas Artes de Viena por segunda vez, Adolf Hitler cree ser un artista incomprendido. Para ganarse la vida, vende acuarelas reproduciendo postales de Viena. Durante la guerra se volvió casi ciego y tras recuperarse en 1920, decidió entrar en política. Desde entonces, la idea de un Gran Reich alemán le perseguía, imaginando que incluso mil años después de la caída del imperio, su poder aún seguiría vivo por los vestigios que dejara tras de sí. En dos croquis arquitectónicos que hizo en 1925, Hitler representó los dos edificios principales –según sus dimensiones– de la capital de su Gran Reich imaginario, que bautizó Germania: un arco del triunfo y una enorme sala popular para las asambleas.

Al llegar al poder, Hitler materializó sus divagaciones arquitectónicas con Albert Speer, ferviente nazi y joven arquitecto, al que el dictador ascendió al rango de inspector general de Construcción de la capital del Reich. En 1937, tras recibir la aprobación de Hitler, los planes de Speer para Berlín/Germania, en parte ilustrados, aparecieron en la prensa.

El 4 de octubre, la ley sobre la reestructuración de las ciudades alemanas constituyó la base jurídica para demoler a gran escala zonas intactas y dejar paso a nuevos edificios, situados en lugares estratégicos del centro de la ciudad. Los planos publicados no mencionaban la «capital mundial Germania». Hitler solo se refirió a Germania como una simple reestructuración de la capital del Reich.

Los prestigiosos edificios que Hitler imaginó (la Gran Cúpula, el otro nombre del Salón del Pueblo, y el Arco del Triunfo) solo se mencionan vagamente, a grandes rasgos. Sin embargo, en el plano del nuevo Berlín que se ha hecho público, puede verse un eje este-oeste y un eje norte-sur. Este último debía comenzar en una nueva estación norte y conducir a una nueva estación sur, que se habría construido en lugar de la estación S-Bahn Papestraße, cerca de una nueva ciudad (*Südstadt*) que acogería a cientos de miles de habitantes.

Finalizaron la parte oeste del eje este-oeste –que incluye grandes edificios nuevos– para celebrar el 50 cumpleaños de Hitler en 1939. Fueron desde la puerta de Brandeburgo hasta la plaza Adolf Hitler (actualmente llamada Theodor-Heuss-Platz), pasando por

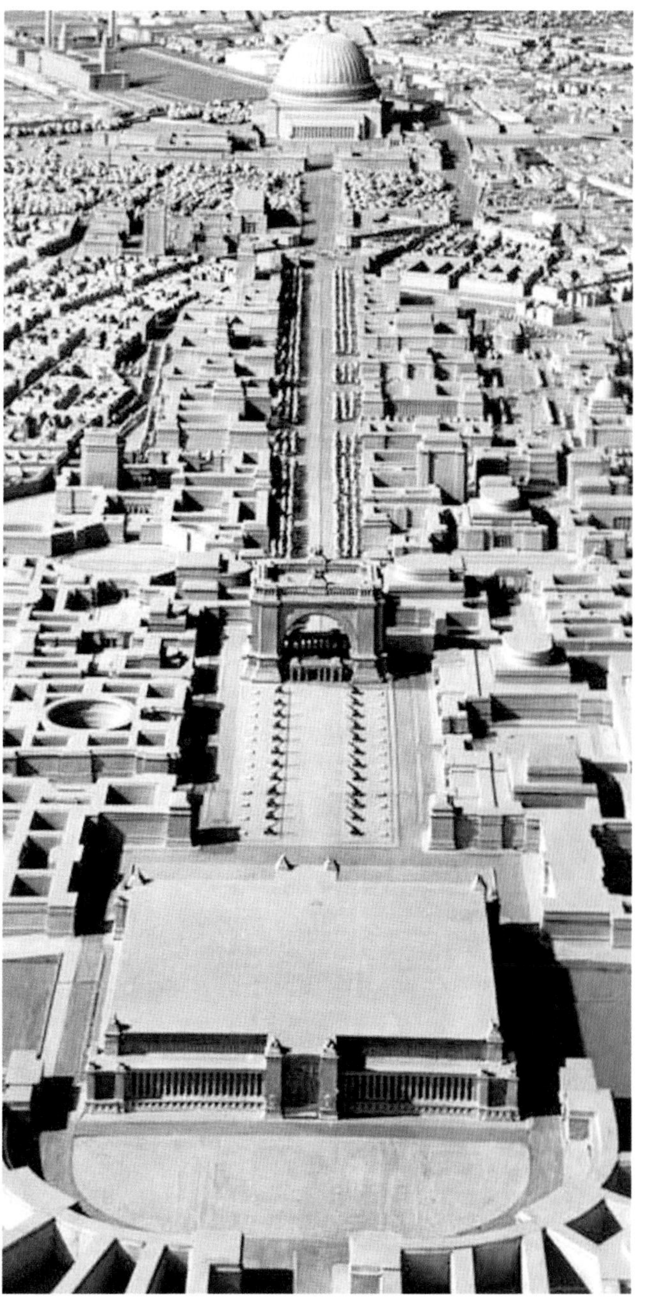

la nueva glorieta Großer Stern, donde se ha trasladado la Columna de la Victoria. El proyecto de construcción preveía entre otras la demolición de los barrios Alsenviertel y Tiergarten; la edificiación de la «estructura de carga pesada» de la Sociedad Alemana de mecánica de suelos (DeGeBo) para estudiar la resistencia del suelo compuesto por materias no estratificadas (véase la página 188); la construcción de vías férreas a la altura de la Priesterstraße y tres túneles para el tráfico de automóviles en la intersección prevista entre los dos ejes. En el eje norte-sur, verían la luz el barrio Grazer Damm y la oficina de turismo en la Plaza Redonda. El nuevo aeropuerto de Tempelhof no se menciona en el proyecto porque los planes ya se habían elaborado con anterioridad. Antes del estallido de la guerra, estaba prácticamente terminado. Si no, habría sido el aeropuerto central de la reestructurada capital del Reich.

Igual que el estadio del Reich, inaugurado por los Juegos Olímpicos de 1936, habría sido con todos sus anexos la principal instalación deportiva de Germania. Las embajadas fueron trasladadas del Alsenviertel (véase la página 263) al nuevo barrio de embajadas de Germania. Allí se construyeron las oficinas de representación de Krupp en la capital del Reich y las de muchas otras empresas, así como los edificios administrativos del Estado (por ejemplo, en la Fehrbelliner Platz) como cuarteles, edificios del estado mayor y de las organizaciones juveniles del Reich.

Los nuevos edificios mencionados en los planos de desarrollo y casi terminados incluyen la enorme obra de la facultad de Técnicas de armamento de la futura ciudad universitaria; el ministerio de Educación Popular y Propaganda; el ministerio de Aviación de Goering; el Reichsbank ampliado; la Casa de la Moneda del Reich y el nuevo barrio administrativo Molkenmarkt con la nueva esclusa de Mühlendamm. El nuevo puente de Mühlendamm aún no está terminado.

Se asfaltó un tramo piloto de la cuarta carretera de circunvalación de Berlín frente a la nueva fábrica Telefunkenwerk de Zehlendorf que reagrupa 37 antiguos talleres Telefunken de Berlín (véase la página 416). También se hizo en el límite de Spandau un barrio de trabajos forzados, donde los trabajadores vivían hacinados mientras trabajaban en la Gran Cúpula. Tras declararse la guerra, solo se pusieron en marcha algunas obras. Speer, el inspector general de Construcción, detuvo la demolición de los antiguos edificios del eje norte-sur.

¿Qué huellas y edificios dejó el proyecto de Germania?

1. El Centro fiscal (*Finanzamt*) de Charlottenburgo
2. Casa de la Asamblea central de los comunes alemanes (*Deutscher Gemeindetag*)
3. Puente de Charlottenburg
4. Columna de la Victoria con sus accesos y esculturas
5. Farolas de Albert Speer a lo largo del eje norte-sur (en el oeste)
6. Túneles de carretera en el eje norte-sur ideado para circular sin rotondas
7. Bordillos del eje norte-sur previstos en su intersección con el eje este-oeste (véase la página 266)
8. Oficina de Correos N4
9. Ministerio de Educación Popular y de Propaganda
10. Ministerio de la Aviación del Reich
11. Extensión del banco del Reich
12. Ministerio del interior del Reich
13. Oficina de empleo del distrito (*Gauarbeitsamt*)
14. Aseguradora municipal Feuersozietät
15. Oficina de Correos SW 11
16. Moneda del Reich
17. Palacio Schwerin
18. Edificios administrativos en el Molkenmarkt
19. Esclusa Mühlendammschleuse
20. Edificio administrativo municipal C
21. Embajada de Japón
22. Embajada de Italia
23. Embajada de Yugoslavia
24. Embajada de Noruega
25. Seguros Feuersozietät der Provinz Brandenburg
26. Oficina de representación de Krupp en la capital del Reich
27. Sede del Frente de trabajo alemán (*Deutsche Arbeitsfront*)
28. Banco Asegurador de vida Nordstern
29. Oficina de cereales del Reich
30. Sede de la administración del Frente de trabajo alemán (DAF)
31. Edificio administrativo de Karstadt
32. Dirección superior de construcción de carreteras del Reich y Federación de la industria lechera
33. Aeropuerto central Tempelhof
34. Barrio Grazer Damm
35. Estructura de carga pesada (*Schwerbelastungskörper*, pág. 188)
36. Traslados del cementerio parroquial Matthäuskirchhof (pág. 184)

37. Retirada de escombros del barrio Tiergarten
38. Estación de mercancías de Priesterweg
39. Tramo piloto de la 4. º carretera de circunvalación o Ring (véase pág. 416)
40. La central de Telefunken en Zehlendorf
41. Oficina central administrativa y económica de las SS (WVHA) con el búnker de la Fichtenstraße
42. Comandancia del sector aéreo (Luftgau) III
43. Importante obra en ruinas de la facultad de Técnicas de armamento (enterrada bajo los escombros del Teufelsberg)
44. Túnel telefónico del GBI (Speer, el inspector general de Construcción) en Postfenn
45. Edificios originales del «Terreno deportivo» del Reich/Parque olímpico de 1936 al completo
46. Espacio principal de ferias y exposiciones de la Masurenallee
47. Galería de cristal de Messedamm
48. Barrio obrero Große Halle
49. Barrio de la Camaradería SS de Krumme Lanke
50. Cuartel de los *Leibstandarte* (guardia personal) SS de Adolf Hitler en la Finckensteinstraße
51. Dirección general del Servicio de trabajo del Reich (RAD)
52. Residencia de las Juventudes Hitlerianas Rehberge
53. Asociación profesional (*Berufsgenossenschaft*) de la industria química
54. Escuela de Protección aérea del Reich
55. Taller de Arno Breker
56. Comandancia de la región militar (*Wehrkreis*) III
57. Comandancia general del III cuerpo del ejército de tierra
58. Aseguradora Allianz- und Stuttgarter Lebensversicherungsbank en la Mohrenstraße
59. Silo para almacenar el grano como parte del plan de construcción de silos del Reich en el puerto oeste
60. Central de la empresa Philipp-Holzmann-AG en la Heerstraße
61. Dirección general de las Juventudes del Reich
62. Cuartel del regimiento de infantería de la Luftwaffe General Göring
63. Edificio administrativo de la empresa Arthur Vogt AG en la Berliner Straße
64. Búnker de la Flak (DCA) Humboldthain
65. Sección de Prisioneros de guerra del Alta Mando de la *Wehrmacht* (OKW)
66. Casa de Suiza Friedrichstraße/Unter den Linden
67. Federación industrial de la cerveza alemana en la Badener Straße

COLECCIÓN HISTÓRICA DE LA POLICÍA BERLINESA

⑫

La capital del crimen

Platz der Luftbrücke 6, 12101 Berlín
phs-berlin.de
De lunes a miércoles de 9 h a 15 h
U6 (Platz der Luftbrücke)

En el lateral del antiguo aeropuerto de Tempelhof, donde la prefectura de policía de Berlín tiene sus dependencias desde 1951, hay un pequeño museo de colección histórica de la policía berlinesa que ni los mismos berlineses conocen. Los objetos expuestos resultan perturbadores a más de uno. ¿Quién esperaría encontrar en la entrada una auténtica guillotina de la Edad Media, con la que el verdugo habrá decapitado a saber a cuántos condenados?

Desprenden tal brutalidad que no necesitan puesta en escena particular. Así, pisapapeles o ametralladoras conviven con armas caseras que van desde sádicos garrotes recubiertos de clavos hasta copias de hachas prehistóricas. En otra vitrina se exponen los cráneos de víctimas anónimas de asesinato, que hablan por sí solos.

La exposición no busca ser sensacional, ni exhaustiva, ni estar de candente actualidad. Aquí no se busca mostrar una policía fuerte y eficaz (como es el caso de Hamburgo). Sin embargo, en ningún otro lugar se reúne tanta información sobre la Brigada criminal, fundada en 1926 por el famoso Ernst Gennat. Hermann Göring nombró a Gennat director de la policía criminal de Berlín, en la época de los Camisas pardas, por sus investigaciones sobre el asesinato de los policías de la Bülowplatz, que implicó a dos comunistas (uno de ellos era Erich Mielke, el futuro jefe de la *Stasi*).

También pueden verse objetos relacionados con los grandes casos que han hecho «vibrar» a los berlineses, como el de los hermanos Sass, especialistas en cajas fuertes antes de la Segunda Guerra Mundial, o el chantaje de Arno Funke, alias Dagobert, a una serie de grandes almacenes.

¿Le gustaría saber qué pasó con ciertas piezas robadas en Berlín, como la *Big Maple Leaf* (una moneda de oro gigante de 100 kilos) del Bodemuseum en 2017, causando un gran revuelo? En ese caso tendrá que ser paciente, porque la investigación que implica a un clan árabe en Neukölln sigue abierta.

Berlín es la capital del crimen: en 2019 unos desconocidos entraron en la prefectura de policía por una ventana rota llevándose decoraciones, documentos y otros objetos de colección... La respuesta de la prefectura de policía de Berlín fue: «Sin comentarios/Nada que comentar».

PRISIÓN DE LA GENERAL-PAPE-STRAßE

⑬

El primer campo de concentración nazi, en pleno Berlín

Werner-Voß-Damm 54a, 12101 Berlín
0 30 / 9 02 77 61 63
gedenkort-papestrasse.de
De martes a jueves y el domingo de 14 h a 18 h
Visita guiada gratuita en alemán el domingo a las 14 h, visita privada en grupo previa solicitud por teléfono
Gratuito
S1, 2, 41, 42 (Berlin Südkreuz)

Según la acepción más detallada, un campo de concentración es todo lugar donde se detienen, bajo vigilancia policial o militar deportados, prisioneros de guerra, prisioneros políticos o individuos considerados enemigos del Estado.

En este sentido, la prisión de la General-Pape-Straße (*Gefängnis Papestraße*), creada a mediados de marzo de 1933 en Werner-Voß-Damm (perteneciente a un complejo cuya entrada estaba antiguamente en la General-Pape-Straße), hoy en día se considera el primer campo de

concentración de la Alemania nazi.

Desde marzo de 2013 (exactamente 80 años después de su construcción), las antiguas celdas de los sótanos albergan un lugar de memoria, archivos y una exposición que detalla los terribles acontecimientos que tuvieron lugar en los albores del III Reich.

Como los detenidos poseían un número y una fecha de registro, el trabajo de identificación de las víctimas de esta prisión permitió reconstruir algunos hechos.

El 15-16 de marzo de 1933 registraron al primer detenido del que se tiene constancia, ya con el número 43. En noviembre de 1933, el último prisionero identificado hasta la fecha llevaba el número 1842. Se deduce que en el sótano de este antiguo cuartel del destacamento ferroviario (*Eisenbahntruppen*) del ejército prusiano, unas 2000 personas fueron detenidas en el transcurso de 1933. La mayoría eran comunistas y socialistas del KPD (Partido Comunista de Alemania) y del SPD (Partido Socialista Alemán), sindicalistas y numerosos judíos. Al menos 30 murieron allí golpeados y torturados. Hasta la fecha, se ha identificado a unos 500 detenidos.

En Berlín existían otros campos de concentración (véase la doble página siguiente).

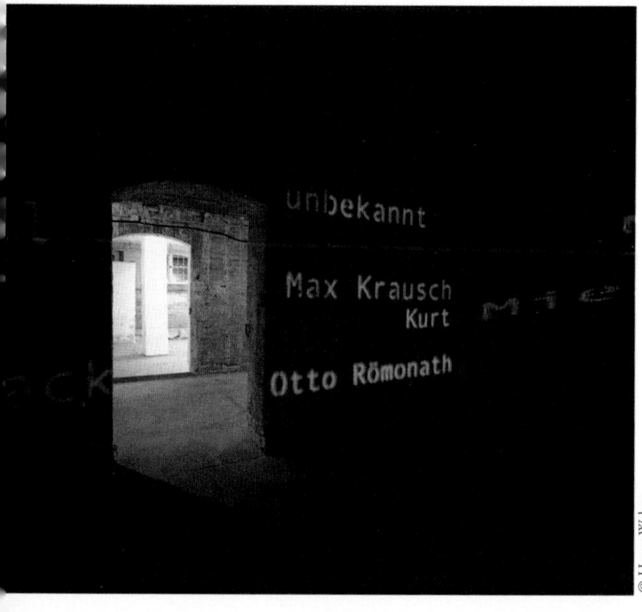

© Harry Weber

Los otros campos de concentración de Berlín

Resulta estremecedor pensar que ya hubiese campos de concentración en el corazón de la capital alemana solo unos días después de las elecciones del 5 de marzo de 1933 que permitieron al partido nazi hacerse con el poder... Pero no debemos olvidar que apenas un mes después de ser nombrado canciller el 30 de enero de 1933, Hitler declaraba el estado de emergencia frente a la amenaza comunista, al día siguiente del incendio del Reichstag del 27 al 28 de febrero de 1933. Se suspendió la libertad de prensa, la libertad de expresión, el derecho de reunión y la mayoría de los derechos civiles, y se empezó a perseguir a comunistas y judíos. Solo en 1933 los prisioneros políticos del régimen se elevaban a 200 000. Las prisiones de Alemania pronto se vieron desbordadas y se crearon los primeros campos de concentración improvisados, probablemente antes de las elecciones de principios de marzo.

De tal forma que el Berlín anterior a la guerra, bastión del comunismo y el socialismo alemán y con una población de unos 170 000 judíos, contó con muchos lugares de encarcelamiento y tortura. Según investigaciones actuales, no menos de 220, de los cuales al menos 11 pueden considerarse campos de concentración organizados, en general en medio de la ciudad, a la vista de todos, para aterrorizar a la población y disuadir a cualquiera que pudiera resistirse.

Además de la prisión de la Papestraße, se crearon otras dos prisiones desde marzo de 1933 y figuran como los primeros campos berlineses:

- El de la sala de máquinas I del castillo de agua de Prenzlauer Berg, un edificio de 1000 metros cuadrados dinamitado en 1935. Allí, un número desconocido de prisioneros políticos y enemigos del régimen fueron detenidos y torturados entre marzo y junio de 1933. Delante del castillo de agua situado en el número 23 de la Knaackstraße, una placa conmemorativa y un cartel a modo de explicación rinden homenaje a las víctimas (véase la página 283).
- El que fue con diferencia el campo de concentración más importante de la capital se encontraba en la antigua prisión militar de la Columbiadamm en Kreuzberg, situada al sur de la avenida, en la esquina con la Golßener Straße (véase pág. 128).

© Harry Weber

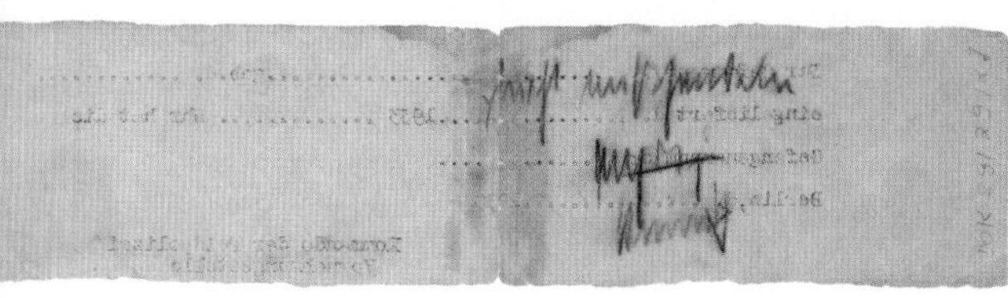

VISITA DE LA MALZFABRIK

⑭

Extrañas chimeneas para atrapar el aire, no para evacuarlo

Bessemerstraße 2-14,
12103 Berlín
reservix.de (Verlassene Orte - Schultheiss Fabrik)
Visitas guiadas «Malzreise» previa reserva
17,5 € por persona
U6 (Alt-Tempelhof) / S2, 25, 26 (Priesterweg) / S41, 42, 45, 46 (Tempelhof)

Aunque los berlineses conozcan la existencia de la Malzfabrik de Schöneberg, pocos la han visitado por dentro y saben para qué sirven en realidad estas insólitas chimeneas.

Entre los altos edificios de ladrillo del complejo de la Bessemerstraße, el más grande destaca por cuatro extrañas extensiones metálicas que lo coronan. Cada una de estas *Darrhauben* pesan 3,3 toneladas y son cariñosamente llamadas «caballeros» (*Ritter* en alemán – que viene de Reiter, es decir, caballero) porque parecen cabalgar por el techo. Estos curiosos dispositivos reaccionan al mínimo soplo de aire y giran de forma independiente a los otros. No son simples sombreretes de chimenea, sino que están diseñados para captar el viento y aspirarlo hasta el interior del edificio, donde se necesitaba un flujo continuo de aire para la producción.

La maltería pertenecía a la famosa cervecería Schultheiss, con sus principales locales en Prenzlauer Berg (y actualmente en la Kulturbrauerei), mientras que los de Pankow y Schöneberg se destinaban exclusivamente a la producción de malta.

Durante una visita guiada a las instalaciones, parcialmente conservadas en el interior del complejo de Schöneberg, el visitante recorrerá la *Malzreise* («la aventura de la malta») y seguir el recorrido del grano (incluida la cebada y el trigo) antes de su transformación en malta para las cervecerías. También es una oportunidad para familiarizarse con la jerga utilizada por los cerveceros.

En el antiguo *Tennenmälzerei*, donde la germinación tenía lugar en una zona de trilla, los malteros esparcían los granos sobre una superficie de piedra, los rociaban con agua y luego los volteaban con un tenedor o rastrillo para airearlos. A continuación, llegaba la fase en la que, en la *Darre* (este término viene de *dörren*, «secar/deshidratar»), primero se aireaban para eliminar el agua con el aire captado por los «caballeros», antes de secarse con aire caliente (el secado básico) y después muy caliente (el «tiro»). Más tarde, introducían el llamado «malteado neumático». Se realizaba en cajas rectangulares con regulación mecánica del aire, y después en tambores que giraban sobre su propio eje donde incluso se podía secar el grano, maquinaria que podemos ver en la maltería.

Al estar envuelto por el olor persistente y sobrecogido por el gigantesco tamaño del lugar, uno aún puede sentir un poco de la atmósfera que reinaba en estos lugares entonces.

ESCULTURA *BLANKE HELLE* ⑮

Extrañas chimeneas para atrapar el aire, no para evacuarlo

Alboinplatz 8, 12105 Berlín
U6 (Kaiserin-Augusta-Straße)

En el Alboinpark, al sur de la Alboinstraße (en la esquina con la Burgermeisterstraße), hay una especie de mirador con una enorme estatua y vistas a un estanque en medio de una depresión circular, un

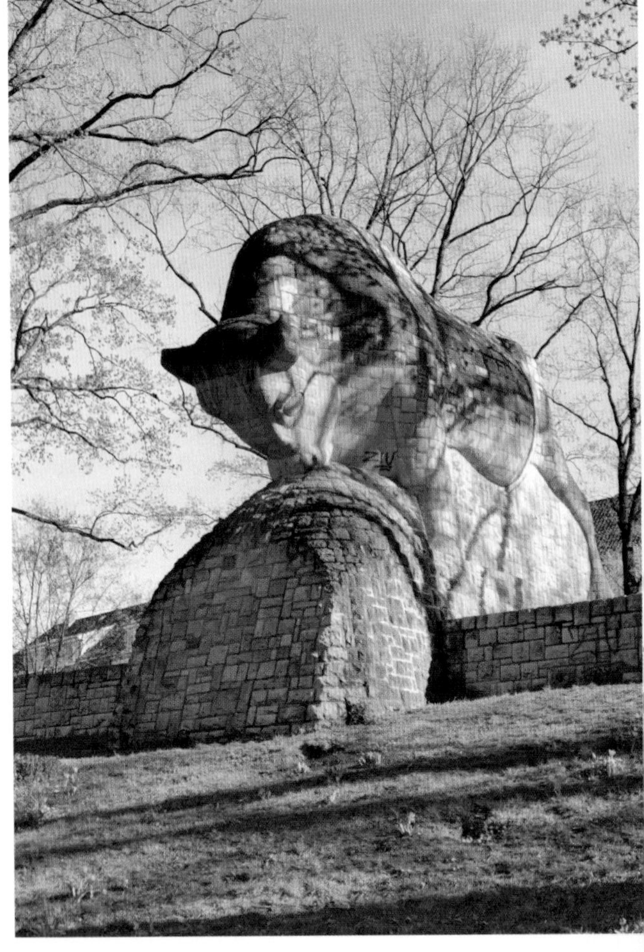

típico *Kettle* o *Soll* berlinés. Según los habitantes de Berlín, la escultura representa «el mayor *Ochse* de Berlín» (*Ochse* significa «buey», pero también «palurdo» o «mula de carga»). Los berlineses ya le habían apodado así con su construcción (1934-1936) como parte de un programa de creación de empleo. El escultor Paul Mersmann el Viejo (1903-1975) creó este buey salvaje mano a mano con artistas en paro destinados al trabajo obligatorio.

La escultura la forman pequeños adoquines cúbicos de la cantera de piedra caliza de Rüdersdorf, dispuestos alrededor de un núcleo de escombros del Ministerio de Guerra del Reich (demolido para hacer sitio al Ministerio de Aviación de Göring). El animal parece haber cogido impulso antes de parar en seco, como en las corridas de toros.

Ya de por sí única y sorprendente por su construcción, esta escultura también evoca la antigua leyenda de *Frau Holle* y la dolina glaciar *Blanke Helle*. Se cuenta que, en época precristiana, Hel, la diosa de los infiernos de la mitología germánica (*Hölle* = Frau Holle), ayudó a un sacerdote en este mismo lugar, enviándole cada año animales de tiro fuertes (toros) para que pudiese arar su tierra. A cambio, debía hacer ofrendas a Hel en una roca cercana al estanque, por donde se entraba al mundo de los muertos por el agua.

El *Kettle* o *Soll* es un fenómeno natural que tiene su origen en la última Glaciación del Pleistoceno. Al principio, un bloque enorme se separa del glaciar local. Poco a poco va recubriéndose, luego se va acercando a las profundidades de los sedimentos glaciares que, al enterrarlo, retrasan su fusión. Cuando finalmente se funde, provoca un colapso y crea un agujero que se va llenando de agua cada año.

Alboin es el nombre de un rey lombardo del siglo VI. Seguramente haya una razón que explique por qué una plaza del barrio lleva su nombre, pero la desconocemos.

EL ÓRGANO DE LA IGLESIA MARTIN-LUTHER-GEDÄCHTNISKIRCHE

⑯

El órgano de los congresos de Núremberg

Riegerzeile 1A, 12105 Berlín
0 30 / 2 16 35 71
info@bfgg.de (Berliner Forum für Geschichte und Gegenwart)
U6 (Westphalweg)

La Martin-Luther-Gedächtniskirche es una iglesia diseñada por el arquitecto Curt Steinberg (1880-1960), de estilo casi expresionista.

Del techo del interior de la iglesia, cuelga una araña gigantesca en forma de cruz de hierro y con una guirnalda de hojas de roble doradas. Hindenburg, el presidente del Reich, y Lutero se miran fijamente. Además, en la pared hay inscrita una cita de Lutero en letra gótica: «Nuestro dios es una fortaleza, una buena espada y un arma».

En la nave central, ligeramente inclinada, llama la atención el arco triunfal sobre el ábside. 800 azulejos de terracota mezclan simbología nazi y simbología cristiana: un águila del Reich, la cruz de hierro, una cabeza con un «casco con pernos» típico de la Wehrmacht o el emblema del NSV (Socorro popular nazi) a ambos lados del crismón de la corona de espinas, del cáliz, la paloma del Espíritu Santo o la rosa de Lutero. El

arco del Triunfo exalta a un Cristo musculoso en la cruz, endurecido en la batalla: el primer soldado ario de fe.

Esta decoración en terracota continúa en el ábside sin intención política. En los pilares de la pared hay retratos de los reformadores cristianos Martín Lutero y Philipp Melanchthon, de los músicos Johann Sebastian Bach y Georg Friedrich Händel, y de los poetas y autores-compositores Martin Rinckart y Paul Gerhardt. Tampoco podían faltar los padres fundadores de la *Innere Mission*, Johann Hinrich Wichern y Friedrich von Bodelschwingh. Si observa con atención, entre las esculturas de madera del púlpito verá una familia nazi ideal que escucha el sermón en la montaña de Cristo: un soldado, una madre alemana y dos niños de las Juventudes Hitlerianas. Junto a la pila bautismal hay un paramilitar de las SA (tropas de asalto) avergonzado, muy parecido a Hitler.

En octubre de 1933 se puso la primera piedra de la Martin-Luther-Gedächtniskirche (que debía celebrar el 450 aniversario del reformador) y en diciembre de 1935, se bendijo. Hitler pidió que el órgano Walcker, dotado de cinco teclados, 2020 registros y 3300 tubos, se inaugurase tres meses antes en los congresos de Núremberg. Así, apoyado por 36 altavoces y una orquesta sinfónica, el órgano sonó por primera vez en la Luitpoldhalle delante de 16 000 nazis, con motivo de la apertura de su encuentro anual. El órgano acompañó la proclamación de las leyes raciales de Núremberg sobre la ciudadanía del Reich y la protección de la sangre y el honor alemanes.

Cabe señalar que en la hebilla del cinturón de la Wehrmacht estaba inscrito en media circunferencia el lema *Gott mit uns* («Dios está con nosotros»), acompañado por media corona de hojas de roble. El motivo central era un águila con las alas extendidas y una esvástica entre sus garras.

NATUR-PARK-SÜDGELÄNDE

⑰

Un parque espectacular e insólito

Prellerweg 47–49,
12157 Berlín
gruen-berlin.de/natur-park-suedgelaende
Todos los días desde las 9 h hasta medianoche
Prohibidas las bicicletas
S2, 25, 26 (Priesterweg)

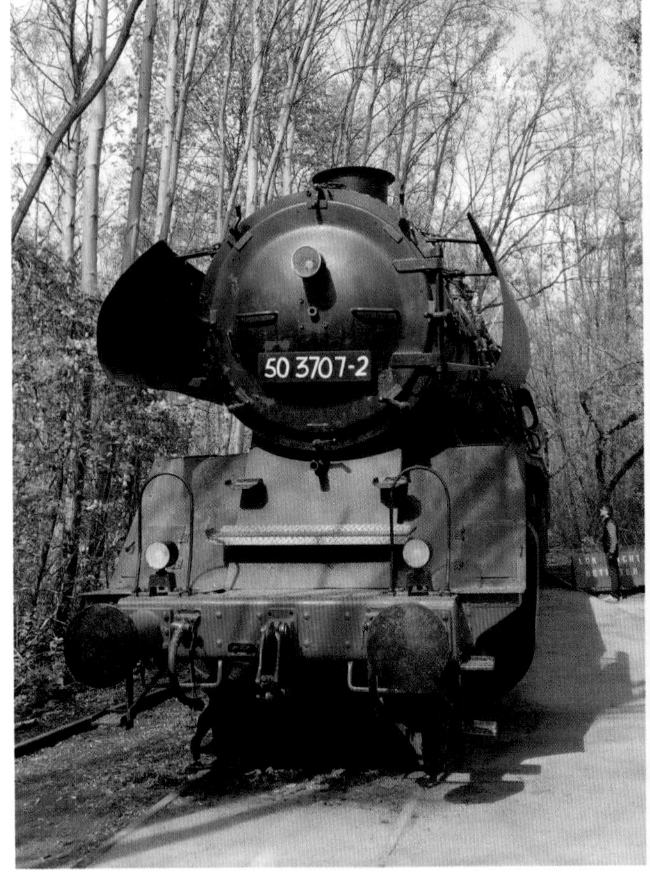

Muchos berlineses desconocen el Natur-Park-Südgelände, inaugurado en 1999, porque sus tres entradas no son muy evidentes. Al sur, la entrada principal es la más fácil de encontrar; se accede por el túnel de la estación de S-Bach Priesterweg.

El Natur-Park-Südgelände se construyó en el emplazamiento de una antigua estación de maniobras con talleres de reparación y mantenimiento. Hoy en día es una sorprendente reserva natural de 18 hectáreas. Es un placer deambular en medio de una naturaleza que ha recuperado sus derechos tras años de abandono y donde florecen cientos de especies de plantas y animales, 60 de ellas en peligro de extinción. Aquí y allá encontrará extrañas instalaciones artísticas e interesantes vestigios del pasado, como un impresionante castillo de agua de 50 metros de altura donde las locomotoras a vapor llenaban sus depósitos, una enorme plataforma giratoria que permitía a las locomotoras cambiar de dirección (véase pág. 258) y una espectacular locomotora de los años 1940.

En el apogeo del ferrocarril, toda la red ferroviaria prusiana se organizaba en forma de estrella alrededor de la capital. Berlín era entonces la unión de todas las líneas, y el tránsito entre las estaciones situadas en los puertos de la ciudad se efectuaba mediante el Ringbahn. Sin embargo, el mismo tren de mercancías incluía a veces vagones que transitaban por la capital hacia distintos destinos, de ahí la invención de las estaciones de maniobras, donde los trenes se reensamblaban según el destino de los vagones.

La estación de Tempelhof se creó en 1889 al norte del Prellerweg, donde convergían las líneas de las estaciones de Anhalt y de Dresde. Se amplió varias veces y con los años se convirtió en una de las oficinas de maniobras más importantes de Berlín. Tras la Segunda Guerra Mundial y la construcción del Muro de Berlín, fue perdiendo gradualmente su función. A principios de la década de 1980, cuando los planes para la remodelación del recinto estaban a punto de ver la luz, una iniciativa popular demostró que la naturaleza había recuperado terreno; decenas de especies en peligro de extinción encontraron refugio, y el espacio se protegió.

Hoy en día, encontrará el camino repleto de vallas metálicas, sujetas a unos tubos que se instalaron sobre los antiguos raíles. Esto permite a la flora crecer libremente y además favorece el flujo del agua de lluvia.

LA CASA NÚMERO 4 DE LA NIEDSTRAßE

18

Una fachada espectacular

Niedstraße 4, 12159 Berlín
S1 (Friedenau) / U9 (Friedrich-Wilhelm-Platz)

En el número 4 de la Niedstraße, encontramos la *Drachenhaus* («casa de los dragones»), un espectacular edificio que data de 1899. Su fachada está decorada con esculturas que nos invitan a disfrutar de la vida (la jarra de cerveza, la vid, el monje y su panza) si bien de una forma prudente (la lechuza y su espejo) para evitar las graves consecuencias (el dragón, el cuervo) de los excesos. Hermann Noak, una fundidora establecida dos años antes en Friedenau (actualmente en Charlottenburg) diseñó estas esculturas a partir de los bocetos de un artista anónimo. A ella se debe también la fundición de muchas obras importantes de Berlín.

Un enorme dragón alado del que crecen tréboles preside el saliente bajo las ventanas del segundo piso, que está sostenido por dos ménsulas en forma de gárgolas.

En el centro, un simpático monje barrigón, amante de la buena vida, sale de un barril marcado con el año de inauguración del edificio. Ya ha desaparecido, pero originalmente sostenía una jarra de cerveza en su mano izquierda, con el brazo extendido. Además, está rodeado de dos ramas de vid unidas entre sí con una cinta, de las que cuelgan una llave gigantesca y un par de zapatos.

A ambos lados del monje, hay dos pájaros enormes posados entre las hojas de vid. A la izquierda, hay un cuervo con una cuchara en el pico, evocando quizás el *Kinderalbum* del famoso pintor Adolph Menzel. El *Kinderalbum* es un libro de ilustraciones infantil en el que aparece el *Cuervo robando la cuchara de oro*. Al otro lado, una lechuza blande un espejo, refiriéndose quizás al saltimbanqui Eulenspiegel (literalmente «el espejo de la lechuza»).

Sobre la cabeza del monje, hay un fauno en cuclillas alrededor de un gran reloj de arena, al que señala. Aquí varía un poco el tema del fauno, ya que también puede representarse con dos alas y una aureola de 17 espigas de trigo. Por último, justo bajo las ventanas del frontón, verá la cabeza de un niño de unos 10 años, alado (como se representaba antes a los querubines), y con un lazo en el pelo. Este recuerda de manera un poco extraña la cara de la heroína de *Alicia en el país de las maravillas* tal como la imaginó Sir John Tenniel, reconocible por su prominente mentón.

La Niedstraße es comúnmente llamada la «milla literaria» (*Literaturmeile*) por la cantidad de escritores del siglo XX que vivieron aquí. Los más célebres fueron Erich Kästner (*Niedstraße* 5), Günter Grass (*Niedstraße 13*) y Uwe Johnson, que vivió en el número 14, donde también se fundó la legendaria Kommune I en 1967.

LAS PUERTAS DE ENTRADA DE LOS CECILIENGÄRTEN

(19)

Celebración estética del trabajo

Ceciliengärten 1–53, 12159 Berlín
S1 (Friedenau)

El barrio de los Ceciliengärten, construido entre 1923 y 1927 por Heinrich Lassen, es un conjunto prácticamente desconocido pero muy bonito, formado por una plaza, dos estatuas (ver a continuación), unas estupendas puertas de entrada y unos bajorrelieves muy interesantes con temática familiar y laboral.

Este complejo de los Ceciliengärten, protegido desde 1995, es sobre todo es un proyecto social.

Algunos de los medallones representan el trabajo de la tierra o niños que juegan, pero sobre todo escenifican diferentes medios de transporte como el barco o el tren. Estos recuerdan que una parte del complejo estaba destinada a las familias de los trabajadores del transporte público de la ciudad de Berlín (BVG).

Los Ceciliengärten se organizan alrededor de los propios jardines, protegidos desde 1977, y compuestos por un parque público de forma alargada rodeado de un camino bordeado de castaños de Indias. Al norte y al sur se encuentran respectivamente un estanque y una fuente con un zorro.

Todo parece estar hecho para resaltar las dos estatuas femeninas de Georg Kolbe que se enfrentan en el centro de la plaza. La primera alza los brazos hacia el cielo desperezándose después de una placentera noche de sueño, es por la mañana; los de la segunda, sin embargo, cuelgan pesadamente, representando el cansancio de la tarde y la fatiga de un día de trabajo.

Estas obras reinciden en la intención de los jardines, que es celebrar estética y arquitecturalmente el valor del trabajo.

Un taller de arte en una torre

Al sur, coronando la torre que sobresale ligeramente del portal, hay un octógono de cobre oxidado estilo secesión. Como reza una placa conmemorativa a la izquierda del arco de entrada, este taller se ideó para acoger a artistas, como el pintor socialista Hans Baluschek, venerado en la República de Weimar y que vivó aquí a título honorífico de 1929 a 1933.

Copias de las esculturas de Georg Kolbe en Barcelona

El patio del famoso Pabellón de Barcelona de Mies van der Rohe (1929), situado en la ciudad homónima, guarda una copia del *Matin* de Georg Kolbe que formó parte del círculo de pioneros de la arquitectura moderna.

TÚNEL EISACK

¿Por qué la línea U4 es tan corta?

Traegerstraße 5, 12159 Berlín
tunneltours.de/project/stillgelegt
Visitas guiadas sin reserva un fin de semana al mes, generalmente a las 9 h 30 y a las 15 h 30
22,50 euros
S41, 42 / U4 (Innsbrucker Platz)

En los planos del metro de Berlín, la línea U4, coloreada de amarillo claro, llama rápidamente la atención por lo corta que es. Solo atraviesa el barrio de Schöneberg, unos 3 kilómetros, desde la Inssbrucker Platz hasta la Nollendorfplatz, no muy lejos del KaDeWe.

Esta línea se inauguró en 1910, es decir, antes de la fundación del Gran Berlín en 1920. La comuna de Schöneberg, muy rica por aquel entonces, la diseñó y construyó estrictamente para estar al servicio de la población local. Por eso cuenta solo con cinco estaciones.

Es la primera línea comunal subterránea de Alemania, y operaba de manera autónoma sin posibilidad de cambio de línea. Tenía tanto mecánicos como un taller de mantenimiento propios, situado en los terrenos del actual Waldenburg-Oberschule.

En 1926, el taller quedó desfasado cuando la línea U4 se unió al resto de líneas. Cerró sus puertas unos años más tarde, en 1932.

Hasta esta fecha acogió trenes de la línea U4 para su mantenimiento y reparación, a través de un túnel de 400 metros desde la Inssbrucker platz. Hoy en día, este ya no se utiliza, pero el grupo Tunnel Tours organiza visitas guiadas, donde los apasionados de Berlín pueden viajar en el tiempo 100 años atrás y escuchar la historia del proyecto U4 y el desafío técnico que supuso.

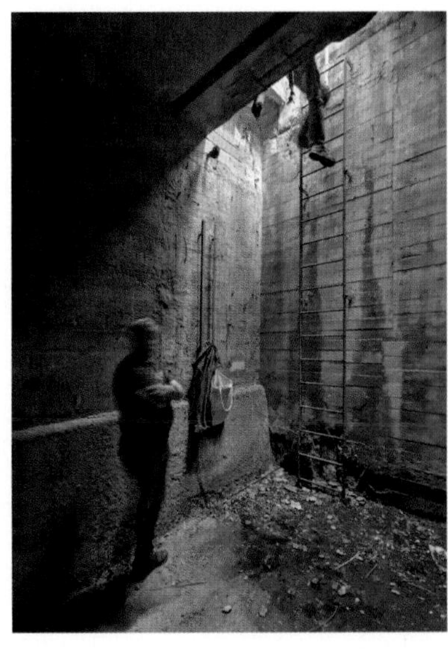

La visita dura unas dos horas. Comienza en el andén de la estación Innsbrucker Platz, antes de descender por el túnel propiamente dicho, que está a pocos metros a pie, por una escalera de unos diez metros de profundidad. Se proporcionan lámparas.

Con sus 26 líneas y sus casi 475 kilómetros de metro y de S-Bahn, la red berlinesa figura entre las más desarrolladas del mundo, después de Seúl (940 kilómetros) y Pekín (690 kilómetros).

TUMBA DE HEINRICH SACHS

21

«Cumple tu deber»

El cementerio III de Schöneberg
Stubenrauchstraße 43-45,
12161 Berlín
Todos los días: de 8 h a 18 h en verano y de 9 h a 17 h en invierno
S41, 42, 46 / U9 (Bundesplatz)

El acogedor cementerio de Schöneberg se encuentra en los números 43 y 45 de la Stubenrauchstraße. Era el antiguo cementerio de la comunidad rural de Friedenau y en su interior yacen Marlene Dietrich y el fotógrafo Helmut Newton. No muy lejos de ellos (lote 12), resulta curiosa por sus misteriosos relieves la tumba algo descuidada de un tal Heinrich Sachs (1858-1922).

Sachs, fundador de una exitosa farmacéutica, recibió a título honorífico el cargo de «consejero comercial secreto de Prusia» (*königliche preussische Kommerziengeheimrat*), que se otorgaba a los hombres de negocios más exitosos. El epitafio indica que también era caballero de varias órdenes. Sin duda así debe interpretarse la tumba realizada por su amigo, el artista Eberhard Encke, cuyos relieves evocan el renacimiento espiritual, un tema judeocristiano muy apreciado por la francmasonería.

Entre las columnas de un templo griego, cuyo frontón lleva la inscripción «*Cumple tu deber*», figuran dos relieves. El primero representa la destrucción del templo de Jerusalén, con un árbol muerto

a su derecha. El segundo muestra el templo reconstruido, rodeado de árboles abundantes y resplandecientes en la cima de una colina bañada por los rayos de un sol triangular, que simbolizan la santa Trinidad.

En la tradición francmasona, la destrucción del templo simboliza la ruptura de la alianza entre Dios y los hombres. En este caso, el artista interpreta este hecho histórico apoyándose en un episodio de los Evangelios (Marcos 11, 12-25), en el que Jesús maldice una higuera porque no da frutos y acto seguido el árbol se seca. Los relieves sugieren que Dios juzga a los hombres según sus obras, y que debemos reconstruir simbólicamente el templo cumpliendo nuestro deber en el ejercicio de nuestra espiritualidad. Por eso Sachs es un ejemplo en este sentido.

EN LOS ALREDEDORES

El columbario del Cementerio III de Schöneberg

Entre 1914 y 1916 se construyó un columbario de dos plantas (planta baja y sótano, al que se accede por dos escaleras) al fondo del cementerio, posiblemente diseñado por Hans Altmann. Al igual que el resto del cementerio, desprende una atmósfera muy romántica que invita al recogimiento espiritual. La planta baja tiene adornos en terracota de flores y salamandras (la salamandra es símbolo de fe persistente en la adversidad porque tiene fama de sobrevivir a las llamas).

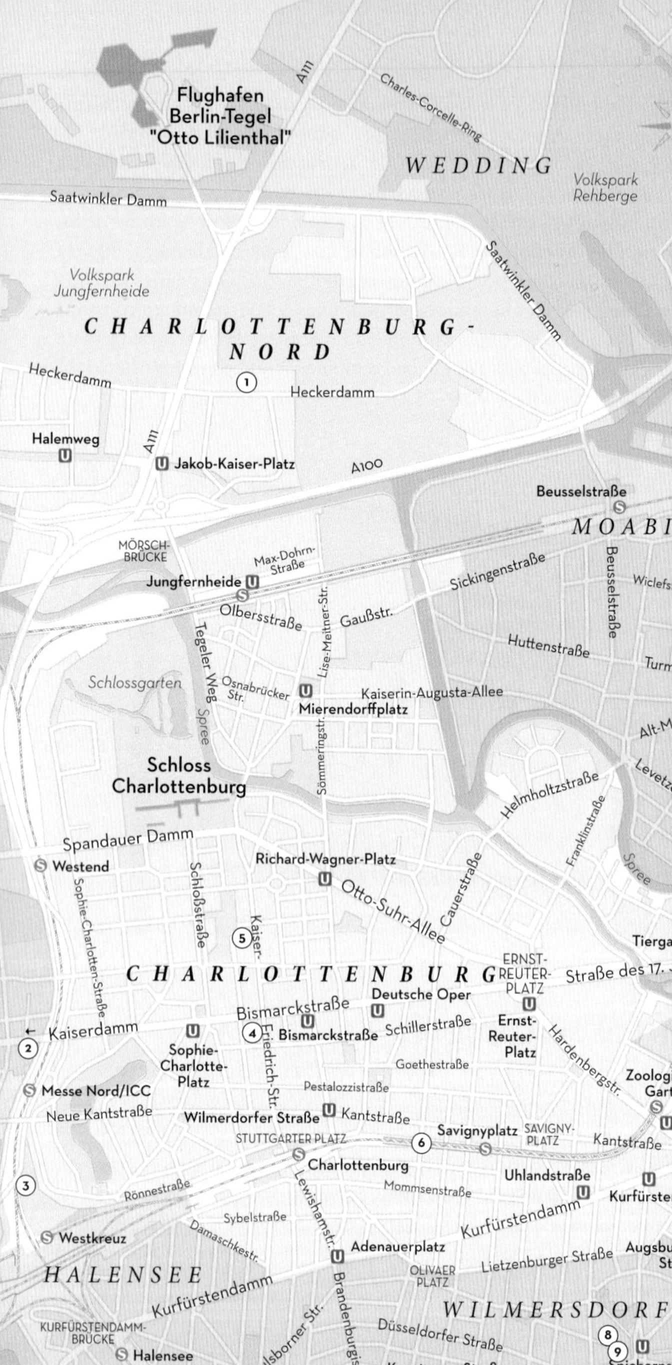

Flughafen
Berlin-Tegel
"Otto Lilienthal"
Charles-Corcelle-Ring
WEDDING
Volkspark
Rehberge
Saatwinkler Damm
Volkspark
Jungfernheide
CHARLOTTENBURG-
NORD
Heckerdamm
Heckerdamm
Halemweg
Jakob-Kaiser-Platz
A100
Beusselstraße
MOABIT
MÖRSCH-
BRÜCKE
Max-Dohrn-
Straße
Jungfernheide
Sickingenstraße
Beusselstraße
Olbersstraße
Gaußstr.
Huttenstraße
Tegeler Weg
Lise-Meitner-Str.
Schlossgarten
Osnabrücker
Str.
Kaiserin-Augusta-Allee
Mierendorffplatz
Spree
Schloss
Charlottenburg
Sömmeringstr.
Helmholtzstraße
Franklinstraße
Spandauer Damm
Westend
Richard-Wagner-Platz
Otto-Suhr-Allee
Cauerstraße
Schloßstraße
Sophie-Charlotten-Straße
Kaiser-
Tiergart
CHARLOTTENBURG
ERNST-
REUTER-
PLATZ
Straße des 17. Ju
Deutsche Oper
Bismarckstraße
Kaiserdamm
Bismarckstraße
Schillerstraße
Ernst-
Reuter-
Platz
Hardenbergstr.
Sophie-
Charlotte-
Platz
Friedrich-Str.
Goethestraße
Messe Nord/ICC
Pestalozzistraße
Neue Kantstraße
Wilmerdorfer Straße
Kantstraße
Savignyplatz
SAVIGNY-
PLATZ
Kantstraße
STUTTGARTER PLATZ
Charlottenburg
Uhlandstraße
Rönnestraße
Mommsenstraße
Kurfürstendamm
Sybelstraße
Lewishamstr.
Westkreuz
Damaschkestr.
Adenauerplatz
Lietzenburger Straße
HALENSEE
OLIVAER
PLATZ
Kurfürstendamm
WILMERSDORF
KURFÜRSTENDAMM-
BRÜCKE
Paulsborner Str.
Brandenburgische
Düsseldorfer Straße
Halensee
Konstanzer Straße
Spichernstr
0
500
1000 m

Charlottenburg - Wilmersdorf Norte

LA *DANZA MACABRA* DE ALFRED HRDLICKA

①

Una danza mortuoria

Gedenkkirche der ev. Gemeinde
Heckerdamm 226, 13627 Berlín
Lunes de 10h a 12h; jueves de 10 h a 12 h y de 16 h a 18h
U7 (Jakob-Kaiser-Platz)

Al artista austriaco Alfred Hrdlicka (1928-2009) debemos la *Plötzenseer Totentanz* de la iglesia protestante de Gedenkkirche, al norte de Charlottenburg que dibujó entre 1965 y 1972, a lápiz, carboncillo, tiza y sanguina sobre 16 paneles de madera de 3,5 metros de alto y algo más de un metro de ancho. En ellos se reconocen fácilmente los barracones de la cárcel de Plötzensee donde los nazis ejecutaron a cerca de 2900 personas, algunas sin siquiera haber sido condenadas.

En una sola noche, llamada la «Noche sangrienta de Plötzensee», bajo un aluvión de bombas aliadas, colgaron a 186 prisioneros en ganchos de carnicero. Entre ellos estaba el célebre pianista Karlrobert Kreiten, al que habían denunciado por hacer una broma sobre Hitler.

Aunque los paneles no traten únicamente de los asesinatos de los nazis,

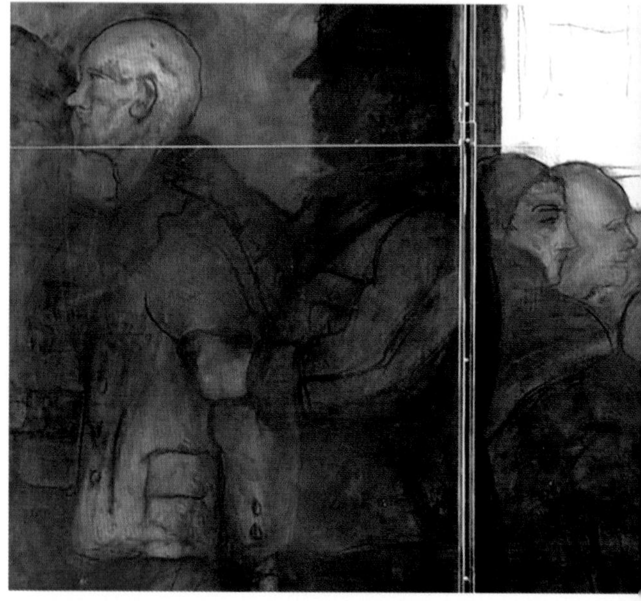

al fondo se representan los muros del lugar de ejecución, reconocibles por las ventanas arqueadas y los ganchos de carnicero.

El artista recupera aquí el tema medieval de la danza macabra, presente desde el siglo XV en representaciones artísticas donde la muerte con forma de esqueleto sacaba a bailar a los personajes por última vez.

Hrdlicka se inspira en ello para ilustrar, además de los brutales crímenes de los nazis, otras muertes violentas del siglo XX como la de un manifestante (Benno Ohnesorg) o la de un boxeador en el ring (Sonny Banks).

Además, el artista evita caer en la representación tradicional sustituyendo a la joven que suele acompañar a la muerte (motivo recurrente de la danza macabra) por una prostituta... tomando esta última la iniciativa e intentando seducir al esqueleto.

La disposición de los bancos de la iglesia tampoco es común, pues rodean el altar, colocado en el centro.

A unos 10 minutos a pie, puede visitar la antigua sala de ejecución de Plötzensee (página web: gedenkstaette-ploetzensee.de).

LOS TRES GLOBOS DE LA HEERSTRAßE

②

La francmasonería a la vista de todos

La Gran Logia Madre nacional «Los Tres Globos»
Heerstraße 28, 14052 Berlín
0 30 / 3042806
U2 (Theodor-Heuss-Platz)

En el número 28 de la Heerstraße, las esferas doradas colocadas en triángulo a la entrada de la casa despertarán la curiosidad de cualquiera que pase por allí. Su presencia indica que aquí está la sede de los francmasones de la Gran Logia Madre Nacional «Los Tres Globos».

Federico el Grande instauró la francmasonería en Berlín. Para oponerse a su padre misántropo –Federico Guillermo I de Prusia, el «rey soldado», quien rechazaba cualquier forma de espiritualidad y no dudaba en tirar por tierra a sus contemporáneos–, Federico II se convirtió en masón en Brunswick y luego fundó al fallecer su padre en 1740 la primera logia de francmasones de Berlín («La Primera Logia»), en medio del nuevo patio de Charlottenburg.

Pertenecía a la alta nobleza y no admitía que cortesanos nobles ocuparan altos cargos. Permitió a su consejero y amigo, Charles Étienne Jordan, también funcionario y jefe de la policía de Berlín, fundar la logia de la ciudad «Los Tres Globos» que unía a burgueses y aristócratas y que hoy en día sigue existiendo como la Gran Logia Madre Nacional.

La simbología de los tres globos viene de la profunda erudición filosófica de Federico el Grande, que mantenía correspondencia con intelectuales muy reputados como Voltaire, Mupertuis y d'Alembert, a quienes invitaba a menudo a su patio. El soberano veía en los tres globos «un globo celeste, un globo terrestre y una esfera armilar». Para saber más sobre este tema, puede reservar una visita por teléfono (léase unas líneas más abajo).

Un museo de la francmasonería

En la Gran Logia Madre Nacional «Los Tres Globos» hay un museo dedicado a la francmasonería. Sólo se puede visitar mediante visita guiada con reserva previa, lo que es buena ocasión para preguntar todo acerca de los francmasones.

MONUMENTO EN HONOR A LOS MOTOCICLISTAS ③

Un recuerdo del legendario circuito del AVUS

Halenseestraße 40, 14055 Berlín
S3, 5, 7, 9, 41, 42, 46 (Westkreuz)

Perdido en una isleta en medio de la carretera hay un monumento único en el mundo. Representa a dos pilotos en sus motos en

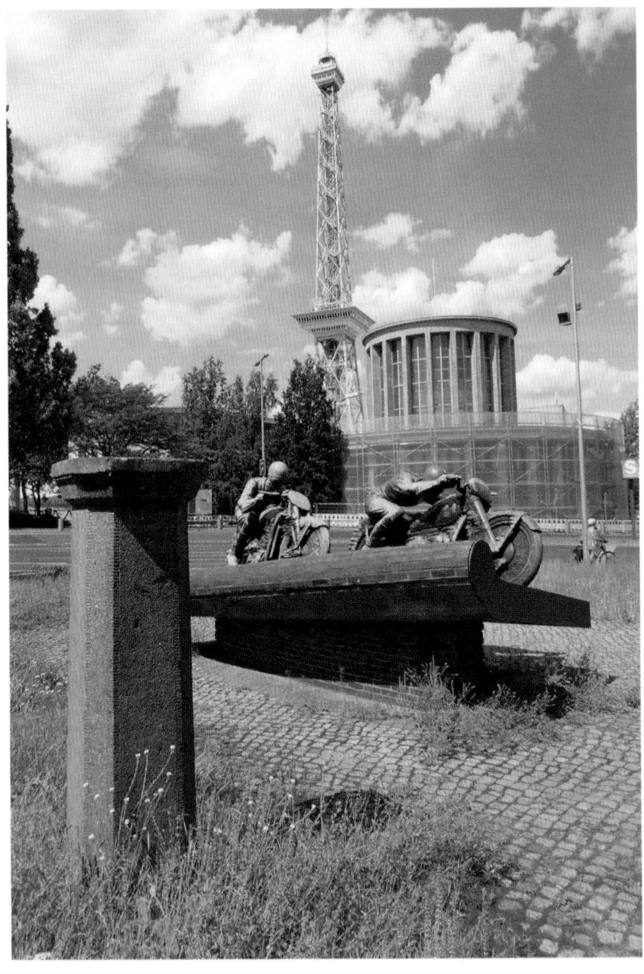

posición de carrera. Colocado en el lugar precioso de la antigua curva norte, muy inclinada, del legendario circuito de Avus, representa a los pilotos Ernst Henne en una BMW y Ewald Kluge en una DKW. Falta Heiner Fleischmann en su NSU que sin embargo figuraba en los planos originales. No se sabe nada de dónde puede estar.

Diseñado en 1938-39 por Max Esser (1885-1943) la escultura que no pudo exponerse por la guerra también tiene interés artístico, pues es el único grupo esculpido futurista de Berlín que ha sobrevivido hasta nuestros días.

El movimiento futurista era una de las corrientes artísticas modernistas proscritas por los nazis. Solo el entusiasmo de los alemanes por las carreras de velocidad de los años 1930 permitió al monumento escapar del veto sistemático de la dictadura del arte oficial ario. Dos de las tres esculturas originales sobrevivieron en la fundición Noack y fueron colocadas aquí en 1989.

La escultura se montó en una parte de revestimiento original del famoso plan inclinado de AVUS.

La columna de granito que está justo al lado de la escultura salió de un edificio que estaba a la entrada del circuito.

Si las competiciones de coches han eclipsado las carreras de motos del AVUS (*Automobil-Verkehrs- und Übungsstraße*, literalmente «calle de ejercicio y de circulación de automóviles»), ellas también tuvieron su edad de oro entre 1922 y 1939. El 19 de septiembre de 1929, Ernst Jakob Henne (1904-2005), el primero de los dos famosos pilotos inmortalizados por Esser, se convirtió manejando su BMW WR 750 en el hombre más rápido del mundo sobre dos ruedas en recorrer una milla desde una salida rodada: 216,75 km/h. Entre 1929 y 1937 batió siete récords del mundo de velocidad. El último, el 28 de noviembre de 1937 con 279,5 km/h en una BMW 500. Mantuvo el récord casi 14 años, hasta que Wilhelm Herz lo ganó en abril de 1951. Henne se había retirado de la competición después de su último récord.
Cuando acabó la guerra, tuvieron lugar nuevas carreras a partir de 1951 en el circuito de AVUS. La era del deporte motociclista del AVUS tuvo su fin en 1966 (1999 para las carreras de coches).

GALERÍA ARQUEOLOGÍA SANITARIA

④

¡Báñate en casa!

Kaiser-Friedrich-Straße 35, 10627 Berlín
Visitas guiadas máximo de 10 personas
Reservar en info@schwarzwaelder-gmbh.de
U2, 7 (Bismarckstraße)

En el escaparate de una tienda de sanitarios, resulta muy curioso un pequeño panel que reza «Galería de Arqueología Sanitaria». Peter Schwarzwälder, fontanero, actual propietario y nieto del fundador de la empresa, explica riéndose: «No hacemos excavaciones arqueológicas pero encontramos muchas cosas que merece la pena conservar».

Las estrechas habitaciones que componen su pequeño y singular museo tienen el tamaño de un cuarto de baño. La visita comienza con unos lavabos, pequeños depósitos de agua montados en la pared con grifos que se remontan a una época en la que todavía no había sistema de abastecimiento de agua y en la que había que ir a buscarla a fuentes, a la bomba, al arroyo o al río. Anteriormente, los primeros baños portátiles podían alquilarse a portadores; bañarse era un lujo al alcance de pocos. La joya de la colección es la bañera balancín Dittman, una bañera en forma de coma, elevada por un lado y montada sobre una base de madera. Quien se bañara podía mecerse como en una mecedora para producir pequeñas olas. «¡Báñate en casa!» así era el eslogan la empresa que fabricó esta bañera de hidromasaje a partir de 1894 hasta los años 1930, permitiendo economizar una excursión a la playa y disfrutar de los beneficios de las olas a domicilio. Una sala entera se consagra al ingeniero Hugo Junkers, que introdujo los calentadores de agua y las calderas de gas para calefacción, además de ser pionero en la construcción aeronáutica. Para concluir esta hora de visita que ha pasado rapidísima, Peter Schwarzwälder explica el funcionamiento de la sauna Kreuz como si él mismo hubiera probado este improbable aparato.

Después de la visita, no mirará de la misma forma a su cuarto de baño ni a su calentador de gas.

EN LOS ALREDEDORES

Edificio de la Kaiser-Friedrich-Straße 17 (5)

Kaiser-Friedrich-Straße 17, 10627 Berlín
U7 (Richard-Wagner-Platz)

A menudo se puede pasar por delante del edificio del número 17 de la Kaiser-Friedrich-Straße sin darse cuenta de lo especial que es. Su fachada está salpicada de decenas de escenas talladas en un marco cuadrado. Entre otros personajes, hay un león, una mujer tocando el arpa, diferentes animales y querubines, una serpiente enroscada en sí misma, una llave…

Es difícil encontrar una coherencia a este conjunto, aunque varias figuras se refieran a símbolos francmasones y espirituales: un oso que sostiene una escuadra y un compás, un apretón de manos que recuerda el saludo francmasón, un caballo alado (símbolo del despertar espiritual) …

LOS AGUJEROS DE LOS PILARES DEL PUENTE DE LA LEIBNIZSTRAßE ⑥

Como si fuera mantequilla

Leibnizstraße 68, 10625 Berlín
S3, 5, 7, 9 (Savignyplatz)

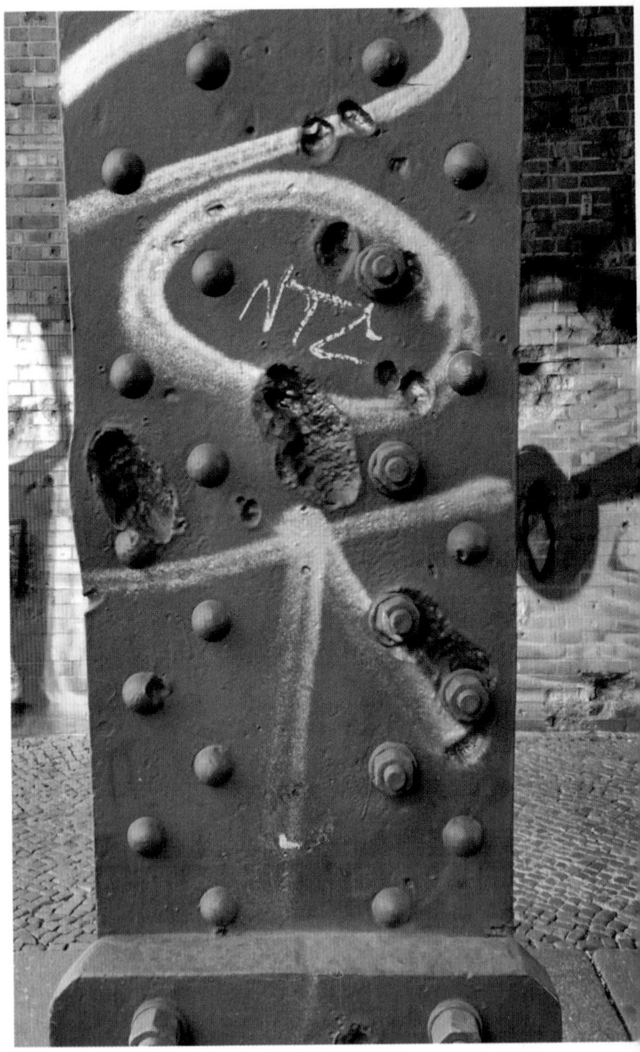

En la Leibnizstraße, a la altura del puente de S-Bahn, no hay nada en particular. Sin embargo, al mirar con atención los pilares del puente a ambos lados de la calle, se pueden apreciar agujeros en la estructura metálica.

En la Batalla de Berlín, durante los últimos días de la Segunda Guerra Mundial, cuando los ejércitos ruso y polaco ya había rodeado prácticamente la capital, las tropas americanas, que eran inferiores en número, esperaban en el Elbe. Berlín ya estaba perdido pero debido al juramento que hicieron al *Führer* muchos soldados de la *Wehrmacht* y de la *Volkssturm* (milicia nacional alemana creada en el último momento) seguían combatiendo desesperadamente.

El 30 de abril, Hitler se suicida de un disparo mientras las tropas alemanas trataban de escapar para no acabar prisioneros en la Unión Soviética. Otto von Sydow era *Generalmajor* de la Armada del aire y titular de la Cruz de Caballero de la Cruz de Hierro del III Reich, además de Kommandeur de la 1. ª división de la Flak (DCA) del búnker y refugio antiaéreo del zoo de Berlín. En la huida, dirige lo que queda de la división de tanques de Müncheberg desde el zoo hasta Spandau. Pasan por la Kantstraße y siguen los raíles y túneles del metro. Después de los combates encarnizados por recuperar el famoso puente, el 3 de mayo consiguen atravesar el Havel. Una de las consecuencias de esta fuga son los impactos de bala del puente de la Leibnizstraße.

El cañón más poderoso de la DCA alemana era el Pak 43 de 88 mm, que es el que hizo el agujero más importante del puente. Los proyectiles (APCR) lanzados por estos cañones eran munición antiblindaje cinética, provista de un fluido propelente más eficaz que el de los cañones antiaéreos, que hacían su núcleo más duro y denso. La velocidad de salida del cañón era de más de 1000 metros por segundo. Eran algo así como una clavadora neumática llegando a perforar chapas de acero de hasta 23 centímetros de grosor. Cuanto más cerca estuviesen los tiradores de su objetivo, mayor era la capacidad de penetración de estos proyectiles.

Alguien había escrito aquí: «¡No lo olvidéis nunca!» para recordarnos la violencia de los combates, pero cubrieron la inscripción cuando se renovó el puente.

EL RELOJ DE BINNINGER

(7)

Un tipo de reloj algo particular

Budapester Straße 45,
10787 Berlín
U1, 2, 3 (Wittenbergplatz)

Con sus curvas redondeadas y sus colores vivos, el sorprendente reloj de la esquina del Europacenter, por el lado del zoo, no es un icono del *pop art* caído en el olvido o un instrumento para comunicarse con extraterrestres de la película *Encuentros en la tercera fase*.

Este reloj (claro que es un reloj) es un diseño de 1970 que en la Alemania de entonces llamarían *softline* por su lámpara redonda en la

parte superior que se enciende y se apaga por cada segundo que pasa, por no hablar de las filas de luces que la siguen.

Para saber qué hora marca, hay que sumar las señales luminosas de esta forma: arriba, en la primera fila, cada una de las cuatro zonas luminosas representa cinco horas transcurridas, mientras que cada zona de la segunda fila cuenta como una hora. En la tercera fila, cada una de las 11 barras indican que han transcurrido cinco minutos, y de nuevo cada rectángulo de la última barra abajo equivale a un minuto. Entonces si tenemos como en esta foto, 2 / 3 // 8 / 3 zonas iluminadas, el reloj marca 13 horas (2 x 5 + 3) y 43 minutos (8 x 5 + 3). Los segundos parpadean arriba del todo, pero no se tienen en cuenta.

Según el panel explicativo, el reloj funciona basándose en la teoría de conjuntos... Pero el sistema que se esconde detrás de esos cálculos no tiene mucho que ver con esta célebre teoría, que considera una construcción de todas las herramientas matemáticas (números, funciones, relaciones...) a partir de la noción primitiva de pertenencia a un conjunto.

Es fácil caer en la comparación, ya que en la primera y tercera filas las horas y los minutos están agrupados (y así matemáticamente hablando forman conjuntos), pero la comparación pierde el sentido, ya que el único concepto en juego es el de suma. Así que este reloj misterioso no es en el fondo más que una especie de ábaco.

Inicialmente, el reloj fue un reclamo publicitario de Dieter Binninger, relojero de Eppertshausen en Hesse. Debía llamar la atención y publicitar el proyecto de un inusual reloj de pulsera. Binninger regaló su «Reloj de Berlín» a Charlottenburg en 1975, donde permaneció frente al Europacenter y la iglesia del recuerdo de Kaiser-Wilhelm hasta 1995. En cuanto al reloj de pulsera de Binninger, nunca se comercializó por los altos costes de desarrollo del microprocesador. Sin embargo, sí que salió al mercado una versión «de mesa» de este reloj y que está disponible actualmente.

En tiempos de las lámparas incandescentes, el gran «Reloj de Berlín» era un monstruo «electrívoro» que costaba una fortuna. Cada año, debido a las vibraciones del tráfico, también había que cambiar las bombillas con un elevador, algo que obviamente no resultaba muy económico para Binninger... En 1991, este falleció en un accidente aéreo y la ciudad de Berlín se ocupó de su mantenimiento hasta 1995. Luego se desmontó para ahorrar antes de ser reinstalado en 1996 gracias a empresarios que continúan patrocinándolo.

FACHADA DEL EDIFICIO DE LA PARISER STRAẞE 61 ⑧

Jugendstil *egipcio*

Pariser Straße 61, 10719 Berlín
U2, 3, 9 (Sprichernstraße)

En el número 61 de la Pariser Straße, en Wilmersdorf, la increíble fachada modernista del edificio construido en 1904 por Gustav Bähr y Otto Jaegeler impacta por sus ricos detalles de temática mística egipcia.

Sobre las dos puertas de entrada de estilo morisco hay un águila con las alas desplegadas que nos remite al sol alado, símbolo de poder divino. Este figura sobre la puerta de varios templos egipcios, con la diferencia de que aquí el águila está mirando hacia abajo, apuntando a la inscripción que hay entre las dos puertas: «SALVE» (salvación).

En la cornisa del portón está Isis, diosa egipcia de la resurrección. Lleva en la mano izquierda el *anj* egipcio, la cruz ansada, símbolo de la vida eterna. Representada al modo de la Pitia del oráculo de Delfos, respira el humo de las hierbas sagradas quemadas que emanan de un trípode y que alimentan sus visiones. Al otro lado se sumerge un ramo de flores de loto en un jarrón, símbolo del sol y de la vida en constante renacimiento, ya que se abren cada mañana y se vuelven a cerrar por la noche. Los frisos de los balcones del segundo piso y algunos capiteles también están decorados con flores de loto.

Sobre las ventanas de la primera planta, dos cuadros representan a niños con peinados típicos egipcios. A la izquierda, dos adolescentes caminan, acompañados de una fiera domesticada; a la derecha, dos niños se bañan cerca de una familia recostada en la orilla y llevando un jarrón. Un piso más arriba hay cuatro escenas de danza. Los orioles están coronados de capiteles decorados con rostros femeninos, parecidos a los que encontramos en varios sarcófagos egipcios, cuya espesa cabellera está cubierta de una diadema en largas trenzas cilíndricas a ambos lados de la cabeza que les bajan hasta el pecho.

La magnífica entrada del edificio (visible a través de las cristaleras de la entrada) está recubierta de ladrillos azules laminados rodeando los jeroglíficos sobre un fondo blanco.

EN LOS ALREDEDORES

Il magnolio dorado de la Pariser Straße 4 ⑨

Enfrente casi, en el número 4 de la Pariser Straße 4, se encuentra una de las fachadas más bonitas de la capital, decorada con un gran magnolio con flores doradas. Bajo las ventanas del primer piso, los orioles presentan relieves con cuatro especies de árboles frutales acompañados de varios animales. Un poco más arriba, hay vides entrelazadas alrededor de un escudo con flores.

LAS VIDRIERAS DE LA IGLESIA DE LA HOHENZOLLERNPLATZ

10

Extraordinario juego de luces

Nassauische Straße 66-67, 10717 Berlín
Martes y jueves de 14 h a 18 h; miércoles y viernes de 11 h a 13 h; sábados de 13 h a 15 h y en la celebración de oficios religiosos
Misa cantada todos los sábados a las doce de la mañana
U2, 3 (Hohenzollernplatz)

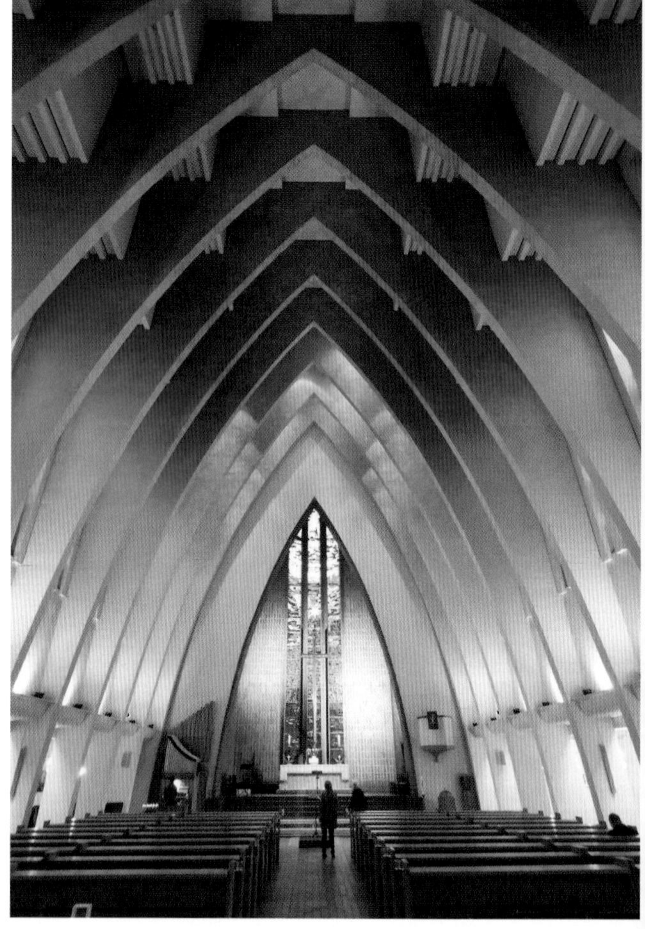

Erigida entre 1930 y 1933 siguiendo los planos de Ossip Klarwein, colaborador del célebre arquitecto alemán Fritz Höger, la Kirche am Hohenzollernplatz («Iglesia de la Hohenzollernplatz») no es un secreto en sí con su campanario de 66 metros de alto. Pero aparte de los feligreses, ¿quién ha visitado este excepcional interior?

La iglesia es uno de los ejemplos más interesantes de arquitectura expresionista en Berlín.

Un bonito ejemplo de Backsteinexpressionismus o «Expresionismo de ladrillo», un estilo arquitectónico típico del norte de Alemania con Höger como principal representante, la iglesia guarda un interior de 40 metros de ancho y 20 metros de alto donde se alinean 13 arcos ojivales construidos en cemento armado, uno de los materiales más utilizados por Höger y por el expresionismo arquitectónico alemán.

La luminosidad que penetra por los ventanales laterales y la inmensa vidriera que hay tras del altar produce un efecto muy especial. En la superficie clara de los arcos de cemento se reflejan tonos amarillos, rojos y azules que contribuyen a la atmósfera mística del lugar.

No obstante, este extraordinario juego de luces y sombras no existía cuando se levantó el edificio en los años 1930. El 22 de noviembre de 1943, la Kirche am Hohenzollernplatz resultó muy dañada en un bombardeo aéreo aliado. Además, desencadenó un incendio que afectó al órgano original, los frescos y las pinturas. Después de la guerra, la iglesia se reconstruyó y desde 1966 forma parte del patrimonio.

En los años 1990-91, el artista alemán Achim Freyer realizó estas maravillosas vidrieras en el marco de una profunda renovación.

Cada sábado al mediodía, durante el *Noonsong*, un coro profesional canta la misa.

Kurt-Schumacher-Platz
Franz-Neumann-Platz
N
Holländerstraße
Residenzstraße
Markstraße
Afrikanische Straße
Müllerstr.
Dubliner Straße
Bristolstr.
Barfusstr.
Osloer Straße
Schillerpark
NACHTIGAL-PLATZ
Rehberge
Edinburger Straße
Ungarnstraße
Afrikanische Straße
WEDDING
Seestraße
Reinickendorfer Straße
Nauener Platz
Seestraße
Togostraße
LEOPOLD-PLATZ
Volkspark Rehberge
Transvaalstraße
Müllerstr.
Leopoldplatz
Brüsseler Str.
Amrumer Str.
Luxemburger Str.
Seestraße
Saatwinkler Damm
Humboldth
Wedding
Reinickendorfer Straße
Amrumer Straße
Föhrer Str.
Chausseestraße
Lynarstraße
Friedrich-Krause-Ufer
LUDWIG-HOFFMANN-BRÜCKE
Westhafen
Boyenstr.
Beusselstraße
Quitzowstraße
Perleberger Straße
Heidestraße
Birkenstraße
Sickingenstraße
Birkenstraße
Lehrter Straße
Scharnhorststraße
Wiclefstraße
Rathenower Straße
Fritz-Schloß-Park
MOABIT
Beusselstraße
Stromstraße
Huttenstraße
Turmstraße
Seydlitzstraße
MITT
Turmstraße
Invalidenstraße
Hauptbahnh
Turmstraße
Alt-Moabit
Alt-Moabit
LESSING-BRÜCKE
Berlin Hauptbahnho
Helmholtzstr.
Levetzowstraße
Paulstraße
Bellevue
Franklinstraße
Hansaplatz
Spree
Altonaer Str.
Brandenburger T
Straße des 17. Juni
Tiergarten
Straße des 17. Juni
TIERGARTEN
Ernst-Reuter-Platz
Hofjägerallee
Tiergartenstraße
Potsd Pl
Hardenbergstr.
Zoologischer Garten
SAVIGNY-PLATZ
Kantstraße
Budapester Straße
Reichpietschufer
Linkstraße
Savignyplatz
LÜTZOW-PLATZ
Lützowstraße
Kurfürstendamm
Kurfürstenstraße
Potsdamer Straße
Mendelssohn-Bartholdy-Park
Uhlandstraße
Augsburger Straße
Wittenbergplatz
Kurfürstenstraße
Gleisdreie
Lietzenburger Str.
Nollendorfplatz
Kurfürstenstr.
WILMERSDORF
0
500
1000

Wedding - Moabit - Tiergarten

LA DUNA DE WEDDING ①

Una duna de arena secreta

Scharnweberstraße 158, 13405 Berlín
bgmitte@nabu-berlin.de
Duna visible desde el parking de la tienda de bricolaje de al lado, o reservando por mail
U6 (Afrikanische Straße ou Kurt-Schumacher-Platz)

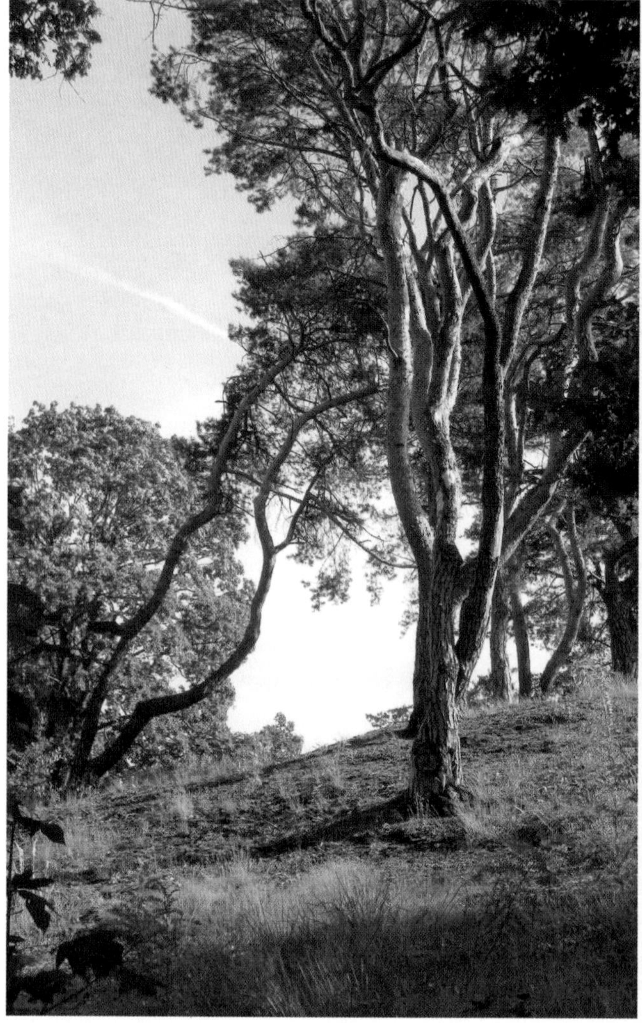

Donde está el SUZ y sus jardines educativos, al borde del parque Rehberge, hay una asombrosa duna secreta que puede visitarse si se reserva previamente.

Toma su nombre del río Vístula y se formó hacia el final de la era glacial conocida como *weichseliana* o *vistuliana*. Cuando los últimos glaciares de esta era se retiraron hace unos 12 000 años, dejaron grandes extensiones de laderas de pedregal, morrenas y bancos de arena. La vegetación fue estableciéndose gradualmente, mientras el viento iba trasladando la arena sin obstáculos, esparciéndola ampliamente alrededor y acumulándola para formar dunas.

A lo largo de milenios, la mano del hombre ha densificado la cubierta vegetal plantando setos para proteger los prados y campos. En el siglo XVIII se establecieron plantaciones sistemáticas de dunas al mismo tiempo que la extracción de arena reducía el número de dunas interiores.

Afortunadamente, los planes para la urbanización Friedrich-Ebert-Siedlung de 1929, que iba a construirse en este lugar, no se materializaron. La duna de Wedding permaneció intacta hasta que se integró parcialmente en 1950 en la escuela de jardinería. En 1976, la zona se reconoció como paraje natural protegido, antes de que a finales de la década de 1980 se estableciera un plan integral de mantenimiento y desarrollo.

En 2002, la duna de Wedding recibió protección adicional y en 2012 se eliminó la vegetación atípica constituida por zarzas y hayas. Solo se han salvado las especies vegetales originales de las dunas, como pinos silvestres y robles. Gracias al incansable compromiso de la Asociación Alemana para la Conversación de la Naturaleza (NABU) en Berlín, la duna ha ido recuperando poco a poco su aspecto original. Ahora se eliminan continuamente las especies invasoras y la capa de humus, que llega a tener 40 centímetros de espesor y que también se está erosionando.

Desde el parking de la tienda de bricolaje de al lado se puede echar un vistazo a la duna, pero para ver más de cerca el más antiguo montículo de arena de la Edad de Hielo de Berlín, también puede inscribirse como voluntario para mantener la duna con el grupo NABU de Berlín-Mitte.

BAJORRELIEVE DE UNAS TERMAS ②

El recuerdo de los baños que dieron su nombre al barrio

Badstraße 38–39, 13357 Berlín
U8 (Pankstraße)

En la esquina del Badstraße y la Travemünder Straße, un discreto bajorrelieve decora el piso superior de la fachada oeste de la casa. Representa un pabellón con techo en forma de pagoda en el que está inscrito en latín *In fonte salus* («Salud y bienestar en primavera») y que recuerda la existencia de un pabellón que albergó las antiguas aguas termales que anteriormente dieron su nombre al barrio.

Si atraviesa el pasaje cubierto del número 39, descubrirá también el antiguo balneario que ahora acoge la biblioteca central del distrito. En el interior no quedan restos especialmente interesantes, pero se han conservado las bellas fachadas exteriores.

A mediados del siglo XVIII se descubrió un manantial mineral cuya agua tenía excelentes propiedades, de acuerdo con los análisis del famoso químico berlinés Andreas Sigismund Marggraf (1709-1782), que fue también el inventor del azúcar de remolacha.

El rey Federico II, gran amante de las curas de salud (iba todos los años a Pyrmont a tomar las aguas), no podía sino dar su bendición al proyecto de un balneario berlinés, tras haber hecho confirmar el análisis de Marggraf del Obercollegium Medicum de Berlín.

Fue así como el farmacéutico de la corte, Heinrich Wilheim Behm (1708-1780) obtuvo en 1751 la autorización de edificar unas termas donde disfrutar de las virtudes de esta agua bebiéndola o bañándose. Behm se puso rápidamente manos a la obra. El manantial se encerró en un muro de ladrillo, y luego se cubrió con un bonito pabellón cuya réplica de la fachada es particularmente fiel. Alrededor de la fuente también se dispusieron jardines con edificios dedicados al baño. Entre los visitantes había personas que sufrían reumatismo y enfermedades oculares. En 1799, Luise, la joven reina prusiana, honró los baños con su presencia. En su honor, los baños pasaron a llamarse Luisenbad.

El establecimiento aún gozaba de un éxito considerable a mediados del siglo XIX.

Al igual que ocurría en los grandes balnearios, muchos de sus visitantes deseaban simplemente entretenerse alrededor de la Badstraße, con lo que se establecieron posadas, cafés-danza y casinos.

En 1888, la construcción de un oleoducto destruyó el manantial tan beneficioso. A pesar de todos los intentos por recuperarlo, no se hizo nada.

Los baños de la Badstraße (*bad* significa «baño») dieron su nombre al barrio de Gesundbrunnen («Fuente de salud») y a la Brunnenstraße («Calle de la Fuente»).

EL REFUGIO ANTIAÉREO DEL ANTI-KRIEGS-MUSEUM

③

Revivir los bombardeos

Brüsseler Straße 21, 13353 Berlín
0 30 / 45 49 01 10
anti-kriegs-museum.de
Todos los días de 16 h a 20 h
Entrada libre
U9 (Amrumer Straße)

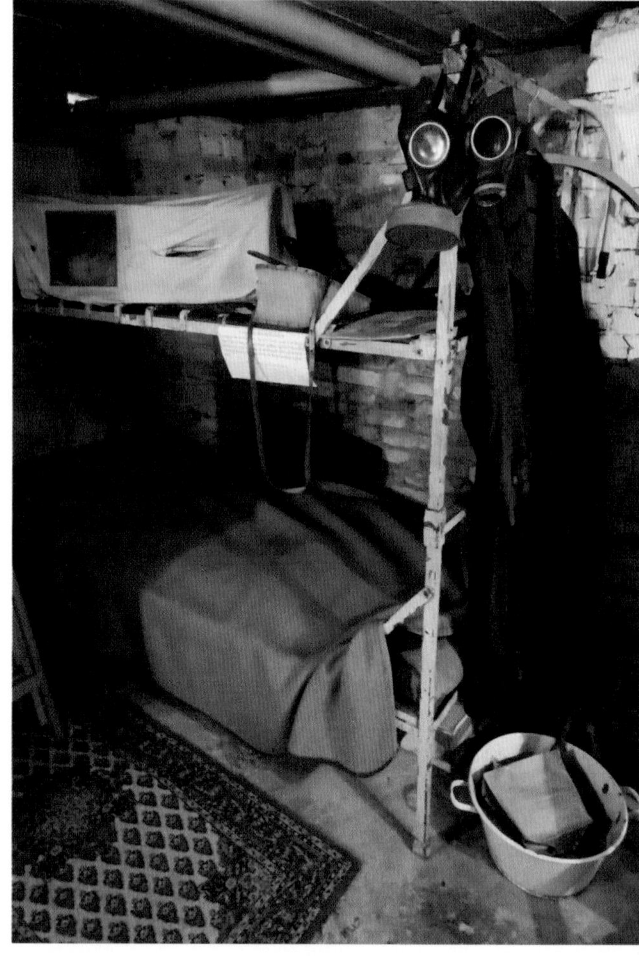

Fundado en 1925 por el pacifista anarquista Ernst Friedrich, el *Anti-Kriegs-Museum* («museo contra la guerra») nace de su necesidad de denunciar los horrores de los conflictos armados, en particular de la Primera Guerra Mundial. En 1933, la colección del museo, situado en el 29 Parochialstraße, fue destruido por las tropas de asalto del partido nazi. Friedrich estuvo condenado a siete meses de cárcel y posteriormente fue obligado a abandonar Alemania. Reabierto en 1982 por un grupo de profesores, entre ellos Tommy Spree, el sobrino de Ernst Friedrich, el «museo contra la guerra» se encuentra desde 1998 en Wedding. La exposición incluye fotografías, objetos y documentos que dan testimonio de la violencia de las dos guerras mundiales.

En el sótano podrá visitar un verdadero refugio antiaéreo de la Segunda Guerra Mundial. En un rincón hay una litera de aquella época con dos máscaras de gas colgando de ella y una larga gabardina de cuero. En la cama de arriba hay una cuna antigua que en tiempos de guerra servía para proteger a los bebés de los ataques aéreos. También encontrará una fila de sillas alineadas contra la pared y un estante que sostiene distintos objetos como un farol, una fotografía de mujeres y niños en un refugio antiaéreo y dos cascos oxidados. Una radio que transmite la alarma de un bombardeo inminente completa el ambiente realista.

La puerta de madera adosada en la pared resulta particularmente interesante, puesto que antes pertenecía a un refugio antiaéreo del barrio de Neukölln. Si la observa atentamente, podrá descubrir las fechas escritas a bolígrafo que la recubren. Durante los bombardeos de 1945, una berlinesa la utilizaba para contabilizar el número de días pasados bajo tierra. La última fecha escrita es justo el 20 de abril de 1945, el día que el Ejército Rojo entró en la capital alemana.

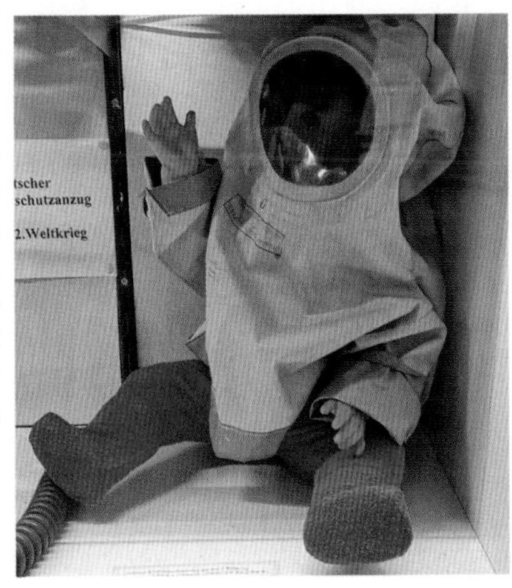

Otro elemento característico de estos lugares es la *Luftschutz Apotheke* («Farmacia del refugio antiaéreo»), un armario en la pared con medicamentos y un kit de primeros auxilios de la Segunda Guerra Mundial.

MEMORIAL A LOS JUDÍOS DEPORTADOS

4

Un sobrecogedor lugar para el recuerdo

Levetzowstraße 7–8, 10555 Berlín
U9 (Hansaplatz)

Este imponente monumento ocupa gran parte de la acera en Moabit, en Levetzowstraße. Por supuesto que llama la atención del viajero. Se trata de un vagón de mercancías parcialmente abierto que deja entrever bloques de piedra esculpidos en su interior. Se accede por una rampa que sostiene un bloque de mármol, también tallado, que representa una multitud de cuerpos que parecen dirigirse al vagón, mientras que al fondo se alza una estela de hierro con números y fechas inscritos.

Se trata del *Mahnmal Levetzowstraße*, un memorial que se levantó en 1985 para recordar las páginas más dramáticas de la historia del barrio y de toda la ciudad de Berlín, concretamente cuando deportaron a gran parte de la comunidad judía berlinesa, desde octubre de 1941 hasta abril de 1945. Es obra de los arquitectos Jürgen Wenzel y Theseus Bappert y del escultor Peter Herbrich.

El muro de hierro contiene las fechas de salida de los convoyes rumbo a los campos de concentración y de trabajo nazis, así como sus nombres y el número de deportados. Al final de la rampa hay una serie de placas metálicas de forma cuadrada y cada una representa una sinagoga destruida durante el nazismo junto a la información sobre su año de construcción, su capacidad y la fecha en la que fue destruida.

El lugar que acoge el memorial posee un gran valor simbólico porque fue aquí donde se erigió la sinagoga liberal de la Levetzowstraße, conocida también como sinagoga de Tiergarten. Se construyó en 1914 y resultó muy dañada durante el *Novemberpogrome* («Noche de los cristales rotos»). Años después se utilizaría como lugar donde reunir a los deportados. Los bombardeos aéreos de la Segunda Guerra Mundial desgastaron aún más el edificio, que fue demolido de forma definitiva en 1955.

En 1960 se instaló (y aún se conserva) una placa que recoge la historia de la sinagoga. Está colocada en una pared de ladrillo cerca del monumento, en la esquina de la Levetzowstraße con la Jagowstraße.

Desde 1990, cada 9 de noviembre, el memorial acoge un acto que conmemora los pogromos en noviembre de 1938 y el trágico destino de miles de judíos que emprendieron entonces un viaje sin retorno.

EL TECHO PINTADO DE ALVAR AALTO

⑤

Una pintura tapada por error

Alvar-Alto-Haus
Klopstockstraße 32, 10557 Berlín
U9 (Hansaplatz)

La historia de este techo, el de la planta baja de la Alvar-Aalto-Haus, resulta cuanto menos curiosa. Alvar Aalto, autor de este mismo edificio, compuso esta pintura de líneas sinuosas en tonos azul y blanco.

En 1957, Aalto propuso a los responsables del proyecto que el español Joan Miró se encargara de la obra, pero el proyecto resultaba excesivamente costoso y se rechazó. Pero días antes de la inauguración, el mismo Aalto decidió pintar el techo por su cuenta y sin avisar a nadie.

Así cuenta Karl Feig, su colaborador, esta historia: «[Aalto] preguntó por el decorador, con quien debía ponerme en contacto lo antes posible. Dos horas después, el decorador, su aprendiz, Aalto y yo estábamos allí con botes de pintura, brochas y escalerillas. Aalto inmediatamente se puso a hacer bocetos en carboncillo que ató a largas varillas [...] Dos días después, el cuadro estaba listo justo a tiempo para la inauguración».

Años más tarde, durante la renovación del edificio, el techo se recubrió con estuco y se pintó entero de blanco sin tener en cuenta el valor de la obra. Así, la pintura permaneció oculta a la vista hasta 2007, cuando se hizo una solicitud para comprobar su estado de conservación tras varias modernizaciones de la planta baja. Desgraciadamente, los restauradores no pudieron recuperar la obra de Aalto al completo, pero consiguieron reproducir fielmente las formas y colores originales con ayuda de viejas fotografías.

Ahora los visitantes pueden admirar de nuevo las ondas azul oscuro de la parte central, que parecen sumergirse en una suave superficie blanca, así como los círculos pintados en un blanco más brillante que rodean las luces también circulares del techo.

Puede leer la curiosa historia de este techo (en alemán) en una serie de paneles informativos que encontrará a la entrada del edificio.

La Alvar-Aalto-Haus, edificada entre 1955 y 1957, formaba parte del proyecto de reconstrucción del antiguo barrio residencial de Hansaviertel, al noroeste del Tiergarten, prácticamente destruido por los bombardeos de la Segunda Guerra Mundial. Se expuso en la gran exposición arquitectónica Interbau 1957, en la que participaron arquitectos de renombre como Le Corbusier, Walter Gropius y Max Taut, que diseñaron para la ocasión un nuevo residencial que ahora está protegido.

BUCHSTABENMUSEUM

⑥

El espectacular museo de los rótulos

Stadtbahnbogen 424, 10557 Berlín
0 177 4 20 15 87
buchstabenmuseum.de
De jueves a domingo de 13 h a 17 h
S3, 5, 7, 9 (Bellevue)

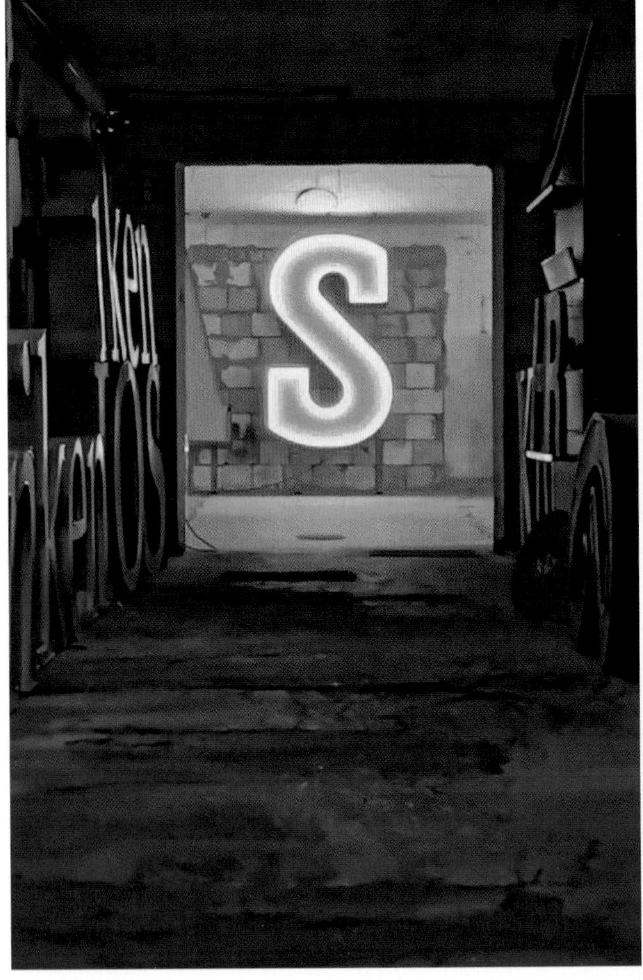

El *Buchstabenmuseum* («museo de las letras») lo fundaron en 2005 la diseñadora vienesa Barbara Dechant y la conservadora de arte Anja Schulze. Es sin ninguna duda uno de los museos más originales de Berlín. Las salas guardan más de 2000 letras y rótulos de diferentes épocas encontrados en la capital alemana y sus alrededores.

En realidad, el *Buchstabenmuseum* es el primer museo del mundo en coleccionar letras luminosas que hayan formado parte del espacio público y en exponerlas como elementos de la historia urbana. Cada pieza exhibida es fruto de una investigación profunda y de un riguroso trabajo de documentación para encontrar su lugar de origen y a veces la fecha de producción.

Al lado de las letras hay descripciones sobre la tipografía, sus dimensiones, la fecha en que se descubrió y el material del que está hecho.

Algunos hallazgos en particular cuentan también la historia del Berlín del siglo XIX, como las cuatro letras de gran tamaño (H, A, U y P) que formaban antes la insignia de la estación Berlin Ostbahnof, antes llamada Hauptbahnhof. De una pared también cuelgan los llamativos personajes de la inscripción *Zierfische* («pez decorativo»), una tienda histórica que estuvo abierta desde 1957 hasta 2009 cerca de la Frankfurter Tor. En otra sala, están las enormes letras de metal de la antigua sede del periódico Tagesspiegel, en la Potsdamer Straße, con sus luces de neón integradas.

Ya de por sí, la localización del museo es insólita. Desde 2016 se ubica en un *Stadtbahnbogen*, un viaducto bajo las vías del S-Bahn. No es el único en Berlín, pero está cerca del S-Bahn Bellevue, alejado del flujo de turistas y la espectacular manera en la que están dispuestas sus galerías subterráneas lo convierten en un lugar de obligada visita, a pocos pasos del interesante barrio de Hansaviertel.

LA FACHADA DEL NÚMERO 5 DE LA THOMASIUSSTRAßE ⑦

Metafísica Jugendstil

Thomasiusstraße 5, 10557 Berlín
U9 (Turmstraße)

En 1902, el arquitecto Hans Landé y el escultor Carl Caspary realizaron el número 5 de la Thomasiusstraße en Moabit. Su extraordinaria fachada *Jugendstil* está dominada por la cara enorme de un hombre barbudo y elevada por elementos decorativos bañados en bronce.

Representado con la boca abierta, la cara es la del Dios demiurgo, que crea el mundo a través de la palabra. De su boca surge la dualidad, representada por dos faunos de sexos opuestos a ambos lados del frontón. Es la unión de los opuestos, el Yin y el Yang, ilustrado por el fauno femenino tocando una música insoportable para el fauno masculino, que se tapa los oídos para no escucharla.

Justo abajo, a la altura de las ventanas del último piso, se invierten las tornas. A la derecha, el hombre parece desamparado por el descontento de la mujer que está a la izquierda.

Dos pisos más abajo, se asocia este conflicto a la doble lucha entre un toro y una serpiente, una imagen antagónica de las energías masculina y femenina.

Entre estas dos escenas de lucha, hay muchos girasoles adornando las columnas que separan las ventanas. El girasol sigue el recorrido del sol y desde la Antigüedad representa la búsqueda amorosa de la verdad. Aquí el artista invita al espectador a interrogarse sobre la naturaleza de la voluntad divina que obra en la dualidad.

Sobre la puerta de entrada, el arquitecto representa un paisaje de la Acrópolis de Atenas (a la izquierda) y de la Gran Esfinge de Guiza (a la derecha), para transmitir que la solución está en buscar en la filosofía y sabiduría antiguas, tanto del Antiguo Egipto como de la Grecia Antigua.

HALL DEL PALACIO DE JUSTICIA DE MOABIT ⑧

Un espectáculo grandioso

Turmstraße 91, 10559 Berlín
De lunes a viernes desde las 8 h hasta el final de las sesiones parlamentarias
Entrada gratuita presentando algún tipo de identificación
U9 (Turmstraße)

A veces se nos olvida que los palacios de justicia son por definición lugares públicos que se pueden visitar libremente. El *Kriminalgericht* de Moabit, construido a principios del siglo XX, no es ninguna excepción, hasta el punto de que ofrece al visitante un espectáculo grandioso.

Tras haber pasado los controles de seguridad, accederá al hall de entrada. Sus dimensiones le recordarán a la nave de una catedral gótica.

Las claves de bóveda están decoradas con una llamativa iluminación modernista. En las baldosas del suelo, hay grabadas muy finas tres letras: KCG (*Kaiserliches Criminalgericht* o «Palacio de Justicia Imperial»), que

recuerdan que se trata de un edificio de época Guillermina.

El hall está rodeado de galerías y se eleva hasta tres pisos, a los que conducen tres tramos de una suntuosa escalera entrecruzándose como en un grabado de Piranesi. Tres portales abovedados están coronados por esculturas barrocas que representan alegorías. Sobre el pórtico de la derecha, la mentira y la verdad. A la izquierda, la disputa (*Streitsucht*) y la misericordia (*Friedfertigkeit*). Al fondo, el perdón y la justicia, con la espada del juicio que decide entre la culpabilidad y la inocencia.

Asistir a un juicio

Se puede asistir a juicios en curso. Además del interés en la experiencia en sí, algunas salas de audiencias tienen una calidad arquitectónica que merece la pena visitar. Pregunte en la entrada cuáles están en funcionamiento el día de su visita.

El mayor palacio de justicia de Europa

Todos los juicios por delitos y crímenes cometidos en territorio berlinés, hasta 300 en un día, se celebran en estos lugares. El *Kriminalgericht* de Moabit es el palacio de justicia más grande de Europa con sus 240 jueces, 80 administradores judiciales y 300 fiscales.

Está vinculado a la prisión de Moabit (Alt-Moabit 12A), que se encuentra a pocos pasos, donde están encarceladas una media de 1300 personas en espera de juicio.

Una modernidad poco común para su época

Este edificio inaugurado en 1906 resultó muy moderno para su época. Fue la primera construcción completamente electrificada de la capital, concebida con su propia central eléctrica y su propio sistema de abastecimiento de agua corriente (incluida una torre de agua), calefacción central, red telefónica y varios ascensores.

Originalmente constaba de 21 salas de audiencia, pero se amplió en varias ocasiones a partir de los años 1950 hasta convertirse en el laberinto de pasillos y escaleras donde a los visitantes les cuesta orientarse.

LOS MUROS QUE EVOCAN LA PRISIÓN DE MOABIT

⑨

El antiguo Guantánamo de Berlín

Geschichtspark Moabit
Lehrter Straße 5B, 10557 Berlín
Horario de apertura del parque histórico: de 8 h a 21 h
S3, 5, 7, 9 (Hauptbahnhof)

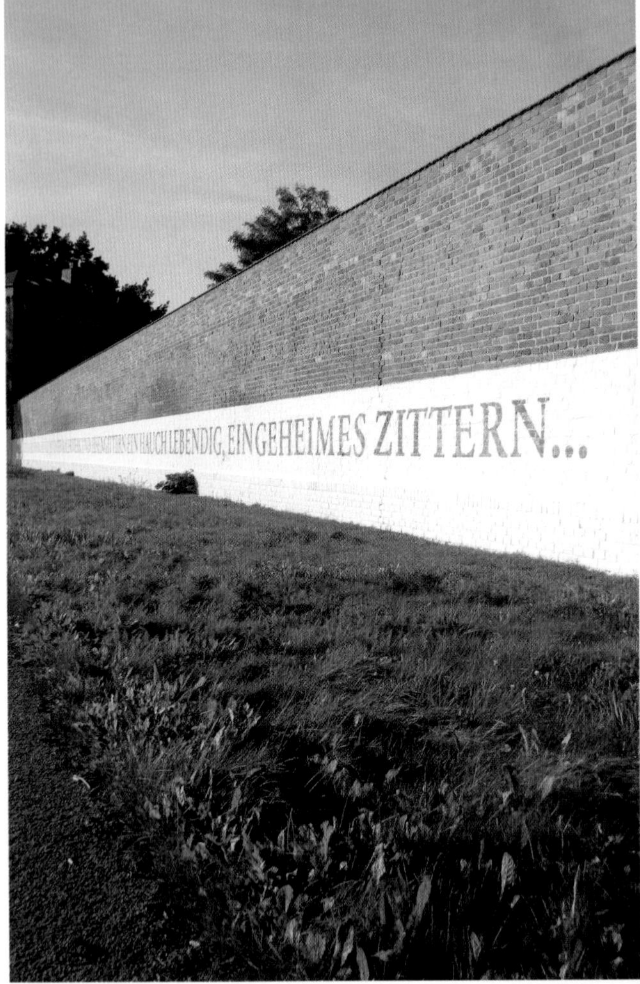

Apenas hay indicios de que esta inhumana prisión prusiana estuviera en el parque de Moabit de 1850 a 1905. Un triángulo gigante de muros de hormigón recuerda los 20 pasillos exteriores separados por tablones. Las celdas estaban dispuestas en círculo a su alrededor. La prisión tenía que mantener a los prisioneros, todos políticos, alejados los unos de los otros. En las horas de paseo, les obligaban a llevar máscaras y los guardias se aseguraban de que no hablaran entre ellos.

Esta deshumanización provocó que muchos prisioneros perdieran el juicio y acabaran en una especie de psiquiátrico anexionado a la prisión. Incluso hay una expresión en alemán, «*Im Dreieck zu springen*» (literalmente «lanzarse al triángulo»), que hoy en día se sigue utilizando. En este parque memorial hay un poema escrito en el muro: «De todo el sufrimiento que colma este edificio persiste bajo sus muros y los barrotes un aliento vivo, un susurro secreto». Estas líneas las escribió el geógrafo Albrecht Georg Haushofer (1903-1945), un perteneciente a la resistencia contra el régimen nazi, mientras estaba en prisión preventiva, y son el grito de un hombre que busca escapar de la locura acechante. En abril de 1945, con la excusa de un traslado forzoso por el avance aliado, fue fusilado en la nuca junto con otros 15 prisioneros en el antiguo parque ULAP (véase página 260).

En 1847, esta prisión ya había desempeñado un papel importante en el tratamiento de los presos políticos. Doscientos cincuenta polacos, miembros de un cuerpo libre, se habían rebelado en Poznań contra los prusianos y habían sido encerrados en el edificio inacabado. El rey de Prusia Federico Guillermo IV quiso infligirles un castigo ejemplar, y se celebró un simulacro de juicio en Berlín. Todos fueron condenados y se convirtieron en los primeros prisioneros de los tiempos modernos en sufrir aislamiento prolongado. Según varias fuentes, dos de ellos –ocho según otras– fueron condenados a muerte. Los demás recibieron largas penas de prisión.

Sin embargo, los polacos tuvieron suerte. Gracias a la revolución de marzo de 1848, los condenados fueron liberados. Los revolucionarios berlineses acudieron a la prisión, que entretanto había sido decorada con guirnaldas y liberaron a los combatientes polacos. Fueron conducidos triunfalmente por la ciudad el 22 e marzo de 1848 antes de que se les permitiera regresar a su país.

EL ISLOTE VERDE DE LA HAMBURGER BAHNHOF

⑩

Un recuerdo de la placa giratoria de la estación

Invalidenstraße 50-51, 10557 Berlín
S3, 5, 7, 9, 75 / U55 (Hauptbahnhof)

Frente al célebre Museo de Arte Contemporáneo de la Hamburger Bahnhof (estación de Hamburgo), en los edificios de la antigua estación homónima, el patio delantero del museo se compone de un jardín organizado alrededor de una plaza redonda. En el centro hay un islote circular de césped rodeado por un seto de boj. Esto nos recuerda la existencia de la plataforma giratoria que estuvo allí hasta el cierre de la estación en 1884 y que permitía a las locomotoras retroceder.

Al principio, cuando se inventó el ferrocarril a finales de la década de 1830, para evitar el ruido y la contaminación, el tren no podía circular por la ciudad. Se creó un sistema de estaciones, denominadas «estaciones de término» (véase la página 104), que se construyeron más allá de las murallas de la ciudad, cerca de las diferentes puertas.

De ahí que la estación de Hamburgo estuviese inicialmente al nivel de la Neues Tor («puerta nueva»), que se abría del lado de la ciudad a la actual Robert-Koch-Platz. Sin embargo, la noción de estación de término planteaba una serie de problemas técnicos y conseguir que las locomotoras circulasen en sentido contrario una vez llegaran a su destino no era el menor de ellos. Esta dificultad se superó instalando plataformas giratorias, sobre las que giraban y luego se dirigían a la vía opuesta. De ahí la necesidad del patio delantero, en cuyo centro estaba

la plataforma giratoria, y enormes bóvedas de entrada, en aquella época obviamente abiertas, que permitían el paso de las locomotoras antes y después de la maniobra de desvío.

El ejemplo de la Hamburger Bahnhof ilustra perfectamente esta solución. Después de entrar en la estación, la locomotora salía por el arco de la izquierda, daba la vuelta en la plataforma donde está ahora el islote circular del jardín, y volvía en sentido contrario pasando por el arco de la derecha.

En cuanto a los pasajeros, no accedían al vestíbulo de la estación a través de las vías centrales, sino por puertas de tamaño más humano situadas en los laterales (ahora invisibles debido a la construcción de las alas laterales posteriores).

Se pueden ver dos placas giratorias en casi perfecto estado en el Museo Technik. Corresponden a las placas de la Anhalter Bahnhof.

ESCALERAS DE LA ULAP

⑪

Barbarie de última hora

Frente al número 140 Alt-Moabit, 10117 Berlín
S3, 5, 7, 9 / U55 (Hauptbahnhof)

El Ministerio Federal del Interior en Moabit se inauguró en 2015 y sigue siendo un edificio nuevo. Al otro lado de la calle, al final de una pendiente artificial hay unos escalones de piedra natural.

Entre los tramos de escalones crecen escasos árboles. En 1879, los primeros visitantes subieron por esta escalera para llegar al recién inaugurado parque de exposiciones del Land (ULAP). La primera exposición iba sobre la industria, la siguiente sobre higiene, y otras siguieron hasta mediados de la década de 1920. En 1936, el año de los Juegos Olímpicos, acogió la colección aeronáutica alemana de Berlín con el avión más grande del mundo, un hidroavión civil alemán, el Dornier Do X.

Pero para salvar esta zona, codiciada por las inmobiliarias, hizo falta algo más que la distinción de parque histórico que obtuvo gracias a las exposiciones. En 1927, las obras del Stadtbahn descubrieron 126 cadáveres, revelando que la zona había sido utilizada como cementerio para un gran número de víctimas de asesinatos políticos al principio de la República de Weimar, antes de convertirse en el escenario de ejecuciones a sangre fría por parte de las SS justo antes del final de la guerra en 1945.

Se trataba de huesos de espartaquistas salidos de las celdas de la prisión de la Lehrter Straße, cuarteles de Moabit y celdas del Kriminalgericht de Moabit para ejecutarlos en el pabellón de ferias y exposiciones. En marzo de 1933, en una sala situada bajo el restaurante del pabellón de la exposición, la SA torturó a muerte al abogado Günther Joachim. Lo peor que ocurrió en la historia de la feria es el asesinato de 16 presos políticos en la prisión de Moabit, en la Lehrter Straße la noche del 23 de abril de 1945. La mayoría de ellos estaban acusados de haber participado en el complot del 20 de julio de 1944, una tentativa de asesinato contra Adolf Hitler. En el último momento, las SS hicieron bajar a los detenidos esta escalera con motivo de un traslado porque el frente se acercaba. En cuanto se pusieron en fila, les dispararon por detrás. Solo sobrevivió un joven comunista llamado Herbert Kosney porque la bala que iba dirigida a su cuello no le alcanzó la columna vertebral.

Gracias a su información, la policía militar soviética descubrió sus cuerpos unos días después. En el bolsillo de la chaqueta del geógrafo Albrecht Haushofer estaban los llamados «Sonetos de Moabit», entre los que estaba el soneto titulado *Culpa*: «Supe desde el principio el rumbo del desastre - / lo dije – ¡pero no lo suficientemente alto y claro!».

LAS HOJAS DE LA EMBAJADA DE SUIZA ⑫

Una obra de arte insospechada

Alsenviertel, Spreebogen
Otto-von-Bismarck-Allee 4A,
10557 Berlín
S3, 5, 7, 9 (Hauptbahnhof)
S1, 2, 25 (Brandenburger Tor)
U55 (Bundestag)

En dirección a la entrada de la sorprendente embajada de Suiza (véase a continuación), el suelo está repleto de hojas, pero no por falta del responsable de limpieza de la embajada, sino porque estas hojas en papel son en realidad una obra del artista Pipilotti Rist, como explica un texto justo a la derecha.

Los arquitectos Diener&Diener construyeron este moderno hall de entrada en 2001. Cada 12 minutos, una hoja de papel cae del techo arremolinándose. De hecho, al levantar la cabeza se ve el agujero por el que pasan. La máquina la hizo Dimitri Westermann (de la empresa Smokeball) en Suiza. Estas hojas de papel imitan hojas de diferentes árboles (arce, roble, ginkgo, tilo, laurel y vid) y en uno de sus lados hay una foto de la hoja real, y en el otro, un breve mensaje como *Du bist ein Sonnenaufgang* («Eres un sol»). Los textos poéticos no tienen ninguna relación entre sí. Teóricamente están escritos en una de las cuatro lenguas oficiales de Suiza (solo se veían mensajes en alemán cuando lo visitamos nosotros, y no siempre se respetaban los 12 minutos),

Contrariamente a lo que esperaríamos de una obra plástica en un espacio institucional, se pretende reproducir un conjunto de hojas desparramadas por el suelo. El artista ve estas hojas «como una metáfora de la democracia, son embajadoras de un mensaje universal». Por ello, se anima a los visitantes a que se las lleven con ellos. Inicialmente prevista para 10 años, la embajada ha prorrogado la obra de arte. Concertando cita previa es posible visitar la máquina que arroja las hojas al suelo.

La embajada suiza: el último testimonio de un barrio entero destruido por los nazis

Al final del Spreebogenpark se alza la extraña embajada suiza, en un interminable descampado que no se parece nada a los parques siempre abarrotados de Berlín. Antes acogía el barrio acomodado de Alsenviertel, aunque el paisaje cambió radicalmente debido a los nazis que querían construir aquí el edificio más grande del mundo, que debía coronar el eje norte-sur de Germania, destinada a convertirse en la capital del mundo (véase página 190). Para hacer sitio a la Gran Cúpula (también conocida como Salón del Pueblo), el barrio de Alsenviertel tuvo que desaparecer, a pesar de que los planos de la nueva capital del Reich, hechos en 1938, hacían hincapié en lo enorme del proyecto más que en las monstruosas demoliciones.

Cerca de la Wilhelmstraße, el Alsenviertel acogía la sede de varias embajadas desde los años 1890. A partir de 1938, se trasladaron a un barrio nuevo al sur del parque Tiergarten. El talento de los diplomáticos extranjeros para las tácticas dilatorias no eran rival para el nazismo. Las otras embajadas –la de Argentina, Bélgica, Chile, Dinamarca, Japón, Noruega, Turquía, Austria-Hungría, Rumanía, Siam y Uruguay– también tuvieron que cambiar de sitio, de modo que en 1942 solo quedaba la delegación suiza en el solar ya arrasado. Una bomba acababa de destruir el edificio nuevo del barrio de Tiergarten, y así fue como este edificio cúbico y solitario se convirtió en el último testimonio del distrito que destruyeron los nazis.

En aquel momento, ya estaba en construcción el oeste del eje este-oeste de Germania, terminado justo a tiempo para la celebración del 50 cumpleaños de Hitler en 1939. Una glorificación de las decisivas guerras prusianas –contra Dinamarca, Austria y Francia– ganadas poco antes de la proclamación del Imperio alemán, la Columna de la Victoria de la Königsplatz quedó obsoleta cuando se arrasó el barrio de Alsenviertel. Se reubicó en la rotonda Großer Stern y se elevó unos metros más, típico de los delirios de grandeza de los *camisas pardas*.

¿De dónde viene el nombre de Alsenviertel?

Viene de la calle de Als (Alsenstraße) que recordaba a la conquista de la isla de Als, en el mar Báltico, durante la guerra pruso-danesa de 1864.

BORDILLOS DE ACERAS DE GERMANIA

(13)

Menos mal que hay límites

Straße des 17. Juni, 10117 Berlín
U9 (Hansaplatz) / S3, 5, 7, 9 (Tiergarten (Berlin)

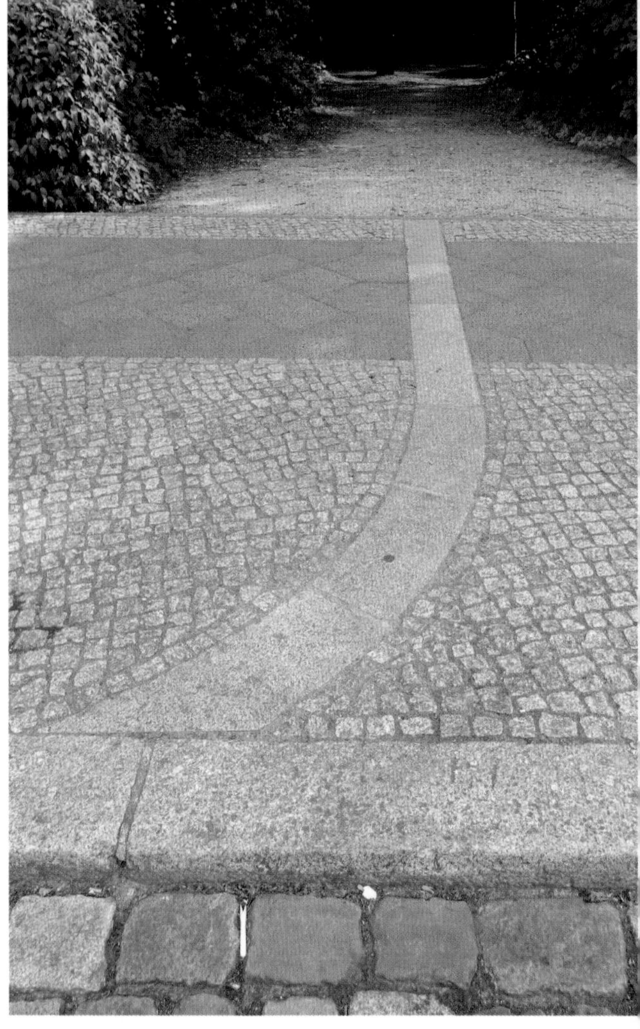

Pasan desapercibidos por los autobuses turísticos los dos bordes de la acera de la Straße des 17. Juni., que curiosamente le han hecho la cama al asfalto de la acera. Siguiendo con atención la línea del Tiergarten es fácil reparar en ellos, están justo enfrente del memorial soviético.

Lo que parecen marcas dejadas por descuido de cuando se hicieron las obras, en realidad corresponden al primer metro del eje norte-sur de Germania imaginado por Hitler y Speer (véase página 190), del que de hecho la actual Straße des 17. Juni es la primera parte. La parte occidental del eje este-oeste ya estaba terminada para el 50 cumpleaños de Hitler, celebrado el 20 de julio de 1939.

Después de la victoria sobre la Alemania hitleriana, los soviéticos eligieron este lugar con conocimiento de causa para su memorial. Simboliza la destrucción de los planos de dominación del mundo concebidos por Hitler, bloqueando el acceso a lo que debía ser el mayor edificio del mundo, la Gran Cúpula (*Große Halle*), esta construcción gigantesca que debía estar donde hoy está la Cancillería Federal (*Bundeskanzleramt*).

El inmenso atrio de la Halle del pueblo (*Halle des Volkes*) –su otro nombre– debía bordear el gigantesco palacio de Hitler y el Reichstag, que parecía muy pequeño a su lado.

Los planos de Hitler y de Speer eran verdaderamente satíricos; tanto que es una pena que la nueva cancillería del Reich haya sido arrasada, sin dejar pruebas de la locura de grandeza de los arquitectos nazis.

Si medimos la distancia entre los dos bordillos conservados de Germania en el primer metro del eje norte-sur, habría tenido una anchura de 120 metros. Con sus 75 metros, el eje este-oeste situado detrás es de por sí la calle más ancha de Alemania. En la Via Triumphalis de Hitler hacia el sur no hay semáforos, parece que solo los alemanes «superhombres» podrían haber cruzado esta calle sanos y salvos. Para que los vehículos pudiesen circular sin rotonda en el cruce de dos ejes, estaban previstos gigantescos túneles de circulación. Hoy en día se conservan los primeros tramos que se construyeron. Basta con avanzar en el parque hasta la próxima rotonda al oeste en el Bremer Weg para descubrir sus conductos de ventilación.

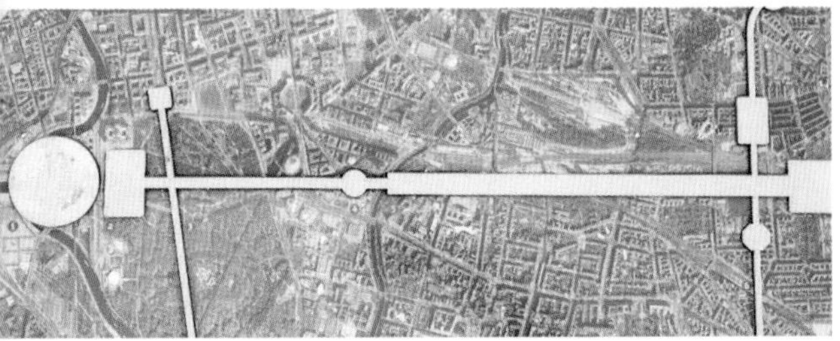

EL ANILLO DEL POTSDAMER BRÜCKE ⑭

Un anillo muy discreto

Potsdamer Brücke (Ecke Schöneberger Ufer), 10785 Berlín
U2 (Mendelssohn-Bartholdy-Park)

Yendo hacia el Potsdamer Brücke en dirección al norte al Kulturforum, al principio del puente, en el lado izquierdo, un anillo muy discreto (58 centímetros de diámetro y 10 centímetros de grosor) insertado en la balaustrada del puente. Puede pasar cien veces delante de él y no darse cuenta de que está ahí.

El anillo, diseñado por el artista Norbert Radermacher en 1985, no se puede quitar de donde está, aunque se puede mover alrededor de la barandilla de la balaustrada donde está fijado. Fue creado en el marco de la exposición *Kunst in der Bundesrepublik* («Arte en la RFA») 1945-1985, orquestada por la Neue Nationalgalerie.

Se instaló sin autorización una primera vez, luego en 1997 y 1998 lo volatilizaron en trabajos de renovación del puente. Y finalmente, ya con el beneplácito de la ciudad, se fundió un nuevo anillo en bronce que fue instalado justo después.

Villa Parey: «¡La última casa debe permanecer!» ⑮

Si la villa Parey (Sigismundstraße 4A) es tan singular, no es tanto por quien la construyó –Theodor Wilheim Paul Parey, el editor de temas agrícolas y silvícolas más famoso del momento–, sino por el hecho de que a día de hoy es la única superviviente del desaparecido distrito de Tiergarten. Afectada por la guerra, su facha agujereada de impactos de metralla le da un aire devastado que parece condenarla irremediablemente a la destrucción. Pero la ola de indignación que hubo entre los habitantes tras la ampliación del inmueble de la Stiftung Preußischer Kulturbesitz («fundación del patrimonio cultural prusiano») obstaculizó el proyecto de construcción de la nueva Gemäldegalerie. Desde hace tiempo, por suerte para la villa desfigurada, no se acepta ningún plan presentado por los arquitectos, y el movimiento de protesta de los inquilinos ha tenido tiempo de sobra para adquirir un matiz político. Ningún plan presentado por los arquitectos ha merecido la adhesión de los habitantes, que persisten en su movimiento de contestación. En sus octavillas, los 23 habitantes resumían así sus reivindicaciones: «¡La última casa debe permanecer!». Los ediles municipales del barrio de Tiergarten se pronunciaron finalmente para preservar el edificio. Ídem para la autoridad estatal de la vivienda del *Land*, que estimaba que el edificio en general estaba en buenas condiciones. Incluso el director de la IBA 1987 –la exposición internacional de arquitectura cuyo tema «*Die Innenstadt als Wohnort*» o «El centro de la ciudad como lugar para vivir» era objeto de debate– declaró que existía un compromiso «muy racional» para la preservación de la villa Parey. El funcionario político más alto a cargo de la construcción en Berlín Occidental se vio entonces atrapado entre la espada y la pared. No parecía que los prestamistas de Bonn, la capital en aquella época, aceptaran modificar los planes (algo costoso y para nada necesario) o quisieran incluir esta casa, que ni siquiera figuraba en la lista de edificios a proteger. Ocurrió un milagro. Solo tuvieron que ceder la casa del cochero y los establos de la villa Parey.

Una casa inspirada en el castillo Hartenfels de Torgau, en Sajonia

En teoría, la Villa Parey se diseñó siguiendo el modelo del castillo Hartenfels de Torgau, en Sajonia, y es un ejemplo del estilo ecléctico de los edificios del Gründerzeit de finales del siglo XIX. Las ventanas de la fachada son de estilo gótico o están enmarcadas por pilastras que –al igual que el frontón ornamentado– se inspiran en el Primer Renacimiento italiano.

LAS FAROLAS DE GAZ DEL GASLATERNEN-FREILICHTMUSEUM ⑯

El museo más romántico de Berlín

Straße des 17. Juni, 10557 Berlín
Accesible todos los días a cualquier hora
S3, 5, 7, 9 (Tiergarten)

Si para llegar al metro del Zoo desde la estación S-Bahn Tiergarten, pasamos por el parque del mismo nombre, veremos sin haberlo buscado realmente el museo más romántico de Berlín. Instalado al aire libre, es gratis y merece la pena el desvío, sobre todo de noche con la iluminación de las farolas que nos transportan a otra época.

El «museo al aire libre» contiene la mayor colección histórica del mundo de farolas de gas del mundo. GASAG, la empresa local de gas más antigua, la patrocina desde 1978, año en que nació y tomó forma esta idea. Berlín sigue siendo la capital de las farolas de gas; en 2009 aún funcionaban 44 000, más que en ningún otro lugar del mundo.

Su historia empieza en Berlín. Con el impulso del ministerio del Interior prusiano, la Imperial Continental Gas Association (ICGA) de Londres va a establecer servicios de gas urbano. La primera fábrica de gas (la Compañía de alumbrado a gas) se estableció en el emplazamiento de la piscina exterior de Kreuzberg y en septiembre de 1826, las primeras farolas de gas, alimentadas por una tubería subterránea, iluminaron la avenida Unter den Linden. Hasta 1846, la ICGA equipó la ciudad con una red de gasoductos de 100 kilómetros de longitud. Después, los berlineses se fueron haciendo cargo de la producción de gas para el alumbrado, la calefacción y la cocina.

Hasta la década de 1980, Berlín Occidental favoreció su propio gas ciudad manufacturado, a pesar de que el resto de Alemania Occidental se pasara al gas natural del este. El gas ciudad se produce justo en Berlín Occidental, al igual que la electricidad, a partir de carbón y petróleo transportados en tren en vías de tránsito desde el oeste. Con la relajación en las relaciones este-oeste, Berlín Occidental acabó por ser también abastecido de gas natural ruso por gasoducto. Sin embargo, parte del gas se convirtió en gas ciudad y fue almacenado en grandes gasómetros subterráneos… ¿Paranoia o simple prudencia?

En Alemania Occidental, el alumbrado de gas desaparece rápidamente en la década de 1970 y 1980. En esta época en Tiergarten, les dieron una nueva vida a las farolas de gas más bellas. Para luchar contra el vandalismo, se citó un poema del escritor anarquista Erich Mühsam. Habla de un revolucionario farolero, que protesta cuando sus compañeros arrancan las farolas para construir barricadas: «Yo soy quien enciende las farolas. Estas buenas luces, no las toquen. Si la luz no brilla más, el burgués no verá nada más».

UNA VISITA A LA UT2

⑰

La mayor estación mundial de análisis de corrientes de agua

Müller-Breslau-Straße 15, 10623 Berlín
dms.tu-berlin.de/menue/versuchseinrichtungen/umlauftank_ut2
Visitas guiadas en grupo durante las Jornadas del patrimonio mediante reserva previa
S3, 5, 7, 9 (Tiergarten)

Visto desde lejos, el edificio de la UT2 de 35 metros de altura, que parece un híbrido de tuberías rosas gigantes y un portacontenedores, es difícil imaginarse cómo es por dentro. Es atravesar la puerta y sentirse como el vientre de un carguero dedicado a la investigación científica.

UT2 es la abreviación de *Umlauf-und-Kavitations-Tank 2* («Tank n.º 2 de circulación y cavitación»). La cavitación es un fenómeno por el que el movimiento de las palas de la hélice de un barco crea diferentes tipos de burbujas bajo el agua, cuya energía, al implosionar, puede dañar el material de la propia hélice. En casos extremos, pueden tener el efecto destructivo de golpes de martillo sobre el metal.

En UT2 se simulan condiciones de tensión reales en movimiento. Es la mayor estación de pruebas del mundo para estudiar corrientes de este tipo.

En su interior, en el suelo, se encuentra el tubo principal en el que se ponen en movimiento masas de agua cuando se realizan los experimentos. A lo largo de las paredes, alrededor, se superponen galerías abiertas abarrotadas de máquinas, consolas de control, equipos de medición y armarios para los archivos, como en la bodega de un buque oceanográfico, por eso los investigadores llaman a los distintos niveles *decks* («puentes») y no pisos.

El flujo de agua que entra a través de la tubería en bucle (de 120 metros de largo, 19 metros de alto y 8 metros de diámetro) es impulsada por dos motores diésel de barco capaces de suministrar 3300 toneladas de agua a velocidades de flujo que oscilan entre 4 y 10 metros por segundo.

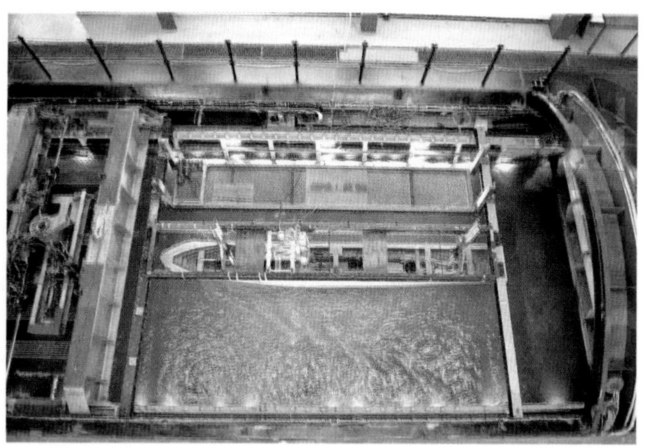

Prenzlauer Berg

Jüdischer Friedhof Berlin-Weißensee
Ostseestraße
Weißenseer Weg
Volkspark Prenzlauer Berg
Kniprodestraße
Weißenseer Weg
Storkower Straße
Landsberger Allee
Greifswalder Straße
Storkower Straße
Paul-Junius-Str.
Karl-Lade-Straße
PRENZLAUER BERG
LICHTENBERG
Landsberger Allee
Conrad-Blenkle-Straße
Danziger Straße
Storkower Straße
ARNSWALDER PLATZ
Storkower Straße
Danziger Straße
Kniprodestraße
Hausburgstraße
Ebertystraße
Bötzowstraße
Thaerstraße
Samariterstraße
Petersburger Straße
Eldenaer Straße
Bänschstraße
Am Friedrichshain
Landsberger Allee
Richard-Sorge-Straße
Samariterstraße
Volkspark Freidrichshain
BERSARIN-PLATZ
Friedenstraße
Frankfurter Allee
Frankfurter Tor
Friedenstraße
Weidenweg
Karl-Marx-Allee
Weberwiese
FRIEDRICHSHAIN

LA INSCRIPCIÓN INVERTIDA DEL MONUMENTO SENEFELDER

①

Un homenaje a la litografía, invento de Senefelder

Senefelderplatz, 10119 Berlin
U2 (Senefelderplatz)

En la esquina que conecta la Schönhauser Allee con la Kollwitzstraße en Prenzlauer Berg, cerca de la salida sur de la estación de U-Bahn Senefelderplatz, se encuentra un monumento en honor a Alois Senefelder (1771-1834), que aparece sentado en el pedestal con dos niños a sus pies. El primero de ellos escribe su nombre a la inversa no por un error del escultor, sino porque Senefelder inventó la litografía (y la impresión a color). En litografía, como en toda técnica de impresión, el motivo que se imprime debe trazarse primero al revés para que luego aparezca correctamente en el papel.

El segundo de ellos agarra un espejo (que no es el original; ha tenido que ser reconstruido dos veces por un robo a finales de la década de 1990), con el que podría descifrar las palabras inscritas.

Senefelder inventó la litografía por la necesidad de imprimir de forma sencilla partituras que eran especialmente difíciles de grabar a la inversa sin cometer errores.

Esta se basa en el principio de repulsión natural del agua y las materias grasas. Primero se traza un diseño con un lápiz de cera sobre una placa de piedra caliza totalmente lisa, y luego se humidifica. Entonces, la humedad de la piedra repele la tinta aplicada al rodillo hacia la grasilla del dibujo. La principal ventaja de la litografía es que el diseño hecho con ceras podía realizarse primero en vertical sobre un papel especial, antes de pasarse con autógrafo a la piedra.

El monumento de mármol de Carrara (Italia), obra del escultor berlinés Rudolf Pohle, se inauguró en 1892 en presencia del Kaiser Guillermo II, un honor significativo y poco corriente, y fue considerado una obra maestra del nuevo realismo de la época.

Este representa a Senefelder trabajando, concretamente examinando con atención una de sus famosas placas. A sus pies también hay rodillos de tinta y otros instrumentos que recuerdan su contribución al desarrollo de las técnicas de impresión sobre tela.

EL SÓTANO DEL ONKEL PHILIPP'S SPIELZEUGWERKSTATT ②

Un museo de los juguetes de la RDA

Choriner Straße 35–36, 10435 Berlín
0 30 / 4 49 04 91
onkel-philipp.de
De martes a viernes de 9 h 30 a 18 h 30; sábados de 10 h a 17 h
U2 (Eberswalder Straße ou Senefelderplatz)

Al contrario de lo que sugiere su escaparate, el *Onkel Philipp's Spielzeugwerkstatt* («La juguetería del tío Philipp») guarda un extraordinario tesoro de objetos y recuerdos. En los estantes de esta tienda-laboratorio que Philipp Schünemann abrió en 1997, donde se amontonan muñecas, juegos de mesa y coches teledirigidos, podrá encontrar verdaderas antigüedades, algunas reparadas hábilmente incluso por el mismo Philipp.

Explorar la tienda del Onkel Philipp consigue que varias generaciones de berlineses revivan su infancia. Muchos de estos juguetes y aviones que cuelgan del techo se remontan a los años de la RDA y fueron coleccionados durante más de 20 años.

Sin embargo, la principal atracción radica en el sótano. Frente a la caja registradora, donde el propietario aconseja a clientes de todas las edades, hay una lápida falsa que reza: «R.I.P Spielzeug der DDR 1949-1989» («R.I.P. juguete de la RDA 1949-1989»). En realidad, se trata de una pequeña puerta corrediza por la que se desciende por una estrecha escalera de caracol a la planta de abajo. Allí hay una especie de museo de juguetes producidos en la ex-Alemania Oriental, con las curiosidades más genuinas de Onkel Philipp.

En este pequeño espacio expositivo, la mayoría de las muñecas y los peluches componen una montaña multicolor sin ninguna lógica, donde solo se distinguen cabellos, brazos y ojos de formas y figuras variadas.

En el interior de las vitrinas, los coches y camiones en miniatura tampoco se quedan atrás. Son reliquias únicas que hoy en día no se ven y que, por supuesto, no están a la venta, y que con líneas sencillas reproducen los medios de transporte utilizados en tiempos de la RDA.

No es un museo tradicional con placas o leyendas que guían a los visitantes, si no una en la que se pueden observar los juguetes a placer para adivinar el año de fabricación.

EL POZO DEL CEMENTERIO JUDÍO 3

Un pozo que en 1944 ocultó a más de un desertor

Jüdischer Friedhof Schönhauser Allee
Schönhauser Allee 23–25, 10435 Berlín
De lunes a jueves de 8 h a 16 h; viernes de 7 h 30 a 13 h; sábados y domingos cerrado
U2 (Senefelderplatz)

En la zona noroeste del *Jüdischer Friedhof Schönhauser Allee* («cementerio judío de la Schönhauser Allee»), sobre un pozo pequeño e inquietante protegido por una barandilla, se sitúa una placa conmemorativa que reza: *Den Tod anderer / nicht zu wollen / das war ihr Tod/ Hier verbargen sich am Ende des / Jahres 1944 Kriegsgegner / Sie wurden von der SS entdeckt / an den Bäumen erhängt / und hier verscharrt* («Fallecieron sin desear la muerte a los demás. Los opositores a la guerra se ocultaron aquí a finales de 1944. Las SS los descubrió, los colgaron de los árboles y después fueron enterrados en este lugar»).

Lo que este epitafio recuerda es una tragedia. En los últimos meses de la guerra, algunos jóvenes desertores que querían escapar de los combates se enterraron en este cementerio, pero las SS los descubrió y los colgó. El grupo se refugió en la cisterna de una antigua taberna de principios del siglo XIX que había en este lugar antes de convertirse en cementerio.

El pozo conduce al refugio de los desertores, cuya identidad y número exacto se desconocen. Tras ser ejecutados, los cuerpos se enterraron *in situ* en una fosa común.

La placa se colocó en la posguerra por iniciativa del consejero comunal de Berlín Oriental Arnold Munter, miembro de la resistencia y superviviente del campo de concentración de Theresienstadt.

El *Jüdischer Friedhof Schönhauser Allee* es el segundo cementerio judío más antiguo de la ciudad, construido para compensar el cierre del antiguo cementerio de la Große Hamburger Straße y que después reemplazó el de Weißensee en 1880, actualmente el más grande de Europa.

Antes de penetrar en la atmósfera silenciosa del cementerio, entre las tumbas y las estelas ahogadas por la vegetación, se aconseja visitar el Lapidarium que se encuentra en la entrada. En este moderno edificio con grandes ventanales se exponen más de 60 lápidas del siglo XIX y XX, así como numerosos paneles explicativos sobre la cultura y los ritos funerarios judíos.

La simbología de las lápidas judías

Los símbolos siempre han jugado un papel fundamental en la tradición religiosa judía. El judaísmo original los consideraba una representación del nexo entre Dios y los hombres (contrario al «diabolismo» que separa al hombre de Dios) y servían para identificar a una familia o una función religiosa. De forma que a cada signo gráfico se le atribuía una particularidad o cualidad.

Algunos de los temas que más se repiten en las tumbas de los cementerios judíos son las dos manos en posición de bendecir, símbolo de la ascendencia sacerdotal del difunto, que se encuentran por ejemplo en las tumbas de los miembros de la familia Cohen (o Coen). En hebreo *kohèn* significa «sacerdote», esto es, un descendiente masculino de Aarón, hermano de Moisés y primer gran sacerdote de los judíos. La posición de las manos abiertas es exactamente la de una bendición.

Otro símbolo bastante típico es el cántaro vertiendo agua, que indica la pertenencia a la tribu de Israel de los levitas (familia Leví), que se dedicaban a ayudar a los sacerdotes durante los oficios religiosos lavándose las manos antes de su bendición.

Las lápidas más antiguas presentan un tema muy presente en la simbología funeraria judía, la corona. Esta representa tanto la autoridad política como la dignidad del difunto y está tomada de una cita del *Pirkei Avot* («Capítulo de los Padres»), uno de los textos fundadores del judaísmo: «Hay tres coronas: la de la Torah, la del sacerdocio y la de la realeza, pero la cuarta corona, la del renombre, está por encima de todas las demás».

A partir del siglo XIX van apareciendo otros símbolos más acordes al gusto de la época.
La clepsidra alude al tiempo de la vida que se ha detenido. En ocasiones lleva unas alas o se asocia con las tibias cruzadas y la calavera, lo que hace más evidente el vínculo con la muerte.
Del mismo modo, la antorcha boca abajo simboliza el luto, ya que para apagar la llama se le da la vuelta y se frota contra el suelo. El *Ouroboros*, es decir, la serpiente que se muerde la cola es el renacimiento, como la corona de flores marca el honor del difunto durante su vida terrenal.
Muy antigua y común, la mariposa se refiere al alma que se desprende del cuerpo y emprende el vuelo hacia el cielo. La estrella de David (*Magen David*) es uno de los símbolos más conocidos de la cultura y religión judías, ampliamente difundida a lo largo del siglo XIX, y que aún puede verse en muchas tumbas de cementerios de todo el mundo.
Las figuras de animales simbolizan el nombre del difunto. El león, normalmente cerca de una corona, no solo indica la realeza y la pertenencia a la línea de David, sino también el nombre León (*Leo* en italiano, *Loeb* o *Loew* en alemán).
El lobo es el emblema de los Benjamín, además de la representación de un apellido bastante común entre los miembros de la comunidad judía (*Wolf* en inglés y en alemán, *Zeev* en hebreo).
En la simbología judía, el ciervo son los descendientes del clan de los Nephtali y más bien se refiere al apellido *Hirsch* (en yiddish y en alemán), *Zvi* (en hebreo) o *Naftali*.

EL DEPÓSITO DE AGUA DE PRENZLAUER BERG

4

Vestigios de la antigua red de aprovisionamiento de agua de la ciudad

Belforter Straße, 10405 Berlín
unter-berlin.de
Visitas guiadas solo en alemán (fechas y horarios en su página web)
U2 (Senefelderplatz)

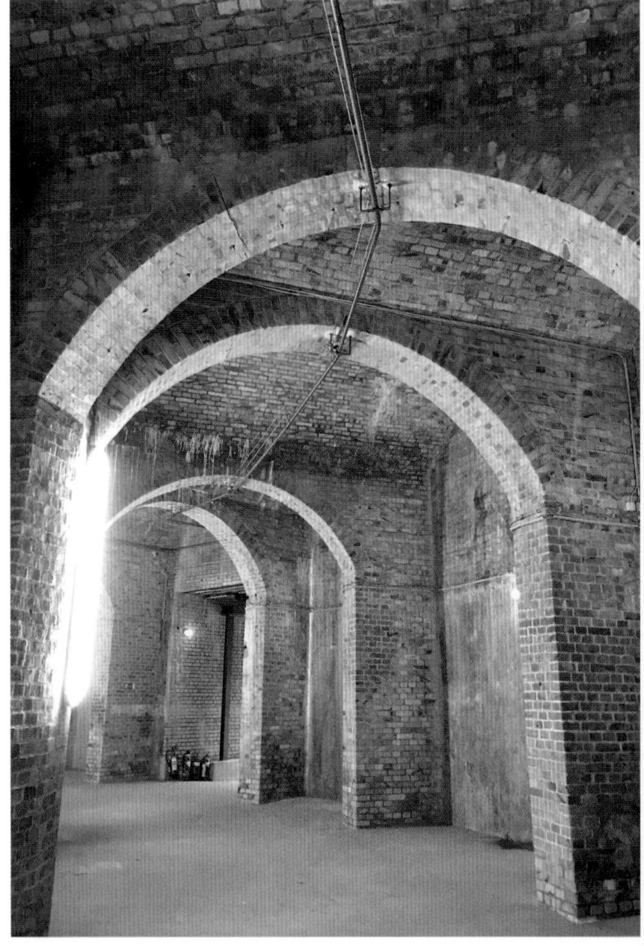

Bajo cita previa (véase a continuación), puede visitar las antiguas y espectaculares reservas de agua de la ciudad, situadas en la colina artificial del Park am Wasserturm.

La estrecha torre de 20 metros de altura que se ve en la colina estaba equipada con una válvula de seguridad y servía para equilibrar y medir la presión del agua. Este complejo construido por etapas entre 1852 y 1873 en una zona de campo llamada *Windmühlenberg* («colina de los molinos de viento»), es el primero de este tipo en Berlín, compuesto por dos cisternas de distintas dimensiones.

Por su parte, el *Kleine Wasserspeicher* («gran depósito de agua») se compone de cinco círculos concéntricos subdivididos en 34 secciones. También tiene techo abovedado, mientras que una escalera de caracol en el centro conduce directamente a la torre octogonal visible en la colina.

Tras la modernización de la red de agua de Berlín, las dos cisternas se abandonaron en 1914, y desde 1994 acogen conciertos de música clásica, exposiciones y otros eventos culturales.

La visita guiada pasa también por los locales subterráneos de la antigua *Brauerei Königstadt*, una de las muchas tabernas fundadas en Prenzlauer Berg en el siglo XIX que recuerdan su historia y la de la red de agua, pudiendo observar de cerca las interesantes características arquitectónicas de las dos construcciones.

Al otro lado de la plaza del Park am Wasserturm, la *Wasserturm* es una imponente torre de agua de 30 metros de altura terminada en 1877, y en funcionamiento hasta 1952. Dentro, debajo del embalse con una capacidad de 1200 metros cúbicos de agua, se encontraban las viviendas de los técnicos que trabajan aquí. Ahora son apartamentos privados. En 1933, la sala de máquinas de la torre de agua se transformó en campo de concentración en el que fueron detenidos y asesinados numerosos miembros de la resistencia. Todo fue destruido en 1935.
Este complejo de la *Wasserturm* alberga hoy en día una biblioteca pública, un colegio y un parque infantil.

¿Cómo se suministraba el agua en Berlín?

Hasta la segunda mitad del siglo XIX, la población sacaba agua de los miles de pozos que había en la ciudad, pero como la mayoría estaban colocados cerca de fosas sépticas, acababan contaminándose.

En 1856, empezó a bombearse agua del Spree y por tanto a haber agua corriente. La primera estación de agua centralizada se inauguró frente a la puerta de Stralau, una de las del muro aduanero (véase la página 106), ligeramente al este de la Oberbaumbrücke, en la orilla norte del Spree. No hay ningún rastro de ella. El agua extraída del río se filtraba con arena antes de ser bombeada a las tuberías de la ciudad, y para completar el sistema, había una torre de agua y un depósito de 3000 metros cúbicos de capacidad en la *Windmühlenberg* («colina de los molinos»), en el actual Park am Wasserturm de Prenzlauer Berg (véase página anterior). El depósito satisfacía las demandas suplementarias en periodos de alto consumo. Inicialmente al aire libre, se cerró con un techo abovedado en 1877, de manera que ya no se ve desde el exterior. Sin embargo, todavía es visible una torre, conocida como *Steigrohrturm*, que servía para regular la presión de las tuberías (no confundir con la torre de agua, mucho más grande y posterior, que daba a la Knaakstraße y que también servía de depósito).

Cuando la estación de Stralau llegó a su máxima capacidad en 1877, se añadió una nueva estación en Tegel, pero se abandonó en 1893 a favor de la de Friedrichshagen, a orillas del Müggelsee, que era entonces la mayor y más moderna estación de suministro de Europa. En cuanto a las torres de agua, muchas se construyeron entre 1877 y 1929 para satisfacer las necesidades especiales de hospitales, fábricas y los nuevos barrios de la periferia, que estaba creciendo rápidamente.

En paralelo, se abordaba el problema sanitario bajo las órdenes del médico y virólogo Rudolf Virshow y del ingeniero James Hobrecht. Así, la ciudad se equipó con un sistema de alcantarillado subterráneo para evitar que el Spree y las aguas subterráneas resultaran contaminados. Las aguas residuales a cielo abierto habían alimentado en gran medida las epidemias de cólera y tifus que arrasaban la ciudad.

Esta red de más de 1200 kilómetros se construyó entre 1873 y 1909. La ciudad se dividió en 12 barrios «radiales» (Radialbezirke), de manera que sus sistemas de alcantarillado, organizados con forma de estrella alrededor del punto más bajo del barrio conducían las aguas residuales hasta él a través de esta pendiente natural (véase doble página siguiente). Desde allí, unas potentes bombas empujaban las aguas residuales fuera de las murallas de la ciudad para ser utilizadas como abono para los terrenos que la ciudad había adquirido con este fin (los *Riesenfelder*). Estas huertas alimentaban a su vez a la población de Berlín.

Estas redes todavía en funcionamiento conservaron mucho tiempo la bomba de agua original.

Tras reunificarse Alemania, la estación de suministro de Friedrichshagen se reorganizó de manera que obtuviese toda el agua exclusivamente de la capa freática. Parte del complejo ya no se utiliza y ahora alberga un museo sobre la gestión del agua de Berlín y su historia.

Ocho estaciones más completaron la principal: Tegel (1877), Beelitzhof (1888-1894), Spandau (1897), Stolpe (Brandeburgo, 1911), Wuhlheide (1914), Tiefwerder (1914), Kaulsdorf (1916) y Kladow (1932-1937).

Actualmente, estas nueve centrales berlinesas suministran al día casi 600 000 metros cúbicos de agua potable extraídos de las aguas subterráneas a través de 8000 kilómetros de tuberías. No proceden del Spree, sino que provienen de 650 pozos con una profundidad de 30 a 170 metros.

Además, 164 estaciones de bombeo (frente a las 12 estaciones históricas del casco antiguo, que era mucho más pequeño en tamaño) bombean las aguas residuales a seis depuradoras (el concepto de los *Riesenfelder* se abandonó desde entonces) en Münchehofe, Schönerlinde, Wansdorf (Brandemburgo), Ruhleben, Stahnsdorf y Waßmannsdorf, donde son tratadas antes de ser vertidas a los cursos de agua berlineses.

Las 12 estaciones de bombeo históricas de aguas residuales de Berlín

Radialsystem I: Reichenberger Straße 66 **(Kreuzberg)**, inaugurada en 1879 y demolida en 1977 a pesar de importantes olas de las grandes oleadas de protestas (un mosaico de la Reichenberger Straße recuerda la operación de demolición, véase página 153).

Radialsystem II: Gitschiner Straße 7-11 **(Kreuzberg)**, inaugurada en 1879 y destruida durante la Segunda Guerra Mundial. Actualmente sustituida por modernas instalaciones aún en uso.

Radialsystem III: Schöneberger Straße 21 **(Kreuzberg)**, inaugurada en 1877 y clausurada en 1979. Hoy alberga las oficinas del coleccionista Christian Boros (propietario de la Boros Sammlung en Mitte).

Radialsystem IV: Scharnhorststraße 9/10 (a partir de 1907: Scharnhorststraße 12), en **Mitte**, inaugurada en 1879, desmantelada en 2011 y después demolida.

Radialsystem V: Holzmarktstraße 31/32 **(Friedrichshain)**, inaugurada en 1880 y clausurada en 1999. El edificio modernizado alberga una institución privada de eventos culturales y comerciales.

Radialsystem VI: Urbanstraße 177 **(Kreuzberg)**, inaugurada en 1885 y destruida cuando dejó de estar operativa en 1981. El portón del edificio original se ha conservado y sigue siendo visible en la misma dirección.

Radialsystem VII: Lützowstraße 46-51 **(Tiergarten)**, inaugurada en 1885 y clausurada en 1982. Todos los edificios siguen existiendo, incluyendo una de las bombas originales. Desde 1988, el complejo alberga un centro juvenil, un albergue juvenil y un restaurante para eventos privados.

Radialsystem VIII: Alt-Moabit 70 / Gotzkowsky Straße 22 **(Moabit)**, inaugurada en 1890 y clausurada en 1989. En la actualidad, los edificios originales albergan un auditorio e instalaciones deportivas.

Radialsystem IX: Seestraße 2 **(Wedding)**, inaugurada en 1886 y clausurada en 1997. Los edificios fueron demolidos en el año 2000. Desde 1997, una moderna estación de bombeo ha sustituido a la antigua.

Radialsystem X: Bellermannstraße 7 **(Gesundbrunnen)**, inaugurada en 1890.

Radialsystem XI: Erich-Weinert-Straße 131 **(Prenzlauer Berg)**, inaugurada en 1909 y clausurada en 2002. Tras los magníficos edificios antiguos hay una moderna bomba que ha sustituido a la original.

Radialsystem XII: Rudolfstraße 15 **(Friedrichshain)**, inaugurada en 1893. Bomba modernizada en las décadas de 1910 y 1930, y aún en funcionamiento (junto con otra estación de bombeo moderna desde 1999).

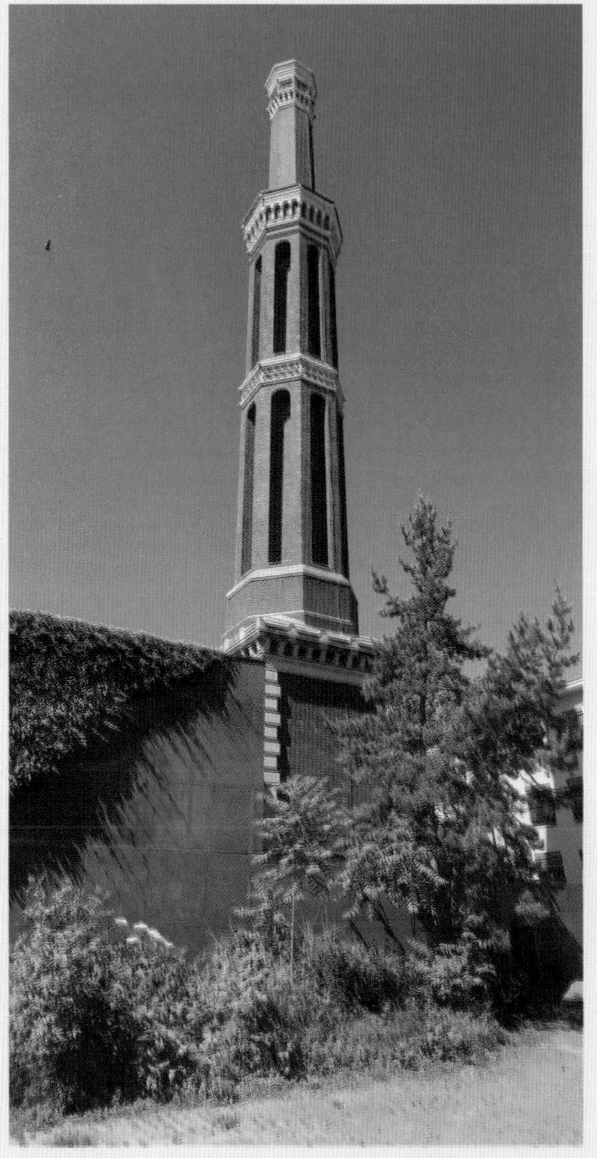

SEPULCRO DE LA FAMILIA RIEDEL ⑤

Una espectacular representación de la resurrección

Cementerio I de la comunidad parroquial de San Jorge
Leisepark
Greifswalder Straße 229, 10405 Berlín
Todos los días: en diciembre y enero de 8 h a 16 h; en febrero y noviembre de 8 h a 17h; en marzo y octubre de 8 h a 18 h; en abril y septiembre de 8 h a 19 h; de mayo a agosto de 8 h a 20 h
S3, 5, 7, 9 (Alexanderplatz), después debe coger el tranvía M4 (Am Friedrichshain)

El cementerio I de la parroquia de San Jorge (*Friedhof Georgen-Parochial I*), justo al lado de la puerta de la Heinrich-Roller-Straße, alberga la magnífica tumba de la familia Riedel, que representa una de las alegorías más conmovedoras de la Resurrección que pueden verse en Berlín. Se trata de una de las obras maestras del eminente escultor berlinés Rudolf Schweinitz realizada de una forma extraordinariamente dinámica en los años 1880 a partir de un boceto de Johannes Länge.

Entre las columnas dóricas de las ruinas de un templo griego, un ángel levanta la pesada losa de un sarcófago, revelando al espectador su interior vacío, mientras el sudario que yacía enigmáticamente sobre la tapa se desliza hasta el suelo.

Un *putto* («querubín») sentado en un escalón a los pies del sarcófago se da la vuelta al mismo tiempo para mirar al ángel con expresión perpleja, mientras que una llama surge del extremo de la antorcha que había apagado en señal de luto. A su derecha, una hoja de palma recuerda la entrada triunfal de Jesús en Jerusalén, anunciadora de su victoria final sobre la muerte, así como su promesa, inscrita en la parte de atrás de la tumba (Jn 17, 24): «Padre, quiero que allí donde esté, estén también conmigo los que me has dado». Al fondo, bajo un espacio abovedado que da a un exterior ficticio, el espléndido juego de colores de un pequeño mosaico representa un sutil amanecer sobre el fondo de un cielo estrellado. En la clave, el relieve de una mariposa simboliza la nueva vida de gloria prometida más allá de la muerte. La bóveda está rematada por dos palmas, símbolo de victoria desde la Antigüedad y en el contexto cristiano sobre el enemigo último que es la muerte.

SEPULCRO DE LA FAMILIA PINTSCH

Un genuino templo griego por la gloria de una familia de genios

Cementerio I de la comunidad parroquial de San Jorge
Leisepark
Greifswalder Straße 229, 10405 Berlín
Todos los días: en diciembre y enero de 8 h a 16 h; en febrero y noviembre de 8 h a 17h; en marzo y octubre de 8 h a 18 h; en abril y septiembre de 8 h a 19 h; de mayo a agosto de 8 h a 20 h
S3, 5, 7, 9 (Alexanderplatz), después debe coger el M4 (Am Friedrichshain)

En el cementerio de San Jorge (*Friedhof Georgen-Parochial I*), la inmensa tumba de la familia Pintsch destaca como una sorprendente construcción que reproduce un templo griego en ruinas. En la actualidad olvidados, Julius Carl Friedrich Pintsch (1815-1884) y sus descendientes figuran entre los genios industriales más prolíficos y útiles de la revolución industrial (véase página 311).

Evidentemente inspirada por el Partenón de Atenas, la tumba de la familia Pintsch comprende 12 columnas que simbolizan probablemente los 12 apóstoles de Cristo o, teniendo en cuenta la evidente predilección de la familia por la Antigüedad, los doce signos del Zodiaco o los doce meses del año que estructuran el tiempo.

Abierto por tres lados, el edificio dispone de un muro trasero sobre el que aparecen en dos alturas los nombres de los difuntos inhumados en el espacio circunscrito por las columnas. Entre las dos listas de difuntos, otro relieve representa una larga corona de laurel que recuerda la gloria y los numerosos logros de la familia, simbolizados por los frutos que rebosan de la tinaja situada sobre esta guirnalda.

ANTIGUO PASADIZO DEL PASO FRONTERIZO DE LA BORNHOLMER STRAßE

⑦

El testigo olvidado del final de la división de Alemania

Marienburger Straße 16, 10405 Berlín (acceso frente a la Winsstraße 57 o frente a la Marienburger Straße 32A)
U2 (Senefelder Platz)

Sitúese delante del número 57 de la Winnstraße y siga la Marienburger Straße para después girar a la derecha y descubrir un tejado de plástico amarillento bajo el que hay aparcados algunos coches.

A pesar de que a primera vista el tejado no parece gran cosa, con sus numerosas pequeñas bóvedas de cañón y sus farolas Svetlina de 1978 procedentes de Bulgaria (modificadas con bombillas de bajo consumo), lo cierto es que es una auténtica curiosidad histórica.

Tras la reunificación, una empresa energética que había sobrevivido a la RDA la compró barata a través del Treuhand (organismo encargado de privatizar los activos de la antigua RDA) pensando darle un buen uso. Después cayó en el olvido.

Hasta 1989, este tejado cubría el paso fronterizo de la Bornholmer Straße, ese memorable punto de control del Bösebrücke que fuera el primero en dejar pasar a la multitud hacia Berlín Occidental.

Habiendo pasado 28 años detrás del muro, los primeros 14 000 habitantes de la RDA que deseaban ver «el otro lado» del Berlín Occidental, se empujaban unos a otros bajo ese horrendo techo con sus espantosos focos. Hay que recordar que una nueva ley debía regular los viajes al extranjero y frenar el humillante número de ciudadanos que huían de una acabada RDA a través de terceros países.

Se preveían salidas controladas (permanentes) a todos los que desearan marcharse. El 9 de noviembre de 1989, Günter Schabowski anunció en una rueda de prensa las nuevas disposiciones y empezó a tartamudear a la hora de confirmar la fecha de entrada en vigor: «Es aplicable, que yo sepa… – es… – ¡ahora mismo, inmediatamente!».

El hecho de que esta ley solo se aplicara a los que deseaban abandonar de forma permanente la RDA no interesaba a nadie. Lo principal era irse. Apenas unas horas después, el comandante del puesto fronterizo de la Bornholmer Straße se enfrentó sin previo aviso a la multitud que presionaba en la frontera. Como no recibió ninguna orden clara de sus superiores, Harald Jäger (en el control de pasaportes del Ministerio de Seguridad) decidió por su cuenta levantar las barreras. Fue entonces, bajo este famoso techo, donde se puso fin a la división de Alemania.

EL PESCADOR DE LA WINSSTRAẞE

8

Un monumento marítimo bastante curioso

Winsstraße 34, 10405 Berlín
M6, M10 (Winsstraße), S8, 41, 42 (Greifswalder Straße)

En la esquina de la Winsstraße con la Chodowieckistraße, a la altura de la primera planta, se extiende a lo largo de la fachada un bajorrelieve estucado de un marinero de barba blanca de pie en un barco, que tira de una cuerda para izar las velas. Bajo la proa de la embarcación, en un estuco coloreado que corta las aguas y sobresale ligeramente, cuelga una farola cuyo color dorado contrasta con la fachada turquesa.

El edificio, construido en 1906 siguiendo los planos de Rudolf Krause, un arquitecto berlinés relativamente conocido entonces, albergó hasta finales de la década de 1980 el restaurante *Zum Anker* («anclado»), cuya entrada por la planta baja quedaba señalizada por dicha farola cuando anochecía.

El lugar, como el resto del edificio, pertenecía a la familia Bötzow, propietaria de 1864 a 1945 de una de las cervecerías más importantes de la ciudad, la *Brauerei Bötzow*. En lo más alto del edificio se distingue un escudo de armas con las iniciales «GB» de Alfred Gilka-Bötzow, que heredó el edificio y lo renovó un poco antes de la caída del Muro, transformándolo en una hospedería que alquilaba apartamentos.

A pesar de que Alfred Gilka-Bötzow haya cerrado definitivamente las puertas del *Zum Anker* después de haberlo heredado, y pese a las obras de renovación, el pescador de la Winsstraße permaneció fiel en su lugar como testigo de la historia familiar. Alfred I Gilka, su bisabuelo, se casó en 1875 con una chica de la familia Bötzow, dando lugar al linaje de los Gilka-Bötzow. Los Gilka eran productores de aguardiente naturales de Silesia y aún son conocidos por su Gilka Kümmel, un licor aromatizado a base de semillas de alcaravea. La razón por la que uno de los primeros propietarios del lugar quiso esta decoración marítima sigue sin estar claro, pero es muy probable que la inspiración viniese de una estancia en el mar.

LOS ESCUDOS DE ARMAS DEL PÓRTICO DE LA GRÜNE STADT

(9)

Un homenaje a los oficios

Greifswalder Straße 55–56, 10405 Berlín
S 8, 41, 42, 85 (Greifswalder Straße)

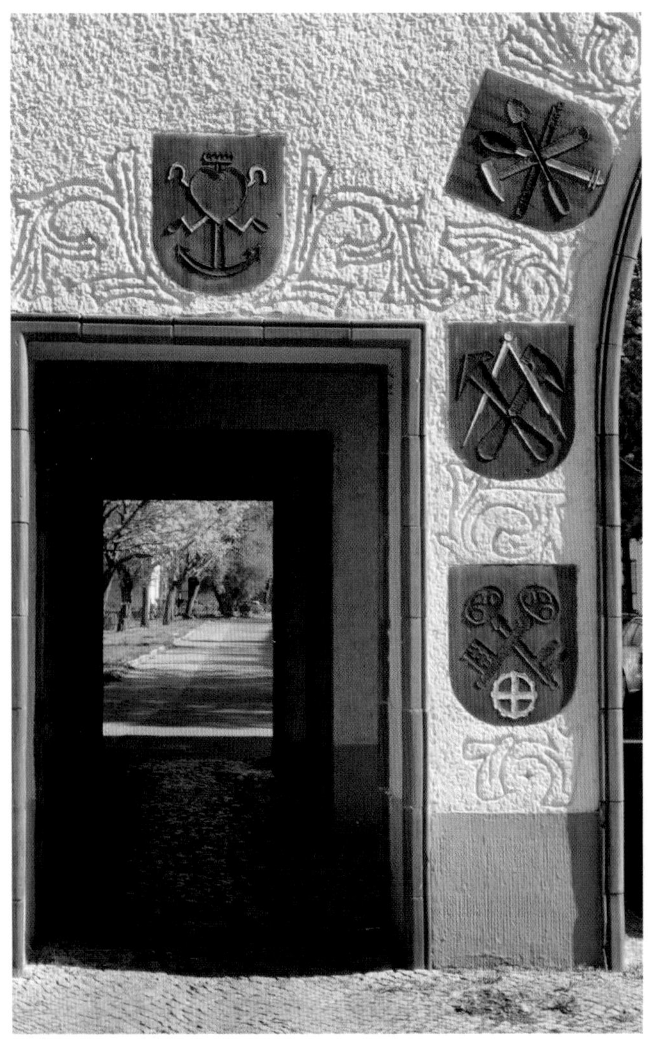

Entre los números 55 y 56 de la Greifswalder Straße, un gran arco de entrada flanqueada por dos puertas conduce a los patios interiores de la *Grüne Stadt* (la «Ciudad Verde»), un antiguo complejo de viviendas sociales municipales privatizado desde 2004. El arquitecto Werner Harding las construyó en 1938-39 con la idea de destinarse a la clase obrera. El portal aún lo demuestra.

Lejos de las fachadas desnudas de otros edificios, recubiertas únicamente con un revoque blanquecino, el pórtico con azulejos de *terracotta* roja está bordeado por un friso impreso en estuco y compuesto de entrelazados y escudos. Estos escudos pintados en blanco y negro sobre fondo rojo, en homenaje a los obreros que vivían en este edificio, son una colección de emblemas tradicionales (algunos se remontan incluso a la Edad Media) de los oficios manuales. Así, sobre la puerta de la izquierda, se puede reconocer el emblema de los cordeleros, formado por el corazón, el ancla, el rastrillo (guía de las cuerdas durante el trenzado) y los ganchos con manivelas (que deben accionarse para trenzar la cuerda o el amarre).

Alrededor del gran arco de entrada, se encuentran de izquierda a derecha: el emblema de los cerrajeros, formado por las llaves y la rueda dentada; el de los ingenieros, formado por el compás, el pico y el martillo; el de los techadores, compuesto por el compás, el martillo y

el martillo puntiagudo; el de los cristaleros, con el cortador de cristales de diamante (en horizontal), el rallador (en vertical), el martillo y el soldador; el de los carpinteros, con el compás, la escuadra y el cepillo; el de los sastres, con la aguja, las tijeras y el transportador de ángulos; el de los pintores de edificios, con el águila imperial y un escudo con tres pequeños blasones; el de los deshollinadores, con recogedores y una escobilla (erizo); el de los canteros, con el monograma de un cantero (la firma con la que los escultores solían marcar cada una de sus piedras); el de los alfareros, con un torno flanqueado por llamas y las letras T y O (probablemente por *Töpfer-Orden* – «Orden de Alfareros»); el de los carpinteros, con la sierra multiusos (sierra de dos manos, aquí unida a un péndulo), hacha y escuadra; y, por último, el de los ebanistas, con los cinceles y el compás.

Encima de la puerta derecha: el emblema de los cerveceros, con el cucharón, la pala, las espigas de trigo y el lúpulo.

En el interior del pasadizo abovedado, a la izquierda: el emblema de los herreros, con una herradura.

En el interior del pasadizo abovedado, a la derecha: el emblema de los electricistas, con un rayo atravesado por cables eléctricos y tres seccionadores (*Trennschalter*).

En el lado del patio, sobre la puerta de la izquierda, aparece nuevamente el emblema de los carpinteros.

En el lado del patio, en la clave, aparece nuevamente el emblema de los albañiles, con el compás, el pico, la escuadra y la pala.

En el lado del patio, sobre la puerta derecha, aparece nuevamente el emblema de los sastres.

SEPULCRO DE LAS FAMILIAS LEWINSOHN Y NETTER

⑩

Una tumba excepcional

Cementerio judío de Berlin-Weißensee
Herbert-Baum-Straße 45, 13088 Berlín
De lunes a jueves de 7 h 30 a 17 h; el viernes de 7 h 30 a 14 h 30
S8, 41, 42, 85 (Greifswalder Straße), después debe coger el tranvía M1, 4, 13 (Albertinenstraße)

En el centro del magnífico cementerio judío de Berlin-Weißensee (quizás uno de los más bellos de Europa), resulta casi imposible detenerse a apreciar la cantidad y calidad de las tumbas.

Hay una que es una auténtica joya y que no debe perderse. Pida un plano en la entrada y busque el lugar en donde se cruzan los pasillos IIA, IIB, IIG y IIH. Casi en la intersección de los cuatro, la tumba de las familias Lewinsohn y Netter está rodeada por una espectacular verja de hierro forjado decorada con decenas de flores doradas, así como hojas verdes entrelazadas y rematadas por un motivo color burdeos. Diseñada en 1893 por la empresa Fabian, la tumba alberga cuatro sarcófagos cuyas placas llevan las fechas de nacimiento y muerte de los difuntos fallecidos entre 1893 y 1922.

La tumba fue restaurada entre 2000 y 2002 con la ayuda de los Monumentos Históricos del *Land* de Berlín.

También merece la pena ver la intersección de los pasillos IIK, IIJ, IIR e IIS. El conjunto de tumbas de esta pequeña plaza es excepcional. Destacan las de las familias Adam, Friedlaender y Baszynski de inspiración modernista.

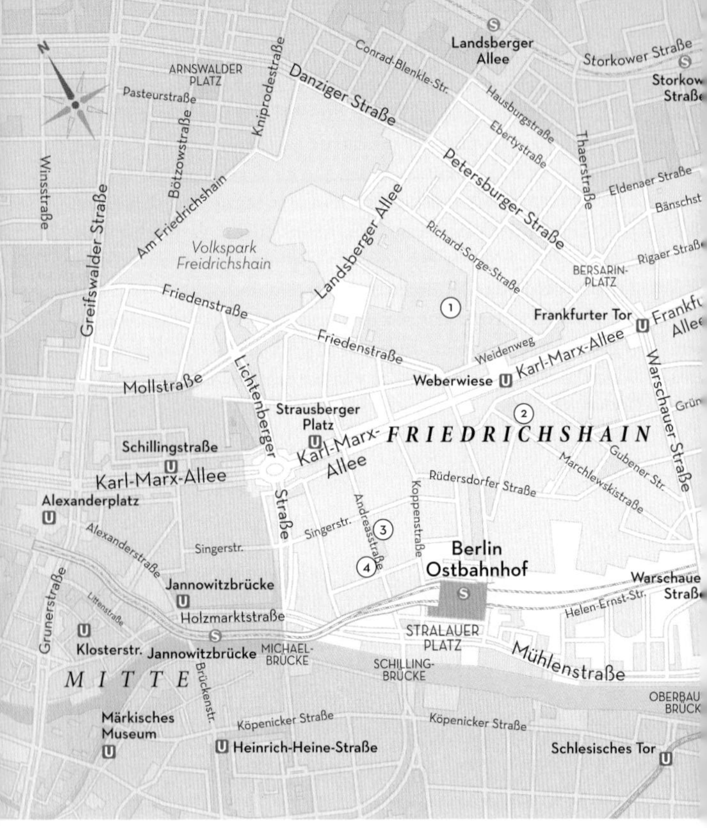

Friedrichshain - Rummelsburg

LICHTENBERG
Lichtenberg
Einbecker Straße
Möllendorffstraße
Magdalenenstraße
Frankfurter Allee
Buchberger Str.
Pettenkoferstraße
Bänschstr.
Margaretenstr.
Marie-Curie-Allee
Rigaer Straße
Frankfurter Allee
Schulze-Boysen-Straße
Weitlingstraße
Samariterstraße
Scharnweberstraße
Gürtelstraße
Münsterlandstr.
Nöldnerplatz
Weserstraße
Lückstraße
Kaskelstraße
Nöldnerstr.
RUMMELSBURG
Wühlischstraße
Marktstr.
Simplonstraße
Rummelsburg
Hauptstraße
Ostkreuz
Modersohnstraße
Hauptstraße
Markgrafendam
Kynaststraße
Rummelsburger see
Corinthstraße
Fischzug
Stralauer Allee
Alt-Stralau
Spree
ELSEN-BRÜCKE
Treptower Park
Treptower Park
0
500
1000 m

EL JARDÍN CIRCULAR DEL CEMENTERIO II DE LA COMUNIDAD PARROQUIAL DE SAN JORGE

①

Las etapas de la vida

Georgen-Parochial-Friedhof II
Friedenstraße 80, 10249 Berlín
Diciembre y enero: de 8 h a 16 h; febrero y noviembre: de 8 h a 17 h; marzo y octubre: de 8 h a 18 h; abril y septiembre: de 8 h a 19 h; de mayo a agosto: de 8 h a 20 h
U5 (Weberwiese)

A la derecha de la capilla del cementerio II de la comunidad parroquial de San Jorge, la parcela Uh-Z forma un pequeño jardín circular con una sencilla fuente, alrededor de la cual hay cuatro estatuas cuanto menos intrigantes que representan las cuatro edades de la vida humana.

La primera representa a un anciano doblándose bajo el peso de un grueso collar. Su carne flácida y arrugada indica una edad avanzada, mientras que su musculatura atestigua una vida plena. Está sentado sobre un tronco seco, encapuchado, y esta cubre su mirada fija en una calavera que sostiene en la mano izquierda.

A su izquierda, la infancia aparece en forma de niño de unos doce años, también sentado en un tocón. Esta vez, de este crece una rama que vuelve a la vida, produciendo flores en abundancia. El muchacho mira al cielo y su mano derecha toca un águila posada en su hombro, símbolo de sus ambiciones y de las alturas a las que sueña volar.

Al este se encuentra el adolescente melancólico inmerso en sus emociones. Está representado como un poeta, con el corazón roto, que, en estado pensativo, frota las cuerdas de una lira decorada con un rostro femenino. A sus pies, una corona de flores.

Por último, el hombre de mediana edad, de espalda recta y rostro duro, da el aspecto de una voluntad inquebrantable. Sentado en un pedestal de piedra, levanta el puño en señal de determinación, mientras a sus pies una pequeña figura agarrada a su mano derecha escala una cabeza peluda que parece estar engullida en la base.

Esta cabeza se parece extrañamente a la del adolescente, la escena sugiere que la madurez masculina es una victoria sobre el sentimentalismo romántico.

Según algunas fuentes, la cara del hombre maduro es la de David Francke, el padre de Ernst Carl Francke (1823-1895), próspero comerciante de madera y fundador de la empresa David Francke Söhne, cuya tumba familiar se encuentra a la izquierda de la capilla del cementerio.

Para saber más: Katrin Lesser, Jörg Kuhn, Detelev Pietzsch, *Gartendenkmale in Berlín*: Friedhöfe, editado por Jörg Haspel y Klaus von Krosigk, Petersberg 2008.

LAS COLUMNAS DEL WEBERWIESE

②

Unas columnas provenientes del castillo de Göring

Marchlewskistraße 25, 10243 Berlín
U5 (Weberwiese)

El arquitecto Hermann Henselmann construyó esta famosa torre de la *Weberwiese* en tan solo un año, entre 1951 y 1952. Fue el primer rascacielos construido en el Berlín Oriental de posguerra. Un hecho desconocido por muchos berlineses, e incluso por la mayoría de los habitantes de la torre, es que se reutilizaron vestigios de un castillo privado de los nazis para esta construcción neoclásica, como las columnas negras de dolerita pulida color verde oscuro de la entrada del edificio y el revestimiento de los paneles desde la entrada principal hasta la escalera proceden de Carinhall, la finca de Göring en el noreste de Berlín.

A principios de la década de 1940, estas columnas adornaban la extensión del pequeño refugio Reichsmarschall, una casa de madera de estilo nórdico construida a orillas del lago Wuckersee, en el bosque de la Schorfheide. Este gigantesco edificio estaba destinado a acoger la colección privada de arte «arrebatada al enemigo» de Göring. Este poseía otra propiedad cerca del Berghof de Hitler en los Alpes bárbaros y ordenó demoler Carinhall cuando la guerra se acercaba a su fin, para que su propiedad no cayese en manos de los Aliados.

Mandó quemar algunos de los cuadros robados, que creía erróneamente de menor valor. Las ruinas fueron completamente retiradas durante la época de la RDA y hoy en día solo queda un búnker, tapiado pero muy atractivo para los buscadores de tesoros.

Construido principalmente con ladrillos de los escombros del bombardeo, el edificio fue dotado de un revestimiento exterior de cerámica (no porcelana) suministrado por la fábrica de azulejos para estufas y de construcción hecha por Carl Teichert en Meißen.

De acuerdo con su formación, el arquitecto diseñó por primera vez un edificio de este estilo arquitectónico moderno de antes de la guerra, pero se rechazaron sus planes. Como resultado, eligieron esta pieza de bravura socialista que en cierto modo implicaba la continuación del neoclasicismo nazi en el este. El edificio, que inauguró el plan de reconstrucción nacional de una jovencísima RDA y sirvió de modelo para la futura Stalinallee, fue tan costoso que acabó con todo el presupuesto económico de la RDA, aprovechando absolutamente todas las subvenciones estatales. Hasta 1989, un apartamento en este edificio costaba la novena parte de lo que deberían haber costado la construcción y el mantenimiento.

EL GESTO DE UNOS CUERNOS DE LA ESTATUA DE *EL ARTESANO Y SU HIJO*

③

Una señal discreta para espantar la mala suerte

Andreasstraße 21–22, 10243 Berlín
U5 (Strausberger Platz) / S3, 5, 9, 7, 75 (Ostbahnhof)

Frente a los números 21 y 22 de la Andreasstraße, en Friedrichshain, una estatua de mármol representa a un herrero con delantal y a su hijo de 10 años en medio de una gran zona verde repleta de árboles. El hombre, en cuclillas, sostiene en su mano derecha un martillo, que el niño agarra de la cabeza, atento a las explicaciones de su padre que le está desgranando los rudimentos de su futura profesión. Si observamos al herrero, está sin duda haciendo algo que se parece mucho a unos cuernos (puño cerrado y los dedos índice –aquí sustituido por el pulgar– y meñiques extendidos) con su mano izquierda. Teniendo en cuenta el esfuerzo que supone esculpir un bloque de mármol, no es necesario insistir en la improbabilidad del azar. Hecho en dirección descendente con la mano izquierda como es el caso, significa tradicionalmente la mala suerte. El niño representa el futuro de la profesión, a quien su supersticioso padre intenta proteger del mal de ojo.

Originalmente, este conjunto de 1898 formaba parte de la Andreasplatz que hasta la década de 1960 estaba al otro lado de la calle. Organizada alrededor de una fuente en medio de un estanque circular su estructura la conformaban tres enormes bancos de granito pulido separadas por dos estatuas: *El artesano y su hijo* de Wilhelm Haverkamp y *Madre e hijo* de Edmund Gomansky. Ambos encarnan el ideal de familia wilhelmiana y en el centro, un medallón de bronce representaba a Borussia, la figura femenina alegórica de Prusia. Su localización no deja de resultar un tanto irónica, pues este ideal de familia tradicional está instalado en una zona donde reinan la prostitución y la criminalidad: tras la estación de ferrocarril de Silesia (la actual Ostbahnhof).

El barrio, destruido durante la Segunda Guerra Mundial, se reconstruyó a principios de la década de 1960, y la Andreasplatz, situada en Berlín Oriental, tuvo que ceder su lugar a los famosos *Plattenbauten* (literalmente «edificios de placas»; dicho de otra forma, prefabricados) que vemos hoy en día.

Como la revolución feminista revolucionó algunos valores, estas dos estatuas se separaron, ya que celebraban la división tradicional de las tareas domésticas. Por su parte, *El artesano y su hijo* encontró un nuevo hogar más apropiado en la Virchowstraße, en el jardín aromático del Volkspark Friedrichshain, no muy lejos de los campos de juego y del servicio de obstetricia de la clínica de la Landsberger Allee.

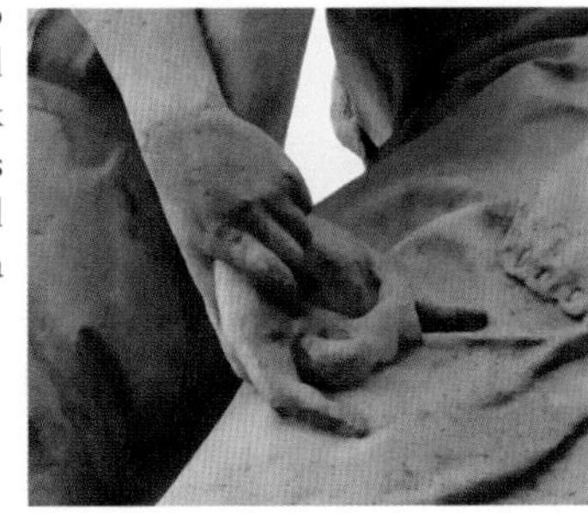

ANTIGUA SEDE ADMINISTRATIVA DE LA PINTSCH AG

4

Un genio de la luz

Andreasstraße 71–73, 10243 Berlín
S3, 5, 7, 75, 9 (Ostbahnhof)

La sede administrativa de la Pintsch AG (más tarde llamada Pintsch BAMAG) continúa ocupando los números 71 y 73 de la Andreasstraße. Tras ella anteriormente estaba todo el complejo industrial.

Su ubicación está estrictamente ligada a la historia del éxito que tuvo la compañía. El joven Julius Pintsch, hojalatero de profesión, funda en 1943 su propio taller en los bajos del número 4 de la Stralauer Platz. Ambicioso y persuasivo, establece rápidamente lazos con sus vecinos: la industria de gas (Stralauer Platz 33-34, la actual Energieforum) y después las compañías ferroviarias. El primer comprador de su nuevo sistema de iluminación por gas para trenes y locomotoras fue la Niederschlesisch-Märkische Eisenbahn, que operaba la línea desde la estación de ferrocarril de Silesia (la actual Ostbahnhof) inaugurada en 1842. La estratégica ubicación de Pintsch le daba todas las razones para quedarse allí. En 1848 adquirió el 6-7 de la Stralauer Platz y luego a medida que prosperaba, el 71-73 de la Andreasstraße, donde se levanta el edificio actual, construido por Cremer y Wolfenstein en 1907-08.

Sobre el portal con tres entradas, cuatro relieves de figuras masculinas aún atestiguan el propósito original de este edificio colosal. En el centro, se representa a dos ingenieros sumidos en profundas reflexiones, mientras que el fruto de su invención aparece al fondo. En el centro a la derecha la famosa *Pintsch-Boje* o *Leuchttonne*, la boya luminosa inventada por Pintsch para guiar a los barcos; en el centro a la izquierda probablemente el globo de un faro (*Leuchtfeuer*) (véase doble página siguiente).

A ambos lados de estas figuras de intelectuales aparecen también dos hombres corpulentos con el torso desnudo, uno de los cuales está colocando un martillo sobre un yunque, mientras que el segundo parecía llevar otra herramienta, ahora desaparecida. Recuerdan a los orígenes de la empresa Pintsch, fundada en el taller de un simple hojalatero.

Algunos bajorrelieves de coronas y guirnaldas de laurel, símbolos de la gloria y el éxito, resaltan en algunas de las ventanas. Justo debajo del frontón, los bajorrelieves de cuatro rostros masculinos pueden representar a los cuatro hijos de Julius Pintsch que cuando se inauguró el edificio en 1908, habían tomado el relevo de su difunto padre al frente la empresa.

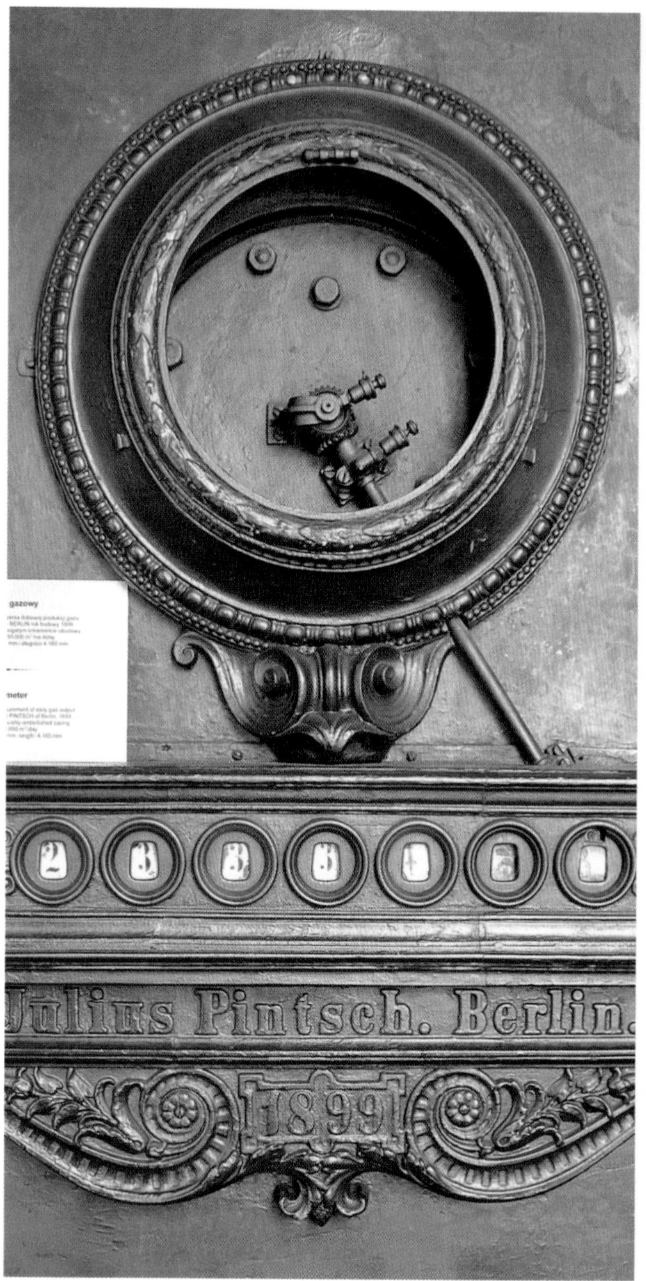
gazowy
Julius Pintsch. Berlin.
1899

Julius Carl Friedrich Pintsch: una industrial fuente de muchas innovaciones

Vivimos sin saberlo en un mundo forjado por Julius Carl Friedrich Pintsch (1815-1884) y sus cuatro hijos Richard, Oskar, Julius y Albert.

En 1843, la Pintsch AG se especializó principalmente en sistemas de calefacción e iluminación y conoció un ascenso importante a partir de la década de 1850, cuando la ciudad de Berlín empezó a arrebatarle el monopolio del gas a los ingleses.

Julius Pintsch, entonces hojalatero (*Klempner*), fue empleado de la Compañía de Gas de Berlín. Como el desarrollo de la red de distribución para uso privado requería la instalación de numerosos contadores, Pintsch supo ver la oportunidad y empezó a ganar una fortuna gracias a la invención de un contador de gas mucho más fiable y preciso que los instrumentos ingleses, que pronto distribuyó por toda Alemania y que tuvo incluso cierto éxito internacional.

Sus innumerables aportaciones posteriores resultaron cada vez más decisivas. Instalado cerca de la estación de ferrocarril de Silesia (la actual Ostbahnhof), Pintsch desarrolló el primer sistema de alumbrado de gas para trenes y locomotoras, que hasta entonces funcionaban a base de lámparas de aceite o parafina, menos seguras y que producían una luz más tenue. Pronto los trenes también se calentaron mediante sistemas desarrollados por él.

Pintsch se consolidó además como el único productor europeo de manguitos de incandescencia (*Glühstrumpf*), unos envoltorios de tela que generan luz intensa al contacto con una llama, sin los cuales la iluminación por gas seguiría siendo ineficaz. Más tarde, en el mercado de las bombillas, Pintsch se convertiría en digno adversario de Osram. Las torres de señalización marítima estarán equipadas con faros Pintsch en todo el mundo.

Finalmente, la sociedad Pintsch inventaría el marcador luminoso flotante, la *Pintsch-Boje* («boya Pintsch»), el que sería sin duda su descubrimiento más memorable, pues hizo que la navegación nocturna fuese segura. Las costas de todos los mares y vías marítimas del mundo entero (especialmente el canal de Suez) serían señalizadas con estas boyas.

LA TORRE INCLINADA DE LA IGLESIA DE STRALAU

⑤

¿Una torre más inclinada que la de Pisa?

Tunnelstraße 5–11, 10245 Berlín
De mayo a agosto: el domingo de 13 h a 16 h
S8, 9, 41, 42 (Treptower Park) / S3, 5, 7, 8, 9, 41, 42 (Ostkreuz), después el bus 347
(Stralau, Tunnelstraße)

Un poco antes del final de la encantadora península de Stralau hay una pequeña iglesia medieval del siglo XV. Lo más curioso de ella es su torre blanca (añadida tiempo después), que, pese a estar bastante inclinada, al estilo de la de Pisa, parece no llamar demasiado la atención.

Mientras que esta última tiene una inclinación de 3,9 grados hacia el sur, la de Kirchturm Stralau sería de 5 grados hacia el noroeste. Teniendo esto en cuenta, la iglesia de Stralau poseería una de las torres más inclinadas del mundo.

Según algunas fuentes, la torre se hundió como consecuencia de los daños sufridos durante la Segunda Guerra Mundial. El 26 de febrero de 1945, una bomba cayó sobre la iglesia destruyendo completamente la bóveda de la nave. En el momento de su construcción a finales de la década de 1950, el cráter que hizo la bomba se habría rellenado mal, lo que habría ocasionado más tarde un debilitamiento del terreno y por consecuencia la flexión de la torre. No obstante, investigaciones posteriores han demostrado que esto ya se había observado en 1934…

La iglesia de Stralau también conserva sus vidrieras originales en dos ventanas de la nave.

El cementerio de la iglesia es un lugar fantástico para pasar un rato tranquilo: la inclinación del talud que da al agua del Spree es perfecta para descansar en el suelo mientras se escucha el chapoteo del agua en la orilla.

TORRE DE PLOMO

Plomo en la cabeza

Nöldnerstraße 16, 10317 Berlín
info@berlin-industriekultur.de
Visitas guiadas durante las Jornadas del Patrimonio o bajo demanda
S3, 5, 7, 8, 9, 42 (Ostkreuz)

En el barrio de Victoriastadt (también conocido como «Kaskelkietz») en Rummelsburg, la torre de ladrillos rojos de 38 metros de altura, casi tan alta como el campanario de la Erlöserkirche que está justo al lado, no es una chimenea industrial más.

Construida en 1908 para la empresa Juhl & Fils, esta torre se utilizaba para fabricar plomo.

Una escalera de madera, compuesta por 200 escalones, lleva hasta su cúspide. A lo largo de una tubería de 50 centímetros de diámetro, pasamos por ventanas sin cristales perforadas en la pared. En la sala del piso superior –de donde debería colgar una pesada campana como en todas las iglesias– hay un horno cuya chimenea se eleva hacia el cielo de Berlín. En realidad, es bastante pequeña: el plomo se funde a 327,5 °C, una temperatura relativamente baja para un metal (el acero, por ejemplo, se funde a más de 1100 °C). Este inteligente proceso era el siguiente: los trabajadores elevaban mediante poleas los lingotes de plomo a lo alto de la torre, donde los fundían en el horno antes de verter cuidadosamente el metal líquido a través de una plancha perforada que hacía las veces de criba. Con la caída, las gotas de plomo líquido se endurecían muy rápido adoptando naturalmente una forma redonda. El estanque de agua, 30 metros más abajo, al pie de la torre, terminaba de enfriarlos y endurecerlos, según el principio del templado de los metales: templar en un líquido frío un metal muy caliente lo endurece muchísimo. Cada día, este conducto veía caer 4 toneladas de plomo a través de él, protegiéndolo de los vientos laterales. El resultado eran plomos perfectos con los que llenar los cartuchos de los aficionados de la caza.

La torre funcionó hasta 1939. Durante la RDA perteneció a la *VEB Druckguß und Formbau* («Fundición a presión y fabricación de moldes») de Weißensee, cuyo taller de formación se encontraba en Rummelsburg.

Es única en su especie en la región metropolitana de Berlín-Brandebourg y está protegida como Patrimonio industrial.

El único barrio de una ciudad alemana que lleva el nombre de una reina británica

Al igual que el barrio de Kaskelkietz se llama así por el jurista y político llamado Kaskel, Victoriastadt es un homenaje a la reina inglesa, Victoria. Es el único ejemplo de barrio de una ciudad alemana que lleva el nombre de una reina británica, reflejando así las buenas relaciones entre el emperador alemán y la Casa Real Inglesa.

LAS COLUMNAS DE HARTUNG 

Vestigios de un antiguo puente ferroviario

Türrschmidtstraße (Ecke Stadthausstraße), 10317 Berlín
S3, 5, 7, 9 (Nöldnerplatz)

Las 12 columnas de hierro fundido de la esquina de la Türrschmidtstraße y la Stadthausstraße constituyen el último vestigio de los antiguos pilares del puente ferroviario para trenes de cercanías, justo al lado. En 2005, tras 102 años de servicio, el puente se reconstruyó en hormigón y los pilares metálicos originales perdieron su utilidad.

Ahora hay un panel explicativo sobre las particularidades de estas columnas, típicas de la construcción de puentes ferroviarios de Berlín a partir de los años 1880. Al elevarse para permitir el paso de autobuses de dos pisos, se necesitaron pilares intermedios.

Pero en aquel momento no se podía instalar cualquier pilar. Convocaron un concurso de arquitectura y se eligió el «Modelo 2» de Hugo Hartung. Este último tuvo la idea de fabricar una columna de hierro fundido, lo que redujo enormemente los costes. Para reducir el efecto de las cargas y vibraciones provocadas por el tráfico ferroviario sobre el hierro fundido, más quebradizo que el acero tradicional, Hartung reforzó el capitel, el centro y la base de las columnas.

FRESCO DEL *PUEBLO NICARAGÜENSE* - MONIMBÓ 1978 (8)

Pintura naíf para un baño de sangre

Skandinavische Straße 26, 10317 Berlín
S5, 7, 9, 75 /U5 (Lichtenberg)

En Lichtenberg, en el muro de una casa de la Monimbó-Platz, la administración del distrito financió una espectacular pintura que cubre una superficie total de 255 metros cuadrados.

En ella aparecen dos casas con paredes blancas y techos cubiertos de tejas, y una docena de cabañas con techo de palma en una llanura al pie de una montaña coronada por una fortaleza. Entre las chozas juegan niños; hombres y mujeres trabajan el campo. Dos soldados salidos de la izquierda y vestidos con uniformes verdes irrumpen en la escena y apuntan a los habitantes con un arma. Helicópteros y pequeños aviones surcan el cielo. Uno dispara desde uno de ellos. Unos cuantos autóctonos yacen sin vida en el suelo; un carro transporta un cadáver envuelto en su mortaja. En primer plano, algunos de ellos están armados con piedras. Estos resistentes pertenecen al Frente Sandinista de Liberación Nacional. El FSLN puede verse inscrito varias veces en las paredes de los dos edificios.

El shock emocional lo produce el contraste entre la alegría de los colores vivos, típica de esta técnica pictórica, y el tema del fresco.

El artista representó el asesinato de 343 habitantes en Monimbó (Nicaragua) durante una revuelta contra el tercer y último dictador de la familia Somoza; una masacre perpetrada en 1978 por sus asesinos mercenarios. Un año después, los guerrilleros del FSLN echaron al mismo Anastasio Somoza Debayle del país. El levantamiento de Monimbó fracasó, ya que la ayuda exterior no llegó a tiempo y el interés de la opinión pública internacional por los problemas de Nicaragua llegó demasiado tarde. Esta sangrienta represión de los insurgentes sandinistas convirtió a Monimbó en un símbolo nacional.

Fue en 1985 cuando el artista nicaragüense Manuel García Moia pintó este fresco. Nació en 1936 en Monimbó, barrio indígena de la ciudad de Masaya, donde vivió sus primeros años. El partido SED de Alemania Oriental apoyó la lucha de liberación del pueblo nicaragüense contra la dictadura de Somoza, de ahí que se lo encargara el municipio de Berlín Oriental. Moia contó con ayuda del diseñador gráfico de Berlín Oriental Martin Hoffmann y del escultor pintor y dibujante Trakia Wendisch.

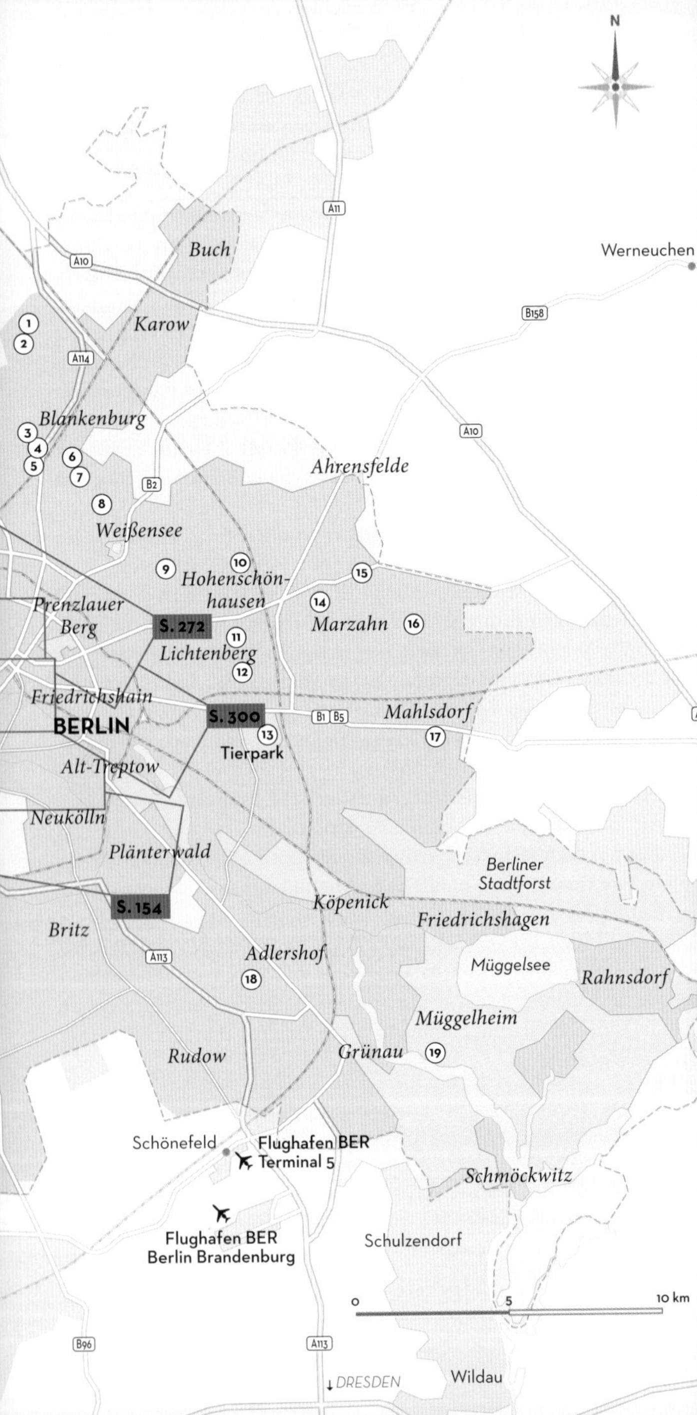
N
A11
Buch
Werneuchen
A10
B158
Karow
A114
Blankenburg
A10
Ahrensfelde
B2
Weißensee
Hohenschön-
hausen
Prenzlauer
Berg
S. 272
Marzahn
Lichtenberg
Friedrichshain
BERLIN
S. 300
B1
B5
Mahlsdorf
Tierpark
Alt-Treptow
Neukölln
Plänterwald
Berliner
Stadtforst
S. 154
Köpenick
Friedrichshagen
Britz
A113
Adlershof
Müggelsee
Rahnsdorf
Müggelheim
Rudow
Grünau
Schönefeld
Flughafen BER
Terminal 5
Schmöckwitz
Flughafen BER
Berlin Brandenburg
Schulzendorf
0
5
10 km
B96
A113
↓ DRESDEN
Wildau

Pankow - Lichtenberg - Marzahn Hellersdorf- Treptow/Köpenick

VESTIGIOS DEL CAMPO DE ACOGIDA DE BLANKENFELDE

①

Para los futuros inmigrantes del... occidente

Blankenfelder Chaussee 7, 13159 Berlín
Bus 107 (Botanischer Volkspark (Berlín))

La puerta oxidada, las vallas y el alambre de espino cerca de la cabaña forestal del distrito de Pankow son el primer recuerdo de la existencia del antiguo campo de acogida para los emigrantes del oeste-este de Blankenfelde.

Justo detrás, un pequeño búnker de hormigón con una mirilla y una ranura de tiro yace bajo un poste de luz RSL 1 de tipo RDA: es un blocao que solo podía alojar a un centinela pero que proporcionaba un campo de tiro despejado en caso de que alguien hubiese intentado pasar la alambrada.

«Las cabañas de madera se demolieron hace años», cuenta el guarda forestal. «Ya se ha encontrado el campo de tiro de la policía popular encargada de proteger los edificios (*Betriebsschutz*) que todavía está allí. Las tropas fronterizas, el Ministerio de Seguridad, la policía criminal,

todos estaban aquí. Los pobres bastardos que querían entrar en nuestra maravillosa RDA –ya fuera por primera vez o no– se examinaban con lupa. No se debía permitir la infiltración de un enemigo de Estado». El guarda fronterizo soltó una risita. «El campo de acogida permaneció abierto desde 1957 a 1972. ¡Después tuvo muchísima afluencia!». Por supuesto se echó a reír porque vio que su interlocutor, que también reía, había entendido la broma.

Durante el año del «cambio» (1989-1990), de los 20 campos de acogida con un total de 1500 plazas, solo quedaron 117 camas en Röntgental, abierto en 1979.

Blankenfelde tenía capacidad para 300 futuros inmigrantes del Occidente. Allí eran evaluados durante 38 días para ver qué podían aportar a la economía de la RDA y cuáles eran sus ideas políticas. A los que decidieron devolver tras marcharse al occidente se les obligaba a someterse a una autocrítica adecuada. Sus confesiones se publicaban en el diario nacional Neues Deutschland. Entre 1957 y 1988, unas 800 000 personas abandonaron la parte occidental para vivir en la RDA. De ellas, 400 000 ya habían huido previamente.

Un poco antes de la construcción del Muro, la proporción de inmigrantes este-oeste respecto a los inmigrantes en sentido inverso sufrió una evolución diferente de la que se cree. En 1957, se contabilizaron 40 000 recién llegados provenientes del oeste frente a las 262 000 personas que huyeron del este. En 1959, 63 000 personas ya habían emigrado en dirección oeste-este frente a las 144 000 que lo hicieron en sentido contrario. No fue hasta la construcción del Muro en 1961 que el número de recién llegados a los campos de la RDA, así como el número de salidas del territorio disminuyeron rápidamente. En 1989, 1000 personas llegadas del occidente solicitaron un visado de entrada.

MURO GEOLÓGICO

②

Una atracción geológica mayor

Botanischer Volkspark
Blankenfelder Chaussee 5, 13159 Berlín
geowand.gruen-berlin.de (muro geológico interactivo)
De lunes a domingo desde que sale el sol hasta que se esconde
Invernaderos de exposición: de martes a jueves de 10 h a 14 h; de viernes a domingo (y festivos) de 11 h a 17 h
Bus 107 (Botanischer Volkspark)

Con sus piedras numeradas aquí y allá, el largo muro de piedras naturales de la esquina más remota del Botanischer Volkspark parece haber sido construido por un paisajista extremadamente meticuloso.

En realidad, este muro es una atracción geológica considerable y una curiosidad histórica berlinesa que acaba de ser elevada al rango de 78 «geotopo nacional».

El Dr. Eduard Zache (1862-1929), miembro de la Sociedad geológica alemana y de la Sociedad de historia Brandenburgia, es el autor de este «muro geológico» edificado desde 1891 hasta 1896. Inicialmente estaba ubicado en el Humboldthain, un antiguo jardín botánico y geológico de interés pedagógico hecho en memoria de Alexander von Humboldt.

En 1909, esta misión educativa se traspasó al jardín pedagógico central de la carretera de Blankenfelde (el actual jardín botánico) pero con un mayor interés científico: el muro geológico del doctor en ciencias y profesor del instituto Andreas de la Koppenstraße también se movió al mismo sitio.

Con su muro de 30 metros de longitud y 2,50 metros de altura, el Dr. Eduard Zache reprodujo un corte trasversal ideal a través de la historia geológica de Europa central.

Está dividido en 20 partes y compuesto por 123 tipos de rocas, minerales y suelos procedentes de Brandeburgo, de regiones del Rin, Silesia, Sajonia y Turingia.

Empezamos por la izquierda, donde los sedimentos son recientes, y cuanto más avanzamos hacia la derecha, más antiguas son las capas. Al final, se llega a las rocas más antiguas de la base cristalina. Estos estratos deberían disponerse verticalmente, es decir, de arriba a abajo. Sin embargo, para facilitar la presentación de esta estructura en un muro relativamente bajo, Zache prefirió intercalar entre las capas (que debemos imaginar en la dirección de la altura de las zonas de ruptura) fallas, canales por los que el magma subió a la superficie, pliegues que alteran el orden cronológico (vertical) de los estratos. También se incorporaron minerales y fósiles en varios lugares. Sobrevolar la pared de izquierda a derecha es como recorrer 300 millones de años de nuestra era geológica en muy poco tiempo…

LUNABUNKER

③

Una inmersión en los años oscuros

Hermann-Hesse-Straße, esquina con la Schützenstraße, 13156 Berlín
S1, 25, 26 (Schönholz)

Un camino sencillo conduce a un pequeño bosque a lo largo de un muro de ladrillo del club de tiro del castillo de Schönholz. A la izquierda se ve un bulto oscuro entre los árboles, como un tejado muy plano a dos aguas de una gran cabaña hundida en el suelo. Una vez delante de ella, queda claro que se trata del tejado de hormigón de un blocao que sobresale 1,5 metros del suelo. Aquí y allá la escarcha se ha desprendido, dejando a la vista la estructura desnuda de hormigón armado. Un vistazo a la entrada revela varios pasadizos subterráneos abovedados que se comunican entre sí. Cerca de la pared que conduce al camino, un gran anillo metálico emerge del suelo. Los cables de acero conectaban varios anillos de este tipo, dispuestos en círculo, a la parte superior de la torre de transmisión. El búnker era refugio para las conexiones de la Wehrmacht durante la Segunda Guerra Mundial.

Cerca de este búnker estaba el «campo de extranjeros de Schönholz», construido entre junio de 1940 y abril de 1945, y uno de los mayores campos de trabajos forzados. A finales de 1942 congregó a 2500 polacos, franceses, belgas, croatas, serbios y «trabajadores del este» originales de varias regiones de la URSS, todos ellos prisioneros llamados a trabajar en las fábricas de armamento de Spandau. El campo se llamaba «Campo de Lunapark», como el parque de atracciones del mismo nombre que cerró sus puertas en Halensee años antes. Al trasladarlo a Schönholz, algunos feriantes quisieron revivirlo bajo el nombre de «País de los sueños», con sus montañas rusas de 18 metros de alto («El Himalaya»). Posteriormente este blocao pasó a llamarse «Lunabunker» y sirvió exclusivamente como refugio para operadores de radio y equipos de comunicaciones. En cuanto a los prisioneros sometidos a esclavitud cerca del búnker, se enterraban como podían, con el estómago encogido, en simples zanjas recubiertas con tablones durante los ataques aéreos. Como se les prohibía ocultarse en los refugios, un cuarto de las víctimas de los bombardeos en Berlín eran trabajadores forzados.

En las inmediaciones del blocao hay prisioneros del campo y alemanes enterrados juntos en una arboleda reservada a los difuntos, todos víctimas de los bombardeos.

EL VESTIGIO MÁS ANTIGUO DEL MURO DE BERLÍN

④

El Muro de Berlín no fue siempre de hormigón...

Schützenstraße (Ecke Buddestraße), 13158 Berlín
S1, 25, 26 (Schönholz)

La pequeña zona boscosa que se encuentra en el terreno triangular acotado por la Schützenstraße, la Buddestraße y la línea de ferrocarril S-Bahn es uno de los lugares más salvajes de Pankow.

Justo enfrente de la estación de S-Bahn de Schönholz, a partir de la Buddestraße, hay un camino que sube hasta la vía férrea. En verano está bien protegido por el follaje, y conduce a una valla de obras con un agujero, que hicieron unos grafiteros berlineses en busca de los mejores «spots». Algunos grafitis están muy logrados, como esta ruina que parece del *Libro de la Jungla*. Basta con fijarse en los colchones mohosos y la basura del suelo para apreciar el romanticismo de este trozo de muro que en realidad se trata del vestigio más antiguo del Muro de Berlín. Data de 1961 y tiene una longitud de 80 metros.

Lo impactante es que el muro se construyera con mampostería y no con hormigón. En vez de estar coronado (como se hizo más tarde) de un conducto de hormigón para evitar ofrecer agarres a posibles escaladores, este Muro inicial («Mauer 1») estaba equipado con un dispositivo antipersonal hecho de angulares metálicos en forma de V. Estos se utilizaban para sostener el alambre de espino electrificado y los cables que, al menor contacto, disparaban la alarma en el puesto de mando. En la pared aún sigue empotrada la caja de empalmes para los cables.

Con las prisas por sellar por primera vez la frontera de Berlín occidental, se les dio uso algunos bloques de pisos de la Schützenstraße, la mitad destruidos durante la guerra. Para ello, se rellenó apresuradamente la entrada de los sótanos de las casas y los agujeros de las paredes se taparon con piedras.

También se colocaron otros materiales elegidos al azar en el ángulo agudo del Muro, sobre todo las piedras del Campo de Lunapark (véase página anterior) y del parque de atracciones Traumland.

Cuando se construyó el muro exterior más moderno, el antiguo cayó en el olvido.

LOS QUERUBINES DE PANKOW ⑤

Cada ángel representa uno de los cuatro temperamentos humanos

Breite Str. 45, 13187 Berlín
Tram 50 (Pankow Kirche)

A algunos metros de los raíles del tranvía, cuatro angelitos de piedra se alzan sobre estelas frente al número 45 de la Breite Straße. Estas esculturas representan de una forma muy especial los cuatro tipos de humores que enunció Hipócrates, y son una copia de las originales del famoso escultor Gottfried Knöffler (1715-1779). Estas últimas figuran en las colecciones de esculturas de los Museos Estatales de Berlín desde 1962 para protegerlas de la polución.

Encontraremos los siguientes temperamentos:

El colérico, que se enciende y monta en cólera cuando ya está en la boca de un dragón que escupe fuego.

Desde lo alto de su cúmulo, al lado del ángel (su símbolo), el sanguíneo con un gran espíritu y ardor, traza planes descabellados sobre el cometa.

En cuanto al flemático, tiene las manos atadas y se apoya en su pala como un bastón de peregrino. No abandonará su flema imperturbable para terminar lo que ha empezado.

El melancólico, en cambio, lanza una mirada dubitativa a un libro (¿la Biblia?) sin leerlo. Se pasa la vida preocupándose por sí mismo hasta el punto de que acaba sintiendo lástima de él y se retira del mundo.

Construido en 1770, este edificio de una sola planta llamado *Kavalierhaus* (el equivalente de los «comunes» de un castillo) en realidad solo era una sencilla casa de campo que nunca perteneció a un miembro de la corte, sino a comerciantes. como Carl Philipp Möring (1753-1837), que en 1814 hizo instalar en su invernadero una de las primeras calderas de vapor de Alemania, o Charles Duvinage (1804-1871), que levantó la Biblioteca Hohenzollern. De 1866 a 1939, la casa perteneció a la familia del chocolatero Richard Hildebrand. A partir de 1947, la asistencia social del Gran Berlín le daría uso al edificio antes de que pasara a ser una guardería en 1953. En 1998, fue adquirida por la asociación Caritas-Krankenhilfe Berlin e.V., renovándola de acuerdo con las reglas de conservación de Monumentos Históricos.

INSTALACIONES ARTÍSTICAS DE LA GUSTAV-ADOLF-STRAßE ⑥

Pop art a las puertas de la muerte

Gustav-Adolf-Straße 92–103 et Obersteiner Weg 45–49, 13086 Berlín
S8, S9, S42 (Prenzlauer Allee), después el bus 156 (Gustav-Adolf-Str./Amalienstr.)

En los números 92 a 103 de la Gustav-Adolf-Straße en la Weißensee, en contraste total con el Segensfriedhof ubicado justo enfrente, un complejo residencial compuesto por cinco edificios forma un conjunto de colores vivos cubierto de figuras de animales (varios de los cuales lamentablemente se han desprendido con el paso de los años).

Cada edificio tiene un color y un animal característicos, salvo el quinto, dispuesto en diagonal, que pretende ser una síntesis de los cuatro primeros: los peces nadan en el océano del edificio azul; el edificio rosa es un cielo matutino donde revolotean pájaros; las fachadas verdes representan céspedes salpicados de margaritas sobre las que retozan las liebres; las mariposas revolotean a la luz anaranjada de un día de verano en la última.

En los laterales de los cuatro primeros edificios gemelos, hay colgadas esculturas de peces, pájaros, liebres y mariposas de poliéster –iluminadas de noche– de forma que parece que los animales atraviesan estos edificios, entrando por un lado y saliendo por el otro.

La distribución del jardín sugiere también la estricta relación que existe entre la ciencia y una existencia en armonía con la naturaleza. El visitante accede a él pasando entre dos pilares ondulados rematados por una forma geométrica. Las ondulaciones, que también se aprecian en los doseles que contornean cada puerta, representan el lado orgánico de la naturaleza mientras que las formas geométricas recuerdan las leyes matemáticas a las que responden y que necesitamos comprender para vivir de acuerdo con ellas.

Un poco más allá, otra escultura compuesta de elementos ondulantes representa la letra griega pi, el símbolo matemático del número infinito que los antiguos consideraban que tenía un papel fundamental y sagrado en el orden cósmico.

Por último, la rosa roja gigante del jardín, un leitmotiv en la obra de Sergej Alexander Dott (Dreigleiseck tiene varias) y omnipresente en la imaginería francmasona, ha sido desde tiempos inmemoriales símbolo de resurrección y de realización mediante el trabajo o el sacrificio. Refiriéndose sin duda a la renovación y modernización del complejo, insinúa que el artista pertenece a una logia masónica.

Estas instalaciones del año 2007, realizadas por el artista de arte pop berlinés S. A. Dott, son una iniciativa de la inmobiliaria Sparkling, que adquirió el complejo un año antes. El edificio original databa de los años 1930 y se encontraba en un estado deplorable: el 50 % de las viviendas eran inhabitables. El promotor inició una reforma profunda de las instalaciones adecuándolas a las nuevas exigencias energéticas.

Así, se modernizaron los edificios para convertirlos en edificio de bajo consumo energético, transformándolos en un proyecto artístico que evoca la naturaleza y la vida.

BARRIO HOLANDÉS DE WEIßENSEE

⑦

El ladrillo de honor

Woelckpromenade 25–35,
13086 Berlín
S8, S9, S41, S42 (Greifswalder Straße), después el tranvía M1, M4 (Antonplatz)

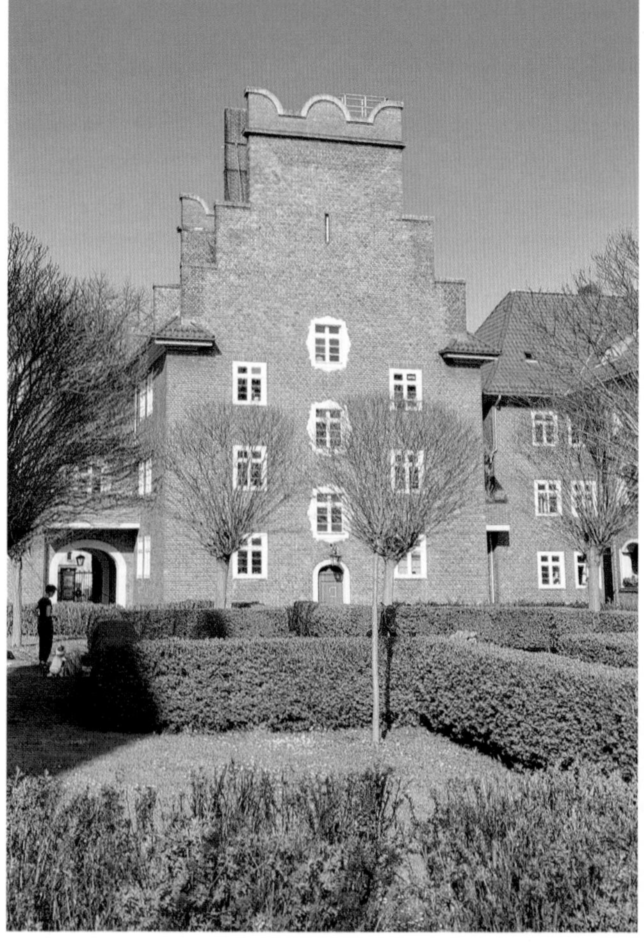

El complejo de viviendas de los números 25-35 de la Woelckpromenade, llamado «barrio holandés» por sus amplios frontones escalonados que recuerdan al barrio holandés de Potsdam, es un destacado conjunto arquitectónico que fácilmente pasa desapercibido.

Joseph Tiedemann lo construyó entre 1925 y 1929 en el marco de la política de vivienda social de entreguerras y satisfacía las necesidades básicas de todos en un espacio agradable para vivir y no como las ratoneras de la revolución industrial (las famosas «casas cuartel» o cuarteles de alquiler). Las suyas son viviendas uniformes con balcón que dan a un gran patio interior abierto, luminoso y tranquilo, y en sus espléndidos jardines, los setos están cortados formando motivos geométricos. La elección del ladrillo implica la continuidad del magnífico proyecto realizado unos años antes en torno al Kreuzpfuhl, situado a pocos pasos.

A principios del siglo XX, Weißensee era una comunidad rural en crecimiento que recibía a los obreros que huían de la saturada capital. Carl Woelck, el *conseiller* por aquel entonces, intentó en vano elevarla a la categoría de ciudad, dotándola de instituciones al uso organizadas alrededor del imponente Kreuzpfuhl. Este *Gemeindeforum* o *Munizipalviertel* construido entre 1908 y 1919 por Carl James Bühring al modo de la *Reformarchitektur* no busca imitar los estilos que habían estado en boga hasta entonces, sino volver a construir de una forma práctica y más tradicional, determinada por las circunstancias concretas del proyecto arquitectónico.
Priman los materiales de construcción regionales, en este caso el ladrillo, y los edificios se diseñan de acuerdo con las condiciones climáticas locales. La decoración deja de ser un añadido y se reduce a ser un elemento más del conjunto. Se respetan también las necesidades naturales de los seres humanos: aire, luz, espacio, armonía con el paisaje, espacios verdes, ejercicio y actividades culturales.

Ladrillos como reacción a los suelos pantanosos

Durante la revolución industrial, Brandeburgo producía de media mil millones de ladrillos al año destinados a Berlín, cuyos suelos pantanosos no tienen apenas piedras. No obstante, el ladrillo está insertado de forma discreta en la arquitectura residencial de Berlín, ya que la mampostería suele ocultarse bajo yeso o estuco.

LA PINTURA DEL MOTORWERK

⑧

Homenaje indirecto a un «pintor industrial»

An der Industriebahn 12, 13088 Berlín
S8, 41, 42 (Greifswalder Straße) después el bus 225 (Roelckestraße/ Nüßlerstraße)

Una sorprendente escena decora la pared de la entrada, a mano izquierda, de la antigua nave de producción de Ziehl-Abegg. Esta se encuentra en la antigua zona industrial, donde la vía férrea se desviaba para servir a las industrias de Weißensee. Se trata de la caricatura de un enano con gafas que esconden una mirada sombría y unos brazos cruzados en la espalda, ubicada junto a lo que fue el producto estrella de la empresa, un motor eléctrico con rotor externo.

Cualquiera que sepa algo sobre historia del arte berlinés del siglo XIX, reconocerá enseguida a la persona caricaturizada. Su barba blanca cubriendo el mentón y las mejillas, la cabeza desproporcionada, ligeramente superior al motor, y la eterna expresión malhumorada en su rostro hacen pensar en Adolph von Menzel (1815-1905). Menzel, que entró en la historia del arte como historiador prusiano y primer «pintor industrial», era una célebre personalidad de su época. Su cuadro más conocido, Das *Eisenwalzwerk* (*El laminador*), de 1872-1875, está expuesto en la Alte Nationalgalerie.

Emil Ziehl (1873-1939), el fundador de la empresa Ziehl-Abegg, tenía dotes para el dibujo e incluso pensó dedicarse a la pintura. Su fascinación por la tecnología le superó, pero continuó dibujando por placer. Cuando llegó el momento de reflexionar sobre una obra artística para su nueva fábrica, agarró un lápiz e hizo un original boceto en honor al primer pintor berlinés que encontró su inspiración en el ámbito industrial. El dibujo simboliza el modernismo en proceso de ir dejando atrás el espíritu de fin de siglo.

En la misma pared, una publicidad de aquella época muestra también la caricatura que Ziehl hizo del viejo Menzel delante del motor eléctrico con rotor externo de Ziehl-Abegg. Con su nave de producción construido a principios de los años veinte por Bruno Buch y Karl Herrmann para la empresa eléctrica Ziehl-Abegg, el recinto de la Motorwerk es ahora un espacio destinado a la organización de eventos.

MUSEO DAIMON 9

Grandeza y decadencia

Castillo de Hohenschönhausen
Hauptstraße 44 D,
13055 Berlín
schlosshsh.de/daimon-museum.html
De lunes a viernes de 10 h a 16 h
Entrada gratuita
Bus 256, 294
Tranvía 27, M5 (Haupstraße/Rhinstraße)

En la primera planta del castillo de Hohenschönhausen, el museo Daimon está consagrado a Paul Schmidt (1868-1948), fundador de la fábrica de ingeniería eléctrica Schmidt y creador de la marca Daimon, líder mundial en el mercado desde hace mucho tiempo.

Además de linternas, luces para bicicletas, dinamos, bombillas, pilas y material publicitario relacionado, hay otros productos menos conocidos de la marca como faros para coches, luces para barcos, ventiladores, micrófonos y radios, así como documentos sobre Paul Schmidt y Daimon.

La exposición permanente se llama *Die helle Freude* («La pura alegría»), el antiguo eslogan de la marca, que transmite luz y felicidad.

En 1882, Schmidt montó su propia compañía de electricidad en Wedding donde vendía y reparaba aparatos electrónicos, cada vez más de su propia fabricación. En 1896, consiguió desarrollar una batería «seca» o «salina» mejorada. En 1905, solicitó la patente de su «linterna eléctrica» que fabricó en la década de 1920 en Arnstadt, Danzig, Děčín y Colonia-Rodenkirchen para venderlas por todo el mundo. Desde 1927, Paul Schmidt perdió el control de Daimon debido a las obligaciones con la British Eveready Export Company (BEREC), que ya no eran reembolsables. Murió arruinado en Wedding en 1948.

Posteriormente, la marca Daimon pasó por muchas manos (entre otras Duracell y Gillette) y ahora solo existe de forma rudimentaria en Procter&Gamble.

Paul Schmidt era propietario del castillo y vivió en él de 1910 a 1921.

MUSEO KESSELHAUS HERZBERGE

⑩

La calefacción de Hitler

Hospital KEH Haus 29
Herzbergstraße 79, 10365 Berlín
museumkesselhaus.de
Martes y jueves de 14 h a 18 h
S7 (Springpfuhl)

En el corazón del inmenso y hermoso hospital KEH de Isabel de Baviera, reina de Prusia (evangelisches Krankenhauses Königin Elisabeth Herzberge) el antiguo cuarto de calderas (*Kesselhaus* en alemán) del hospital es ahora un museo que abre dos veces por semana al público, al mediodía.

A menudo, un miembro de la asociación de Amigos del Museo Kesselhaus Herzberge e.V. ofrece guiar a los visitantes por el enorme edificio para destacar los 100 años de historia industrial vista a través de tres generaciones de calderas, en una época donde aún había que cargar el coque con palas, como se hizo después con el Titanic, para que los grandes tubos transfirieran su calor al agua y así calentar el suministro de agua caliente y calefacción.

En 1893 el edificio, construido por Hermann Blankenstein, abrió sus puertas como asilo psiquiátrico municipal, convirtiéndose en hospital general en 1942. Después del final de la Segunda Guerra Mundial, otras cuatro calderas gigantes se añadieron a las demás. Se trataban de «calderas compartimentadas con tubos inclinados» provenientes de la Nueva Cancillería del Reich (Neue Reichskanzlei) de Hitler, el único edificio que Albert Speer terminó para el gobierno.

Antes de la inauguración del suntuoso edificio de la Voßstraße, el cuarteto de calderas (tres ejemplares están conservados en su integridad) ya se había llevado al límite para acelerar el secado de esta cancillería que se había construido a toda prisa.

En 1945, estas máquinas no pasaron desapercibidas para los soviéticos. Se apropiaron de ellas y las utilizaron en lo que había convertido en el primer hospital central para las tropas soviéticas en Berlín.

MEMORIAL DE LA REVOLUCIÓN 

Homenaje al único monumento erigido por Mies van der Rohe

Zentralfriedhof Friedrichsfelde
Friedhofstraße, 13053 Berlín
Todos los días a partir de las 8 h hasta que anochezca
Es recomendable que venga en bicicleta
S5, 7, 75 (Friedrichsfelde Ost); 25 minutos a pie desde la estación

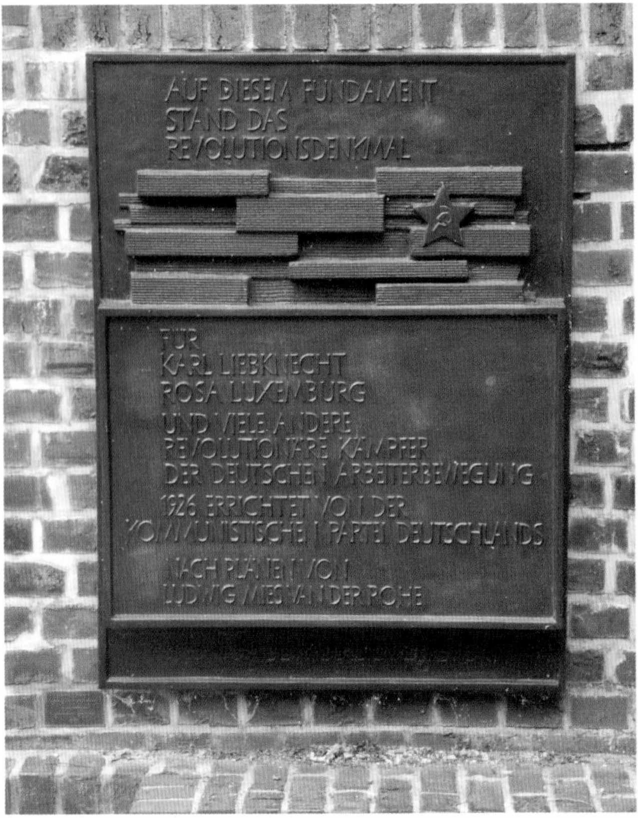

Al fondo del cementerio central de Friedrichsfelde (*Zentralfriedhof Friedrichsfelde*), el memorial de la Revolución alemana de 1918-1919 es el único monumento diseñado por el famoso Ludwig Mies van der Rohe. Los nazis lo destruyeron y se reemplazó por una pequeña placa metálica en relieve que conmemora el monumento original. Carteles alrededor del lugar también recuerdan la historia y el aspecto del lugar. El monumento original rendía homenaje a Rosa Luxemburg, Karl Liebknecht y a otras 19 víctimas, miembros de la USPD (escisión del SPD) y del Partido Comunista Alemán.

Se ignora la razón por la que la RDA nunca reconstruyó este memorial, lo que resulta aún más incomprensible si se tiene en cuenta que las primeras revueltas que estallaron tras la Primera Guerra Mundial contra el aparato estatal del último emperador alemán se han conmemorado de muchas maneras. En el cementerio de las víctimas de la revolución alemana de 1848 (que los alemanes llaman la Revolución de marzo), se honra también la memoria de los combatientes.

El monumento era una proeza del joven arquitecto Ludwig Mies van der Rohe, tanto desde un punto de vista político como arquitectónico. Prácticamente era la primera vez que aplicaba a su obra sus ideas cubistas (ideas que fueron evolucionando a lo largo de su vida). Este muro monumental representaba el del pelotón de fusilamiento y los ladrillos tradicionales, símbolo de la unidad de masa más pequeña, señalaban que era posible derribar este muro de la barbarie. Del mismo modo, al fusionarse en entidades mayores, aún ejecutadas en ladrillo pero retranqueadas o sobresaliendo unas de otras, se entendía que no tenían por qué ser un bloque monolítico. Los nazis captaron el mensaje.

En 1935, poco después de los Juegos Olímpicos de 1936, desmontaron ladrillo a ladrillo el monumento de sus opositores comunistas y derribaron las placas conmemorativas y las lápidas. No obstante, los empleados del cementerio lograron ocultar las piedras originales dedicadas a Karl y Rosa.

LOS CUATRO LEONES DE BRONCE DEL TIERPARK

⑫

Uno de los insólitos vestigios del Monumento a Guillermo I

Am Tierpark 125, 10319 Berlín
U5 (Tierpark)

Frente a la casa de los animales del *Tierpark* de Berlín (el antiguo zoo de Berlín Oriental), montan guardia cuatro gigantescos leones de bronce. Estas esculturas cuentan entre los más inusuales vestigios del Monumento a Guillermo I, que hasta 1950 estaba a orillas del Spree delante del castillo de Berlín. El águila imperial se conserva en el Märkisches Museum y la base aún permanece en su ubicación inicial (véase la página 84).

Durante su reinado, Guillermo I logró unificar los países germánicos en torno a la dinastía Hohenzollern, convirtiendo a Alemania en una

potencia casi invencible. Su monumento fue inaugurado en 1897, diez años después de su muerte, y celebraba lo que pronto sería la pesadilla de Europa. Cuatro leones, figuras de nobleza y dominio, estaban colocados en las esquinas del monumento, señalando los cuatro puntos cardinales.

El régimen de Alemania Oriental lo consideró un símbolo del militarismo prusiano y lo desmanteló y liquidó al mismo tiempo que el castillo de Hohenzollern en 1950, pocos meses después de la fundación de la RDA.

Cuando Berlín-Este, privado del Jardín zoológico, decidió comprar un zoo, recordó que los leones que habían sido almacenados en el Museo de Historia del antiguo arsenal (Unter den Linden 2) se habían salvado.

Estas fieras (y el águila del Märkisches Museum) gozaron del favor de la RDA porque fueron modelados por August Gaul, un escultor de animales de fama internacional. Este último se había unido a la Secesión berlinesa que giraba en torno al pintor Max Liebermann y al galerista y editor Paul Cassirer, intelectuales que desempeñaron un papel decisivo en Alemania con la llegada del arte moderno aborrecido por los nazis.

MOLINO PIVOTANTE DE MARZAHN

⑬

Una visita que da que pensar

Alt-Marzahn 63, 12685 Berlín – marzahner-muehle.de
De abril a junio y de septiembre a octubre: el segundo domingo del mes de 15 h a 17 h (visita y visita guiada solo con reserva)
S7 (Berlin Marzahn), después el bus 192, 195 (Hinter der Mühle), Tram M6 (Freizeitforum Marzahn)

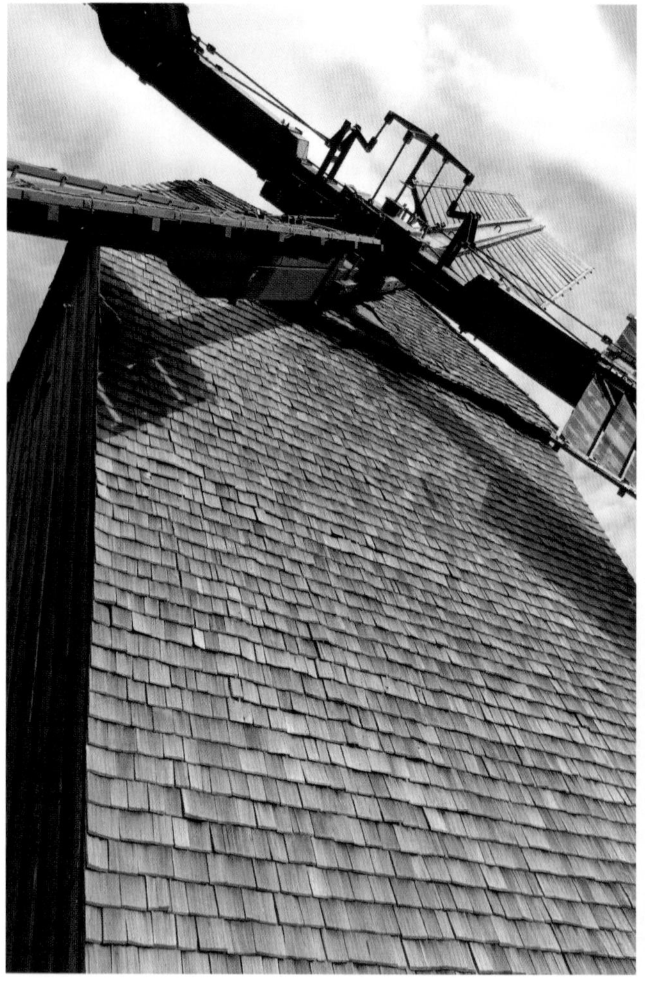

Desde lo alto de su colina, un molino de viento domina el antiguo pueblo de Marzahn, rodeado de altos edificios y transitadas carreteras. La colina es en realidad artificial, y el molino de viento una réplica totalmente funcional del último de los tres antiguos molinos de pivote de Marzahn.

En este lugar, uno se encuentra con aficionados de los molinos –miembros del muy activo «Mühlenaktiv» de Marzahn– que explican voluntariamente el funcionamiento de su pequeña maravilla y de sus principales componentes, como la «silla» (Bock en alemán), esta enorme pieza de carpintería de roble francés sobre la que se apoya el móvil del molino. Solo la silla pesa 7 toneladas, y las vigas que la componen son sin duda las más gruesas que se hayan visto jamás.

Fabricado en alerce y abeto de Douglas con sus largos postes de una sola pieza, el cuerpo del molino pesa 37 toneladas. Con su «eje central» (*Hausbaum*) que penetra y pivota en la silla, está protegido del viento y la lluvia por las tejas de madera de cedro que lo cubren. Cada una de las cuatro alas del molino, dispuestas en cruz, está equipada con listones ajustables como las persianas y tiene 10 metros de largo. El viento sopla a veces tan fuerte en el promontorio que ya han sido ¡dos veces! las que ha arrancado las alas por la tormenta.

Al interior del molino se accede por una escalera de madera casi vertical a lo largo de la «cola» (*Steerts*) que llega casi hasta el suelo y que sirve para girar el cuerpo del molino y orientarlo según el viento. También pueden verse los eslabones de anclaje y el cabestrante que acciona la cola. Arriba, donde se muele el grano, el molinero Jürgen Wolf le da la bienvenida con un típico ¡«Glück zu!». Encima de los visitantes, los engranajes de madera enormes y correas de transmisión imponen respeto. Estas transmiten la fuerza del viento a un par de muelas de arenisca de un diámetro de 1,4 metros que se frotan entre sí.

La harina del molino de Marzahn se utiliza tanto en los productos de la tienda del edificio como en el pan de panaderías seleccionadas. Fiel al espíritu de la familia Triller (una antigua dinastía de molineros instalados en Marzahn y que en la década de 1940 explotó la primera central eólica de Alemania), el molino actual, además de harina, produce electricidad durante unos 150 días al año.

LA CASA FRICK

Testigo mudo de la liberación

Landsberger Allee 563, 12679 Berlín
S7 (Berlin Marzahn) después el bus 197 (Brodowiner Ring)

La casa del número 563 de Landsberger Allee destaca sobre los tristes bloques de apartamentos de al lado. Catalogada como Monumento Histórico, es testigo mudo de la entrada del Ejército Rojo en Berlín poco antes de la caída de la Alemania nazi. En el muro rojo oscuro, sobre una placa de piedra con inscripciones, hay caracteres cirílicos que proclaman «¡Victoria!» y «¡A Berlín!». Se añade una fecha en formato XXL: «21 de abril de 1945».

Una estrella roja de cinco puntas bordada con un fino ribete blanco corona esta fecha inmensa. La placa reza: «En el camino hacia la liberación de Berlín del fascismo hitleriano, los soldados soviéticos izaron la bandera roja de la victoria en Berlín Marzahn».

Este memorial es obra del artista Otto Schack, nacido en 1937. En los tiempos de la RDA, creó en el Land de Brandeburgo numerosos murales políticos, pero rara vez propagandísticos. Su paleta de colores siempre es muy reducida y hace mucho énfasis en el negro, el blanco y el rojo. Fiel a la tradición del lema del Bauhaus («La forma sigue a la función»), no se reivindica ninguna expresión estética individual ni ninguna firma artística en esta pequeña obra maestra artesanal.

El diseño está grabado en contrarrelieve en dos capas de yeso de diferentes colores. Se aplicó cal blanca antes de que fraguara el yeso rojo, y las dos capas se endurecieron juntas. Para resaltar bien la fecha, Otto Schack aplicó una capa de cal muy espesa.

No hay explicación para el hecho de que la casa del horticultor Gustav Frick, en las afueras de la ciudad al límite de Berlín (y que podría haber servido en 1900 como estructura de defensa avanzada de la finca de Falkenberg), sea la que el ejército soviético alcanzó primero el 21 de abril de 1945 cuando marchaba hacia Berlín.

Sin embargo, no fue en esta «casa de la liberación» donde ondeaba la bandera de las fuerzas de ocupación, sino sobre el campanario de la iglesia parroquial de Marzahn, a un kilómetro al suroeste.

PISO PILOTO WBS 70

Nada como esto para relativizar el concepto de chic

Hellersdorfer Straße 179, 12627 Berlín
01 51 / 16 11 44 47
stadtundland.de/Unternehmen/Museumswohnung.php
Domingo de 14 h a 16 h (cerrado en festivos)
Entrada gratuita
U5 (Cottbusser Platz)

En una de las viviendas del bloque de pisos de Hellersdorf, construido en 18 horas contadas a base de losas de hormigón prefabricadas, los visitantes se reúnen como en una reunión familiar. Ocupan los asientos de las tres habitaciones principales (el salón, la habitación de matrimonio y la de los niños) y pueden tocar el mobiliario y la decoración (originales) de este interior reconstruido de la RDA con libros, muñecas, tazas, jarrones, cajas y juguetes.

Dos personas prueban la cama de matrimonio mientras un grupo de visitantes «testea» el interminable sofá de terciopelo verde musgo. En la diminuta cocina (donde caben máximo 5 personas), hay que meter las rodillas debajo de la mesa. La bañera no está diseñada para tumbarse, pero al menos en el balcón se pueden estirar las piernas poniendo los pies en el parapeto de ladrillo.

Este tipo de apartamento estuvo muy cotizado por familias con dos o tres hijos y por parejas sin hijos que buscaban un estudio. Estaban equipados con mobiliario caro, como el televisor en color RTF de Staßfurt, que costaba 4200 DDM (marcos alemanes orientales) o la unidad de almacenamiento fabricada por la VEB Möberlwerke de Schleiz que ocupaba la pared a lo alto, de 4000 DDM... El sueldo de un trabajador de la RDA era de unos 1000 DDM, con lo que tendrían que invertir 10 000 DM para costearse el inventario del piso del museo. Por suerte, los alquileres en la RDA se congelaron al nivel del año 1936. Hasta la reunificación, el alquiler de un piso como el del museo costaba 109 DDM al mes.

La Ostalgie es la forma romantizada de referirse al modo de vida de la RDA, a menudo con el deseo de recuperarla. Sin embargo, numerosos jóvenes *ostálgicos* solo conocen la RDA de oídas. En este piso piloto de 61 metros cuadrados de la sociedad inmobiliaria comunal Stadt Und Land, se enfrentan a los hechos y pueden experimentar por fin lo que es vivir en un piso normal, en un bloque de pisos de los años 80, todo ello en uno de los últimos grandes complejos de la RDA. No hay nada como relativizar ciertas concepciones de lo chic.

Pero los verdaderos *Ossies* están conmovidos: «Sinceramente, es un poco como volver a mi «antigua» vida. A una época en la que me sentía tan feliz como Creso en mis cuatros paredes, como aquí…». Esto lo escribió una de las primeras visitantes en el libro de visitas, todavía intacto, del apartamento del recién inaugurado piso museo en 2004. En previsión de la completa remodelación del Grabenviertel con sus cerca de 1850 viviendas, Stadt Und Land decidió preservar un poco el estilo de vida de la RDA, y no solo para los nostálgicos de aquella época.

MUSEO DE GRÜNDERZEIT

⑯

El último bistró y su prostíbulo

Hultschiner Damm 333,
12623 Berlín
gruenderzeitmuseum-mahlsdorf.de
Miércoles y domingo de 10 h a 18 h
Solo con visita guiada
S5 (Berlin Mahlsdorf)

Vista desde el exterior en su parquecito ordenado, la villa de líneas neoclásicas del número 333 de Hultschiner Damm tiene un aire de nobleza provincial. Pero dentro le espera una maravillosa colección de muebles, objetos decorativos y cotidianos, distribuidos en 17 salas completamente amuebladas al estilo llamado *Gründerzeit*. Esto supuso un auge económico sin precedentes para la burguesía en Alemania. Entre 1871 y 1890, las empresas, las sociedades por acciones y los bancos se multiplicaron como los hongos. Los afortunados especuladores, nuevos ricos e ingeniosos empresarios tomaron el relevo de la nobleza para formar una nueva clase alta, adinerada y con cierta autoridad.

El estilo arquitectónico y del mobiliario que surgió entonces se llamó «neorrenacimiento», ya que estaba de moda la libertad del Nuevo Renacimiento florentino del siglo XV (*Quattrocento*) o el

Alto Renacimiento italiano del siglo XVI (*Cinquecento*) en las artes decorativas. A comienzos del siglo XX, esta nueva élite enriquecida por su éxito empresarial reivindicaba la sucesión de grandes personalidades de la burguesía patricia del Antiguo Régimen.

En el museo de Charlotte von Mahlsdorf puede visitarse el salón de la señora en rojo y verde, donde esta tomaba café con sus amigas; la sala donde el señor fumaba, con su piano o pianola, los ceniceros y billar característicos; un despampanante salón comedor neogótico; otro salón con instrumentos de música mecánicos; y en la bodega, una cocina burguesa bien equipada, una lavandería y un minibar contiguo a un burdel (en cierto modo, dos espacios típicamente proletarios de la *Gründerzeit*, que terminaría con la crisis económica mundial).

Charlotte von Mahlsdorf, famosa en Alemania por su papel a favor de una sociedad trasgénero (mucho antes de la reunificación), comenzó a coleccionar piezas para el museo con 18 años. En la década de 1960 ocupó la antigua mansión de Mahlsdorf, condenada a la ruina, y pudo salvar todo el interior del *Mulackritze*, restaurando así parte del ambiente del pub más conocido del barrio obrero de Scheunenviertel, donde Marlene Dietrich y Gustav Gründgens mantenían relaciones. La parte de atrás, acondicionada para las chicas con su colección especial del arsenal sadomasoquista de las prostitutas de los años 20, es sin ninguna duda uno de los sitios clave del lugar.

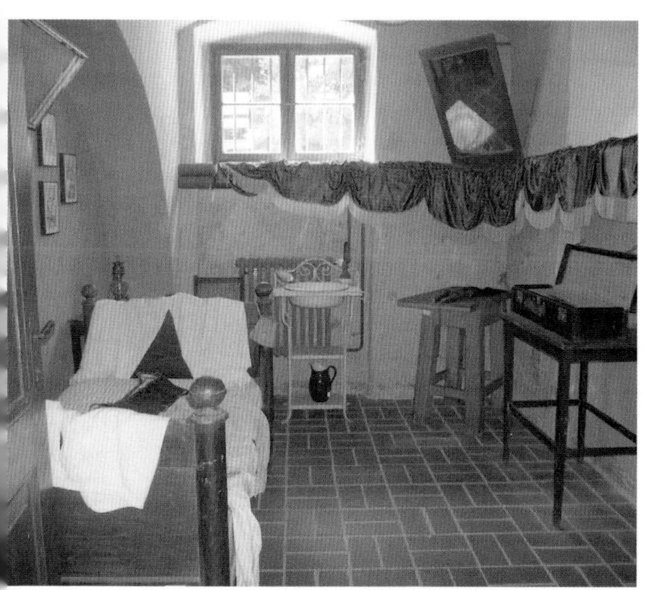

TÚNEL DE VIENTO TRUDELTURM 

Un huevo de hormigón para estudiar las barrenas

Parque aerodinámico de Adlershof
Brook-Taylor-Straße 2, 12489 Berlín
Puede visitarse por dentro en las Jornadas del Patrimonio (septiembre)
Tranvía 60, 61, 63 (Karl-Ziegler-Straße)

Aunque esté un poco alejado del centro de la ciudad, el parque aerodinámico Adlershof, donde está el actual *Deutsches Zentrums für Luft und Raumfahrt* («Centro Aeroespacial Alemán»), debería figurar en todos los programas de visita de los amantes de la arquitectura. Rodeado por los edificios modernos y sin gracia de instituciones universitarias del barrio, conserva tres edificios excepcionales de los años 1930, época de los primeros investigadores aeronáuticos: este gran túnel de viento (donde al parecer se estudió la aerodinámica del Messerschmitt ME 262, el avión de combate más grande del mundo), que parece seguir operativo y que se ha utilizado varias veces como localización cinematográfica en películas de ciencia ficción, el antiguo banco de pruebas de motores aeronáuticos (con sus grandes chimeneas en forma de tubos de escape) transformado en cafetería, y el enigmático *Trudelturm*, la torre del túnel destinada a estudiar las barrenas.

El *Trudelturm* recuerda a un rascacielos del planeta Marte y parece una gigantesca pera de hormigón con una sola puerta, prácticamente a media altura, a la que se accede por una escalera exterior que sigue su curvatura. Dentro, la impresión de estar en una turbina es sorprendente.

Donde hoy se ve una enorme masa de hormigón que da la vuelta al muro por su parte superior, antes se simulaba, con maquetas de aviones, el giro tan temido en 1936 por los pilotos de aviones.

El generador de viento incorporado al suelo producía un potente flujo de aire hacia arriba. A partir de estas experiencias, se establecieron

reglas sencillas para los pilotos. Gracias a ellas, ahora es posible evitar los trompos cuando el avión pierde altura y se inclina, o detener de forma rápida y segura una barrena plana o con el morro hacia abajo, independientemente del sentido del giro (izquierda o derecha).

En internet puede ver una película de aquella época del DVL (Deutsche Versuchsanstalt für Luftfahrt - «Centro Alemán de Investigación Aeronáutica» y ver una simulación en el túnel de viento. La película se titula *Maßnahmen zum Beenden des Abkippens und Trudelns* (1941), también llamada «Recomendaciones para recuperarse de un abatimiento y una barrena».

El antiguo aeródromo de Berlín-Johannisthal, no muy lejos de aquí, se ha convertido en un sorprendente y magnífico espacio natural protegido que sería una pena no visitar tras el parque aeronáutico.

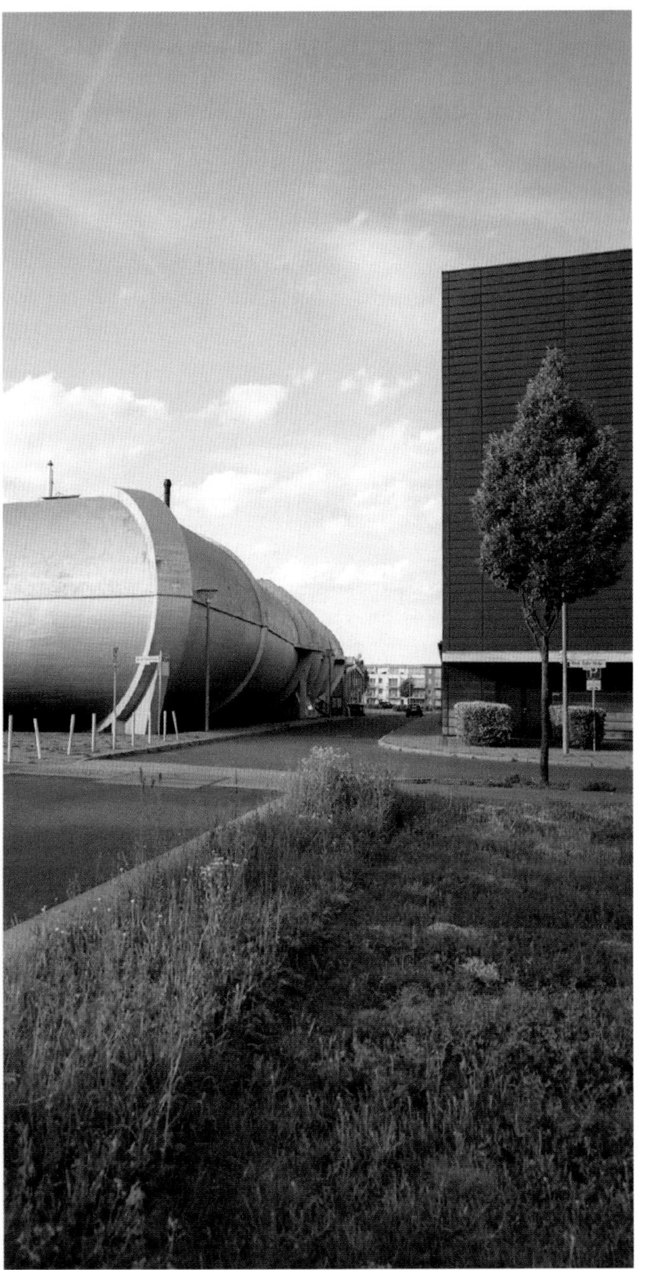

LA COLECCIÓN DE MARIPOSAS DE SCHMETTERLINGSHORST ⑱

A la caza de mariposas en el bosque de Köpenick

Zum Schmetterlingshorst 2, 12559 Berlín
schmetterlingshorst.de
De abril a septiembre: de lunes a viernes de 10 h a 18 h, sábado y domingo de 10 h a 19 h
De octubre a marzo: de martes a viernes de 11 h a 16 h, sábado y domingo de 11 h a 17 h
Tranvía 62 (Wendenschloss)

En la orilla norte del lago Langer See, frente a la playa de Grünau, se encuentra el *Schmetterlingshorst*, que también es la base de la Federación Deportiva del Distrito de Treptow-Köpenick, y donde encontramos una agradable terraza para tomar algo tranquilamente.

Sin embargo, raros son los clientes que saben que el nombre del lugar (*Schmetterling* en alemán significa «mariposa») sigue teniendo significado. Si lo pide amablemente, puede entrar en el edificio central para ver una impresionante colección de mariposas e insectos, algunos de ellos escalofriantes. En total se exponen 3150 mariposas de 1250 tipos diferentes y otros 870 insectos que contienen raros ejemplares de especies ya desaparecidas.

Esta colección de categoría mundial (es la mayor de su clase en Alemania y la segunda en Europa) tiene su origen a principios del siglo XX.

Johann Bittner, un maestro grabador de vidrio proveniente de Bohemia, abrió aquí su modesta posada. Poco después, el 1 de agosto de 1890, se fundó el honorable Círculo de Lepidopteristas –también conocidos como coleccionistas de mariposas–, que adoptó dicha posada como sede y punto de partida de excursiones por el bosque de Köpenick. La posada tuvo un gran éxito y, naturalmente, acogió la colección que uno de los miembros de la Asociación Orion, Herbert Jacobs, reunió entre 1902 y 1952.

N
HAMBURG
A10
A111
Henningsdorf
Frohnau
B96
Wittenau
Spandauer
Forst
Tegel
Wilhelmsru
S. 236
Hakenfelde
Wedding
Gesundbru
Spandau
S. 12
B5
Moabit
Wilhelmstadt
S. 46
Westend
Charlottenburg
Tiergarten
B2
B5
BERLIN
Halensee
Kreuz
S. 218
S. 98
Grunewald
Schöneberg
A115
Friedenau
Tempel
Dahlem
Steglitz
S. 168
Wannsee
Marien
Zehlendorf
Lankwitz
Wannsee
B101
Marienfelde
A115
Teltow
Potsdam
Lichten
Stahnsdorf
B101
L76
L40
A115
0
5
10 km

Reinickendorf - Spandau - Grunewald - Wilmersdorf - Steglitz/Zehlendorf

EL CAPITEL CORINTIO DEL BRIX-GENZMER-PARK

①

Un vestigio olvidado del antiguo Dom de Berlín

Brix-Genzmer-Park, Edelhofdamm,
13465 Berlín
S1 (Frohnau)

En el extremo occidental del parque de Brix-Genzmer, justo delante de la Buddhistische Haus, un antiguo capitel corintio parece estar perdido en medio de la nada.

Como indica el discreto cartel situado a pocos metros, este capitel procede del antiguo Dom de Berlín que el rey Federico II mandó construir al arquitecto Johann Boumann entre 1747 y 1750 junto al Lustgarten, frente al castillo de Berlín.

En 1817, durante las celebraciones del 300 aniversario de la Reforma protestante y la unión eclesiástica de luteranos y reformados, la iglesia fue totalmente remodelada. Con motivo de este jubileo (que también celebraba la victoria sobre Napoleón), el rey Federico Guillermo III encargó al arquitecto Karl Friedrich Schinkel que diera un aspecto más majestuoso al edificio, demasiado sencillo para su gusto. Así, como resultado de estas obras de transformación, se añadieron una bóveda de cañón y estas nuevas columnas con capiteles.

Cuando el edificio fue destruido en 1893, posiblemente fueran los profesores Josef Brix (arquitecto y urbanista) y Felix Genzmer (arquitecto) quienes hicieron traer el capitel a este lugar para preservarlo de la destrucción, mostrárselo a sus alumnos y embellecer este parque público.

Los dos eran profesores de la Real Escuela Técnica Superior de Charlottenburg (la actual TU Berlín), que había participado en la demolición de la antigua iglesia luterana de finales del siglo XIX.

LA FORTALEZA DE AGUA DEL CEMENTERIO DE HERMSDORF ②

Un vestigio olvidado del antiguo Dom de Berlín

Cementerio de Hermsdorf
Frohnauer Straße 112–122, 13465 Berlín
De lunes a jueves de 7 h a 15 h y el viernes de 7 h a 13 h
S1 (Frohnau), después el bus 125 (Friedhof Hermsdorf)

En el cementerio de Hermsdorf, la torre de agua en lo alto de una ladera empinada en el lateral de la Frohnauer Straße, pasa fácilmente desapercibida. Al estar oculta por numerosos árboles, resulta

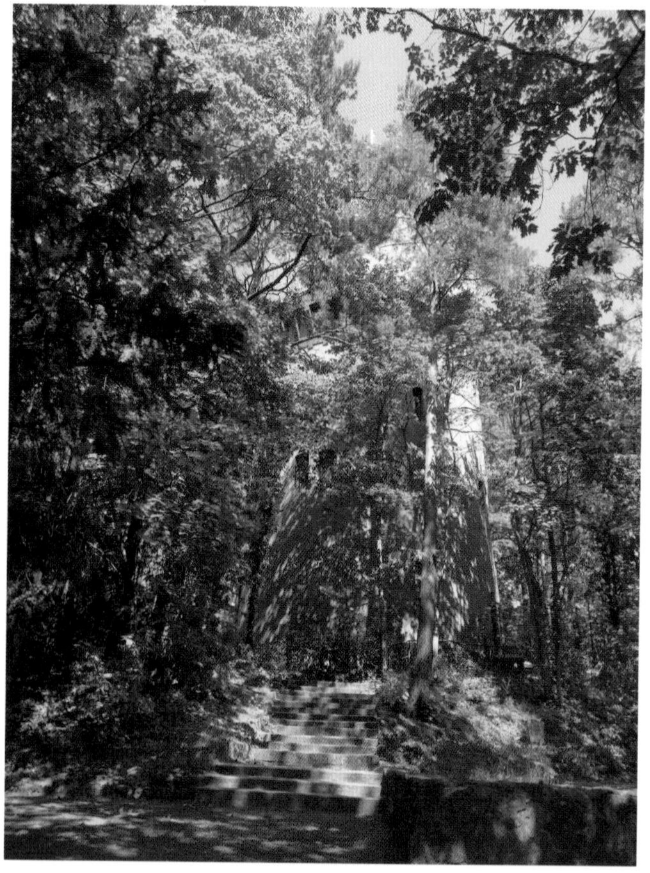

desconocida incluso para muchos residentes del barrio, a pesar de que una vez apareciera en importantes cuadros del pintor Max Beckmann.

El arquitecto Carl Francke la construyó de 1908 a 1909 sobre un relieve natural, y abastecía de agua a Hermsdorf, Frohnau, Waidmannslust y Lübars en una época en la que estos pueblos aún no estaban conectados a la red de agua potable de Berlín. Tiene 24,95 metros de altura y en su parte más alta y ancha contiene un depósito cilíndrico metálico, construido en voladizo, con una capacidad hasta 500 000 litros. En 1929, la conexión con el sistema de alcantarillado de Berlín anunció el fin del depósito de agua. Después de una profunda renovación, hoy en día se usa como relé de antena de telefonía móvil.

No muy lejos de aquí está el número 17 de la Ringstraße de Hermsdorf, donde el pintor Max Beckmann (1884-1950) pasó los veranos de 1906 a 1914 con su primera esposa, Minna Tube-Beckmann, en un estudio que ella había diseñado. Allí inmortalizó la torre de agua dos veces durante su construcción.

En el primer cuadro, pintado en 1909, la torre, rodeada de un andamio de madera se erige majestuosa en la colina que en aquel momento estaba despejada. El cementerio aún no existía. Con sus tonos arenosos dominantes –claros e impresionistas–, el cuadro de Beckmann es característico de su búsqueda de una dimensión moderna propia como pintor. El artista se inspiró sobre todo en el pintor berlinés Max Liebermann que estaba en su máximo apogeo, y se abstuvo de adoptar las libertades de los impresionistas, salvo algunos detalles.

El segundo cuadro, pintado en 1913 y expuesto en el Stadtmuseum de Berlín, es más «libre» desde el punto de vista artístico. El aspecto de la torre, que en realidad ya estaba terminada, difiere un poco de la original ya que aquí todavía aparecía en construcción. Podemos ver los comienzos de lo que sería el trazo decidido de Beckmann. El barro de la colina de la obra es de una plasticidad que dan ganas de alzarse unas botas de aguas y dar saltos en él.

Hay reproducciones de este cuadro expuestas en el museo de Reinickensdorf.

CEMENTERIO RUSO DE TEGEL 

Un pedazo de Rusia en Berlín

Wittestraße 37, 13509 Berlín
pogost-tegel.info
Capilla y cementerio abiertos de lunes a sábado de 10 h a 16 h y el domingo de 9 h a 17 h
U6 (Holzhauser Straße)

La capilla del agradable cementerio ruso de Tegel es una versión estilizada en miniatura de la Catedral de San Basilio el Bendito de Moscú, que es también la iglesia de la parroquia ortodoxa rusa de San Constantino y Santa Elena, y probablemente la capilla más bella de todos los cementerios berlineses. Es una capilla pequeña pero encantadora, prácticamente consta de una única sala con un bonito iconostasio.

Este cementerio ortodoxo ruso civil, único en Berlín, pudo ver la luz gracias a la organización benéfica Hermandad de San Príncipe Vladimir. Desde su fundación en 1892, muchos exiliados rusos famosos han sido enterrados aquí, incluidos los padres de dos famosos artistas: el arquitecto Mijaíl Ósipovich Eisenstein, padre del director de cine Serguéi Mijáilovich Eisenstein, y Vladímir Dmítrievich Nabókov, padre del escritor Vladimir Nabókov. También se conmemora la muerte de Mijaíl Glinka, compositor fallecido en Berlín, pero enterrado en San Petersburgo.

Tras la agitación de las guerras mundiales y la división de Alemania, la cofradía reanudó sus actividades. El antiguo edificio que la albergaba, erigido en el solar del cementerio con biblioteca, imprenta y sala de reuniones, ya no existe.

Simbolismo de los tres travesaños de las cruces ortodoxas

Los tres travesaños de las cruces funerarias ortodoxas rusas recuerdan a la crucifixión de Cristo. La superior, la más corta, representa el *titulus* de Poncio Pilato, o sea el letrero en la cruz que llevaba la inscripción INRI –el acrónimo de *Iesus Nazarenus Rex Iudaeorum*– Jesús de Nazaret, Rey de los Judíos en latín. En el centro, el brazo más largo de la cruz es en el que estaban apostillados los brazos de Jesús. El travesaño inferior, inclinado en la iconografía rusa, evoca el *suppedaneum*, la tabla en la que se clavan los pies del crucificado.

PLACA DEL ÚLTIMO DOMICILIO DE JOHN RABE ④

El nazi que le salvó la vida a 250 000 chinos

Harriesstraße 3,
13629 Berlín
U7 (Rohrdamm) después el bus 123 (Harriesstraße)

En Siemensstadt, la zona obrera de Siemens, junto al número 3 de la Harriesstraße, se encuentra una placa metálica que recuerda el último domicilio de John Rabe, un nazi que evitó la muerte a 250 000 chinos cuando, siendo directivo de Siemens, la empresa lo envió a Nanjing para defender su buena reputación en el país.

Al comienzo de la guerra chino-japonesa, cuando los aviones japoneses bombardeaban volando a ras de suelo la ciudad de Nanjing, John Rabe desplegó una enorme bandera con la esvástica alrededor de su casa. Como la Alemania nazi pasó a ser aliada de Japón al firmar el pacto anti-Komintern para luchar contra el comunismo, su propiedad de 500 metros cuadrados ya no podía ser atacada. Unos 650 chinos se refugiaron en su casa y muchos de ellos incluso llegaron a pasar la noche dormidos bajo la bandera nazi.

Durante el infernal saqueo de Nanjing en 1937, escenario de espantosas masacres, John Rabe asumió la presidencia del Comité Internacional de la Zona de Seguridad de Nanjing. Aproximadamente 250 000 chinos buscaron refugio en esta zona huyendo de los japoneses, que violaban y mataban en masa en el resto de la ciudad. Los soldados japoneses, furiosos, llegaron a colgar en las paredes a algunos niños chinos asesinados. Japón tiene cerca de 300 000 muertos en su conciencia.

John Rabe fue repatriado en 1938. La Alemania nazi lo censuró cuando empezó a contar lo que había visto. Incluso escribió directamente a Hitler pidiéndole que los civiles chinos recibieran una mejor protección contra Tokio, miembro del eje militar, y que intercediera antes los japoneses. Tras desnazificarse después de la guerra, Rabe terminó su carrera traduciendo para Siemens.

Al publicarse su diario íntimo *The Good Man of Nanking: The Diaries of John Rabe*, en 1996 en Nueva York, John Rabe finalmente obtuvo el reconocimiento que merecía. La casa de Rabe en Nanjing se ha transformado en el Centro de Investigación John Rabe de la Paz y la Resolución de Conflictos.

La asociación John Rabe Kommunikationszentrum en Heidelberg también intenta que China y Japón consideren la idea de un hermanamiento entre las ciudades de Nanjing e Hiroshima. La película *John Rabe, una tumba de honor* (*Ehrengrab*) en Berlín y el segundo lugar en el «Top Ten International Friends» de China votada por 56 millones de auditores de Radio China Internacional subrayan el inolvidable recuerdo que dejó tras de sí.

BIBERTEICH

⑤

Una calle cerrada a la circulación por la noche para proteger a los castores

Rhenaniastraße,
13599 Berlín
U7 (Haselhorst) después el bus 236 (Haselhorst Stadium)

No muy lejos de la esquina formada por la Rhenaniastraße y el Bootshausweg, una llamativa señal lo indica claramente. Bajo el dibujo de un castor, la inscripción «Reduzca la velocidad – Gracias» recuerda que la Rhenaniastraße, que forma una especie de dique entre el pantano y los prados de Rohrbruchwiesen y el estanque de Rohrbruch, es una zona protegida para los castores.

De hecho, oficialmente por la noche se corta la circulación de la calle para asegurar la protección de estos roedores…

Bien con prismáticos o con el zoom de la cámara de fotos, observe desde el borde la carretera la vida salvaje de los castores de Rohrbruchwiesen. En invierno, es fácil detectar árboles roídos o masticados. Los castores son capaces de derribar un tronco en pocas horas gracias a sus enormes incisivos curvos, duros y extremadamente afilados. Sin embargo, suelen desarrollar miopía porque se concentran desde muy pequeños en lo que esta delante de su nariz; lo que explica que les resulte difícil juzgar si son capaces de derribar el árbol que han atacado. Así, el tronco de árbol que roen hasta el corazón empezando por los lados opuestos –según la técnica del reloj de arena– se detiene un momento antes de sencillamente deslizarse de lado, retenido por ramas cercanas o árboles caídos que impiden que caiga completamente. Los castores talan árboles sobre todo para construir presas que eleven el nivel del agua de la corriente, ya que la entrada a su guarida o madriguera debe estar siempre bajo el agua. Aquí en Rohrbruch sólo talan árboles para acceder al suave follaje y a las ramas de alisos, sauces y álamos, aunque también se alimentan de la corteza.

Los primeros castores de la zona de Oranienburg/Hennigsdorf se asentaron en Berlín a principios de la década de 1990 siguiendo el curso del río Havel. Actualmente, en Spandau, Reinickendorf y Treptow-Köpenick media docena de colonias de castores cuenta ya con 100 a 150 roedores repartidos en 20 o 30 madrigueras familiares. Desgraciadamente, en las zonas al descubierto, como en el cruce de la Rhenaniastraße, son presa fácil de los automovilistas, que por norma general muestran poca preocupación por los animales. Cada año sólo en Spandau, son atropellados unos diez.

PISO PILOTO DE LA CIUDAD EXPERIMENTAL DE HASELHORST

⑥

Nido de águila en la ciudad experimental

Lüdenscheider Weg 4 / Burscheider Weg 6E, 13599 Berlín
gewobag.de (fechas y horas de visita del piso piloto)
gewobag.de/soziales-engagement/stadtteilinfos/spandau/haselhorst/museumswohnung
Grupos de 15 a 25 personas: 150-250 € (contactar con Michael Bienert: haselhorst@text-der-stadt.de)
U7 (Paulsternstraße) después el bus 139 (Lüdenscheider Weg)

En la parte más oriental del Lüdenscheider Weg, busque la señal *Lüdenscheider Weg 2, 2a, 2b* y *Lüdenscheider Weg 4-4d, 6-6d* y tome la pequeña calle interior que desemboca en este lugar de la manzana. Unos 100 metros más adelante, a la izquierda, un parque infantil alberga una asombrosa águila de bronce que, con sus alas abiertas de par en par, protege de las amenazas externas a sus tres polluelos, aún demasiado jóvenes para abandonar el nido.

Esta escultura, colocada allí en 1935, contribuyó al significado simbólico de la llegada de los nazis a la recién construida urbanización experimental de Haselhorst, una urbanización obrera que se construyó en la época del *Systemzeit*, término despectivo en la jerga nazi para referirse al periodo de la República de Weimar.

Walter Gropius se embarcó en un proyecto experimental durante la crisis económica mundial, que fue un intento radical de construcción masiva de viviendas. Estas estaban destinadas a los obreros y empleados de las fábricas cercanas de Siemens y, por tanto, debían ser asequibles. Su éxito dependía de una estricta racionalización de las obras y de una ingeniosa reinterpretación de la vivienda burguesa.

En el 6E de Burscheider Weg, en un piso reformado y amueblado al estilo original de los años 1930, Michael Bienert (autor de una obra completísima sobre la ciudad) muestra qué innovaciones permitieron que los alquileres fuesen asequibles.

La vivienda, de 42 metros cuadrados, consta de dos habitaciones grandes y una muy pequeña. Sólo las luces del techo tienen electricidad y no hay enchufes para los aparatos eléctricos. En este nuevo concepto de cocina-sala de estar (un espacio de cocina muy pequeño que se abre al salón) los electrodomésticos son todos manuales, como los molinillos de café y las picadoras de carne. La «máquina de cocinar», como se le llamaba entonces, era una cocina de leña y carbón.

Una gran idea para calentar tanto el salón como el dormitorio adyacente, fue empotrar una estufa de azulejos en la pared del salón. El mini cuarto de baño de 3 metros cuadrados, con una minúscula bañera de patas de garra, estufa de leña, inodoro y una secadora de ropa, da una idea de lo que pueden llegar a sufrir las personas claustrofóbicas. Menos mal que los habitantes ya tenían agua (fría) corriente del grifo.

MONUMENTO A LAS PALOMAS MENSAJERAS

⑦

Un homenaje a las palomas mensajeras soldado

Falkenseer Damm 17, esquina con la Flankenschanze, 13585 Berlín
U7 / S3, S9 (Rathaus Spandau) / Bus 137 (Flankenschanze)

Entre la Falkenseer Damm y la Flankenschanze, hay un grueso bloque de granito decorado por una multitud de palomas de bronce. El monumento se instaló en este lugar en 1939, aunque las 25 aves originales se fundieron en 1942 para recuperar el metal que sirvió para la industria de guerra alemana. Las 10 palomas actuales en bronce datan de 1963, una obra del escultor Paul Brandenburg que evoca el recuerdo de las palomas mensajeras que sirvieron durante la Primera Guerra Mundial. La inscripción instalada en 1939 («A nuestras palomas mensajeras 1914-1918») no fue sustituida en 1963.

Desde que fue retirado, el monumento a las palomas mensajeras se

encuentra en la Kameradschaft 248 de la *German Security Unit* (una tropa de la policía militar alemana que se encargó de la protección de las instalaciones militares británicas en Berlín). Esta responsabilidad tiene un carácter simbólico, ya que alemanes y británicos se enzarzaron durante las dos guerras mundiales en una intensa guerra de informaciones a través de las palomas. Como todavía no había enlaces de radio seguros y las líneas de telecomunicaciones se rompían constantemente en el caos de los combates, estas aves, cuyo instinto los hacía volver de forma infalible a su palomar, eran con diferencia las mejores mensajeras.

En tiempos de guerra, un comunicado enviado por paloma mensajera tenía un 95 % de posibilidades de llegar a su destino. Por desgracia, ambos bandos disparaban a las aves enemigas e incluso utilizaban halcones adiestrados para dar caza a las aves del otro bando.

Las excepcionales capacidades de una paloma mensajera

Da igual que se suelten a 500 metros, a 100 metros o incluso a más de 1000 kilómetros. Las palomas mensajeras tienen la capacidad de saber volver siempre a casa. Aunque se desconoce el porqué de esta extraordinaria habilidad, algunos lo atribuyen a los pequeños cristales que poseen en el cerebro. Hace ya algún tiempo que personajes como Julio César descubrieron esta virtud: durante la Guerra de las Galias, se servía de estas aves para enviar mensajes a Roma e informar a su ejército sobre el avance de sus campañas militares.

Sin embargo, no hay que confundirse, ya que lo que muestra el cine a veces –una paloma que lleva un mensaje y luego regresa– no existe, pues solo son capaces de volver a su palomar. Para enviar un mensaje a varios lugares, entonces habría que utilizar aves educadas en el lugar de destino del mensaje. De forma que, si se quisieran enviar varios mensajes sucesivos al mismo lugar, también habría que utilizar varias palomas... Aunque en la práctica no se producía ningún milagro: si no fueran de palomar en palomar, sería difícil recibir mensajes.

Antes, el edificio-restaurante que había frente al monumento era un anexo del Instituto Colombófilo del Imperio Alemán, donde puede verse una foto del terrible palomar militar.

ESCULTURA DE UN TORO ⑧

Un homenaje equivocado al sistema de drenaje más antiguo de Berlín, aún en funcionamiento

Egelpfuhlstraße, 13581 Berlín, al lado del puente que hay sobre el Bullengraben
S3, 9 / U7 (Rathaus Spandau) después el bus M32 (Egelpfuhlstraße)

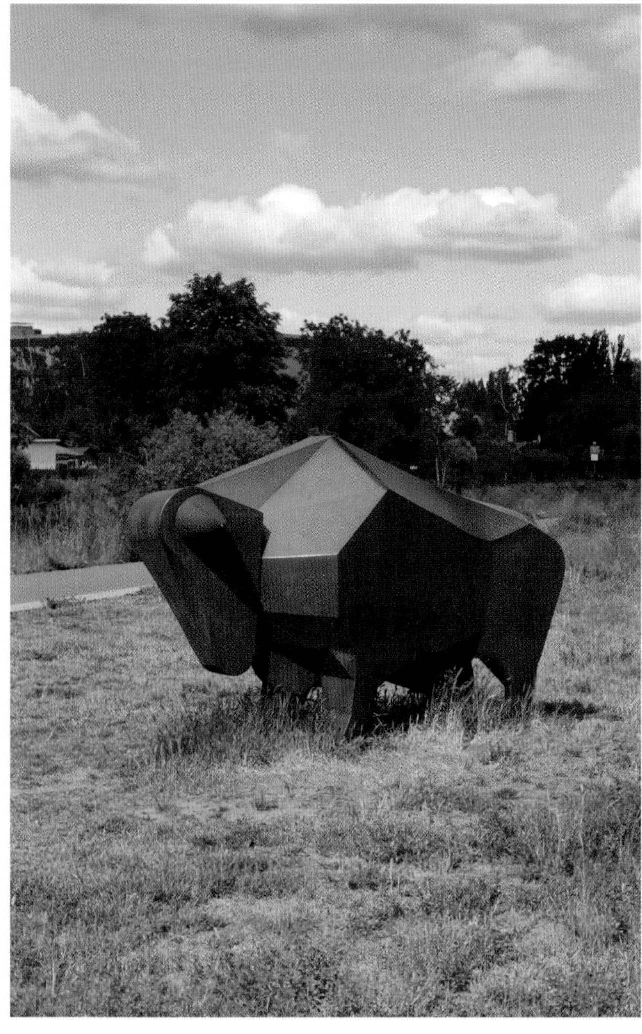

A pesar de sus seis kilómetros de largo, el arroyo de Bullengraben en algunos tramos tiene tan poca afluencia que es fácil perderle la pista. Como mucho tiene el aspecto de un riachuelo que va recogiendo agua de la llanura a los pies de Hahneberg hasta la Havel. Pero esta fosa no es tan insignificante como parece. De hecho, es el sistema de drenaje más antiguo que se sigue utilizando a día de hoy en Berlín.

Arqueólogos e investigadores sitúan su origen en el siglo VII. Según algunos teóricos atrevidos, podría incluso formar parte de un sistema de canales de la Edad de Bronce en la cuenca del Havel, entre el Havel y el Elba, donde desemboca.

Desde el siglo VII, varias tribus eslavas se instalaron en la llanura que va desde la cuenca del Havel hasta el Elba. Antes se les llamaba «Eslavos del Elba» a los recién llegados que más habían avanzado hacia el oeste, y «Heveller», a los que se establecieron en la cuenca del Havel. Originalmente, Spandau fue un pueblo eslavo fundado donde confluyen el Havel y el Spree. A partir de esta aglomeración de hábitats se desarrolló hasta finales de siglo X una ciudadela fortificada cuyo nombre eslavo no ha llegado a nosotros.

Bollen proviene de la palabra eslava para "fardo de heno" y era el nombre con el que se designaba a este sistema de acequias que se cavó entre el 600 y el 700 d. C. para desecar los prados húmedos, segar la hierba y secarla en postes de madera para hacer heno. Al cabo del tiempo, en los registros de la propiedad, Bollen pasó a ser Bullen (en alemán, *bulle* significa "toro") y la acequia, un abrevadero para los toros. Es una lástima que se transmitiera esta interpretación, errónea pero generalizada, al escultor Sebastian Kuhlisch, dando como resultado un toro de acero que se alza junto al puente sobre el Bullengraben a la altura de la Egelpfuhlstraße. Hubiera resultado más llamativo, o al menos más acorde a la realidad, representar un enorme fardo de acero.

ANTIGUA TORRE DE CONTROL DE STAAKEN

9

Un testigo olvidado de la epopeya de los Zeppelin en Staaken

Am Zeppelinpark 27, 13591 Berlín
S3, 9 / U7 (Rathaus Spandau) después el bus M32 (Heerstraße/Nennhauser

Al final de la Brunsbütteler Damm, en Staaken, en el extremo noroccidental de Berlín en una zona industrial sin encanto, una serie de paneles solares ocupan el antiguo asfalto del aeródromo de Staaken (1915-1953).

Incluso los habitantes han olvidado que hasta 1918, en Staaken se construyeron 12 dirigibles zepelín de los que todavía se conservan algunas piezas del hangar de fabricación. No obstante, todo lo que queda de ello está oculto o en ruinas (o ambas cosas) y no hay indicios de la historia del lugar.

El vestigio visible más interesante es la antigua torre de control de ladrillo de los años 20, cuando Staaken era el patio de recreo de muchas personalidades berlinesas que obtuvieron aquí su licencia de piloto, como Wernher von Braun, Heinz Rühmann (el actor de la propaganda de la comedia propagandística *Quax, der Bruchpilot*), Elli Beinhorn (la aviadora y futura esposa del piloto de carreras Bernd Rosemeyer), Hanna Reitsch (la mujer para la que Hitler llegó a probar el V1) y la desafortunada Marga von Etzdorf de Spandau que, a pesar de sus éxitos en competiciones internacionales de vuelo, se suicidó en 1933 tras dos aterrizajes forzosos.

Delante de esta torre de control sin pretensiones, Hitler reconoció públicamente no haber respetado el Tratado de Versalles, estacionando en este lugar las aeronaves —biplanos de tipo Aerodo Ar 65— del escuadrón de caza de Richthofen, y que el Reich estaba formando un ejército del aire. Fue aquí además desde donde despegó la primera aeronave transatlántica alemana de transporte de pasajeros. Se trataba de un Fw 200 V1 del constructor aeronáutico Focke-Wulf, el Condor con matrícula D-ACOON de la Llufthansa que viajó a Nueva York en poco menos de 24 horas y sin escalas, gracias al combustible de reserva. El vuelo de regreso lo completó en menos tiempo. Tardó 19 horas y 55 minutos en recorrer una distancia de 6392 kilómetros, lo que correspondía a una velocidad media de 321 km/hora.

En la torre de control, hay una inscripción en cirílico que atestigua la última fase de funcionamiento del aeropuerto. Los rusos se marcharon en 1953, aunque no fue hasta 1959 cuando el aeródromo cerrara definitivamente.

CAMPOS DE KAROLINENHÖHE ⑩

Una magnífica reliquia de la historia de las alcantarillas de Berlín

En la intersección de la Gatower Straße y la Straße 270
13595 / 13593 Berlín
S3, 5, 9 (Pichelsberg) después 15 minutos en bicicleta

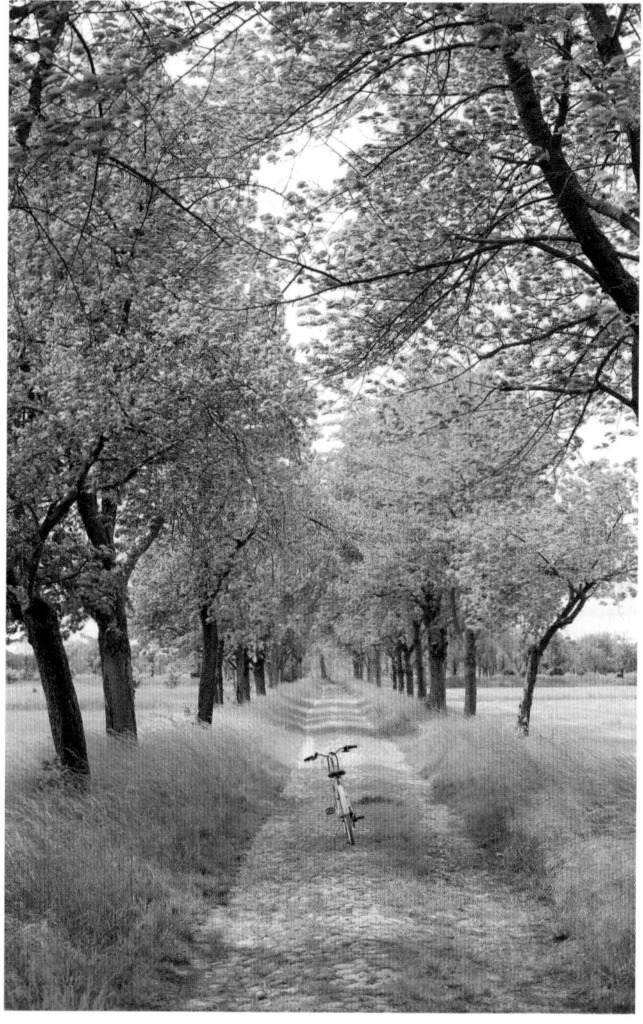

Al oeste de la torre de Beringer (véase doble página siguiente), en el ángulo recto de la frontera entre Berlín y Brandeburgo, comienza una prodigiosa y vasta zona de campo. En bicicleta, este trayecto particularmente agradable permite por ejemplo unir el fuerte de Hahneberg hasta el Havel. Los caminos de tierra, trazados sobre una especie de dique entre los campos, recuerdan a los antiguos arrozales. Estos campos, conocidos como *Karolinenhöhe*, son en realidad un magnífico vestigio de los llamados campos «de drenaje» (*Rieselfelder*) que, durante más de cien años desempeñaron un importante papel en el tratamiento de las aguas residuales de Berlín. Originalmente propiedad de la entonces ciudad autónoma de Charlottenburg, el *Rieselfelder Karolinenhöhe* fue bajando su actividad entre 1963 y 2010. Desde 1987 es una zona paisajística protegida (*Landschaftschutzgebiet*) de 220 hectáreas.

Las depuradoras de aguas residuales son una tecnología relativamente nueva. En Berlín apenas existen desde finales de los años 1960. Antes de eso, las aguas residenciales de la capital se canalizaban a varias estaciones de bombeo que las vertían fuera de la ciudad mediante tuberías subterráneas a unos 20 campos de drenaje que alcanzaban hasta las 10 000 hectáreas: Karolinenhöhe, Wansdorf, Schönerlinde, Blankenfelde, Buch, Hobrechtsfelde, Malchow, Falkenberg, Hellersdorf, Münchehofe, Deutsch Wusterhausen, Kleinziethen, Großziethen, Boddinsfelde, Tasdorf, Mühlenbeck, Waßmanndorf, Osdorf, Großbeeren, Sputendorf. Filtrados naturalmente, sus sedimentos fertilizaban los cultivos que alimentaban a la población de Berlín.

La historia de estos campos se remonta a la llegada del agua corriente a finales del siglo XIX. Antes de la instalación del agua, los retretes secos se ubicaban en los patios interiores. Una vez llenas, las fosas sépticas eran vaciadas por la noche por la familia *Eimer-Weiber*, que trasladaba el contenido en coche hasta las puertas de la ciudad. Las aguas residuales se eliminaban en las cunetas (*Rinnsteine*), construidas entre el pavimento y la calle en forma de una ligera hendidura de unos pocos adoquines de ancho, en la que se acumulaban desagradables canalones que desembocaban penosamente en el Spree.

Con la llegada del agua caliente, que también suministraba el agua necesaria para limpiar los desagües, las aguas residuales se mezclaron con las heces y se acumulaban también en los canalones a lo largo de las aceras, que se convirtieron en una auténtica cloaca a cielo abierto. Las corrientes de inmundicia no solo contaminaban el Spree, sino que también penetraban en el suelo hasta la capa freática.

El sistema de alcantarillado subterráneo con estaciones de bombeo (véase página 284), y el sistema *Rieselfelfer*, remediaron esta situación.

TORRE DE BERINGER

Recuerdos de fantasías dinásticas

Gatower Straße 201, 13595 Berlín
S3, S9 / U7 (Rathaus Spandau), después el bus 134 (Zur Haveldüne)

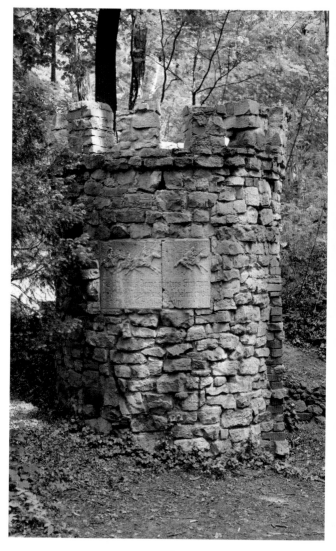

Cerca de la carretera de Gatow y poco después de las últimas casas de la Spandau Wilhelmstadt, puede apreciarse una pequeña torre de piedra, cuesta abajo en el bosque. Merece la pena echar un vistazo al escudo de armas situado sobre la puerta, que representa a un oso pasando sobre el arco de un puente (¿o un muro?) un poco inclinado. Según el bloguero Uwe Gerber, un historiador local que sabe bastante sobre escudos de armas, este correspondería a los principados de Anhalt (de la casa de Ascania) desde el siglo XVI.

Más concretamente, sería el del linaje Beringer, que parece haber sido «construido» desde cero por los príncipes de Anhalt de la época, para apoyar sus reivindicaciones y títulos. ¿Qué tiene que ver entonces el escudo de armas con esta torre en miniatura, cuya puerta ya ocupa la mitad de su altura?

En el lateral hay dos grandes piedras con una escena de persecución y una inscripción en latín que hace referencia a la leyenda de Jaczo, muy popular en Berlín. *Has per fauces, Jaczo, princeps Slavorum, / ab Albero Urso pulsus, ad habelam evasit. / Anno Domini MCLVII* («A través de este barranco Albert el Oso persiguió a Jaczo, príncipe de los eslavos, hasta el Havel en el año 1157»). En la orilla opuesta del Havel, en la península de Schildhorn, se erigió una columna para recordar que, gracias a la intervención divina, Jaczo von Köpenick se salvó de morir ahogado antes de convertirse al cristianismo. La pequeña torre de esta orilla recibió el nombre de «Torre de Jaczo» por las inscripciones y el escudo de armas, pero según el historiador Uwe Gerber, puede conducir al visitante curioso a error.

Según él, la torre no tiene nada que ver con el príncipe eslavo Jaczo von Köpenick sino más bien con Albert el Oso Ascaniano y la supuesta línea de los Beringer. De hecho, fue el empresario Emil Beringer quien la hizo. Según las marcas de algunos de los ladrillos que lo componen, la torre habría sido construida entre 1909 y 1914 para formar parte del jardín (que también incluía una cascada) de la familia. Si Emil Beringer se atribuía el escudo de armas del linaje ficticio de la casa de Ascania, voluntariamente estaba entregándose también a las conjeturas dinásticas que pudiesen hacerse sobre su jardín…

MONUMENTO DE SCHILDHORN ⑫

Un monumento erigido en recuerdo de un acontecimiento... que nunca ocurrió

Straße am Schildhorn 7, 14193 Berlín
S3, 9 (Pichelsberg)

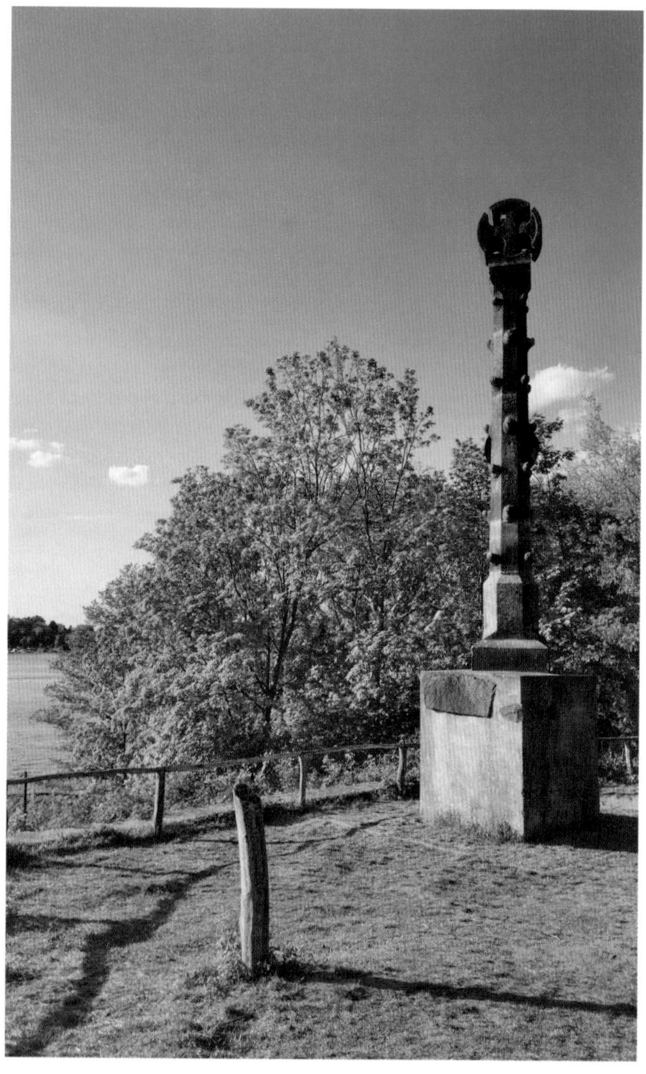

El monumento de Schildhorn consiste en una altísima columna de piedra de estilo medieval pero que data de mediados del siglo XIX, es decir, del romanticismo alemán tardío. Ofrece una vista fabulosa de la Jürgenlanke. Aunque esté coronado por un círculo cruzado cuatro veces como una cruz de Canterbury, todo es demasiado limpio y preciso como para remontarse a varios siglos atrás. En la columna figura el presunto escudo (*Schild*) de un antiguo guerrero.

Esta última resulta inusual por dos motivos: en primer lugar, porque quien la construyó fue el rey prusiano Federico Guillermo IV y, en segundo lugar, porque es un monumento a un acontecimiento que nunca ocurrió.

Este suceso pertenece a la leyenda berlinesa de Jaxa, que está íntimamente ligada al mito de la fundación de la Marcha de Brandeburgo. En otras palabras, la columna nace de la imaginación de un rey prusiano que, inspirado por un antiguo cuento popular, construye un monumento capaz de atraer a los berlineses en masa, a pesar de ser un lugar poco frecuentado.

El rey hizo un croquis en una hoja que entregó a August Stüler, su arquitecto predilecto, este le corrigió un poco las proporciones (elevó la columna), y el conjunto quedó listo.

Así quedó constancia en piedra de la historia cambiante de esta batalla inventada de la nada. Se supone que tuvo lugar en 1157 entre Albert y Jaxa (Jaczo) von Köpenick, un príncipe eslavo que en la época de los conflictos entre Albert el Oso y los esclavos del Elba, sí que asistió a la Marcha de Brandeburgo.

Cuenta la leyenda que, huyendo de Albert el Oso, Jaczo von Köpenick estuvo a punto de ahogarse cuando la corriente del Havel arrastró a su exhausto caballo. Como no sabía nadar, Jaxa se aferró a su escudo de madera. Entonces invocó al dios cristiano, al que era hostil, y se salvó. Al llegar a la orilla, juró convertirse al cristianismo colgando su escudo en un roble.

«De lo falso se sigue cualquier cosa»

La torre al lado del Havel, en Spandau (véase doble página anterior), que a su vez está asociada a la leyenda de Jaxa, también es una fantasía de un tal señor Beringer que se creía descendiente de Albert el Oso. *Ex falso sequitur quodlibet*: «De lo falso se sigue cualquier cosa».

CEMENTERIO DEL BOSQUE

El cementerio más misterioso, emotivo y poético de Berlín

Schildhornweg 33, 14193 Berlín
En verano de 7 h a 20 h; en invierno de 8 h a 16 h
S3, 9 (Pichelsberg)

Poco frecuentado, el cementerio del bosque de Grunewald es probablemente de todos, el más misterioso, emotivo y poético de Berlín.

Su ubicación se debe a que históricamente estaba reservado a todos los que no podían enterrarse en los cementerios parroquiales de la ciudad. Bien porque se habían suicidado, o porque eran desconocidos encontrados en la orilla de la Jürgenlanke, una pequeña bahía cercana, y debían enterrarse rápidamente. En 1920, fecha en la que el cementerio pasó a estar en manos de las autoridades berlinesas, los fallecidos por suicidio tuvieron por fin derecho a una sepultura cristiana.

Entre las dos cruces ortodoxas rusas de la Primera Guerra Mundial (dos trabajadores forzados que se suicidaron), el gran número de tumbas de soldados de la Segunda Guerra Mundial, las cruces para difuntos desconocidos y las diversas tumbas aparentemente normales que hay en el cementerio, hay tres que realmente destacan.

La primera, la de Willi Wohlberedt, escritor y estudioso de los cementerios, representa la portada de su obra más importante: *Las tumbas del Gran Berlín, de Potsdam y sus alrededores*.

El sepulcro de Willi Schulz, antiguo inspector forestal de Grunewald, consta de tres tablones colocados uno al lado del otro a modo de lápida. Están protegidos por pequeños gorros puntiagudos de cobre que se unen para formar la W de Willi en zigzag al estilo expresionista. En el tablero de la derecha y en el de la izquierda, hay una gran cruz tallada en la madera; en la central, que es la más ancha, están grabados su nombre y su título. Para coronar el epitafio, se ha fijado a esta tabla la cornamenta de un corzo como trofeo de caza. En la parte de abajo, el escultor añadió este comentario sarcástico: «¡Se acabó la caza!».

La tumba más sorprendente es la de Margarethe Päffgen y su hija Christa Päffgen, alias Nico, antigua cantante de rock experimental del grupo Velvet Underground, la que fuera musa de Andy Warhol, icono de moda y antigua amante de Alain Delon, que falleció en un accidente de bicicleta. A juzgar por la gran cantidad de objetos, continuamente renovados, colocados junto a su tumba (flores, vino, cigarrillos, casetes de música), sigue siendo visitada regularmente por sus admiradores.

LOS ESPEJOS PARABÓLICOS DEL «ERSCHIESSUNGSSTÄTTE V» ⑭

Un espectacular homenaje a un antiguo lugar de ejecuciones nazis

Glockenturmstraße 3,
14053 Berlín
S3, 9 (Pichelsberg)

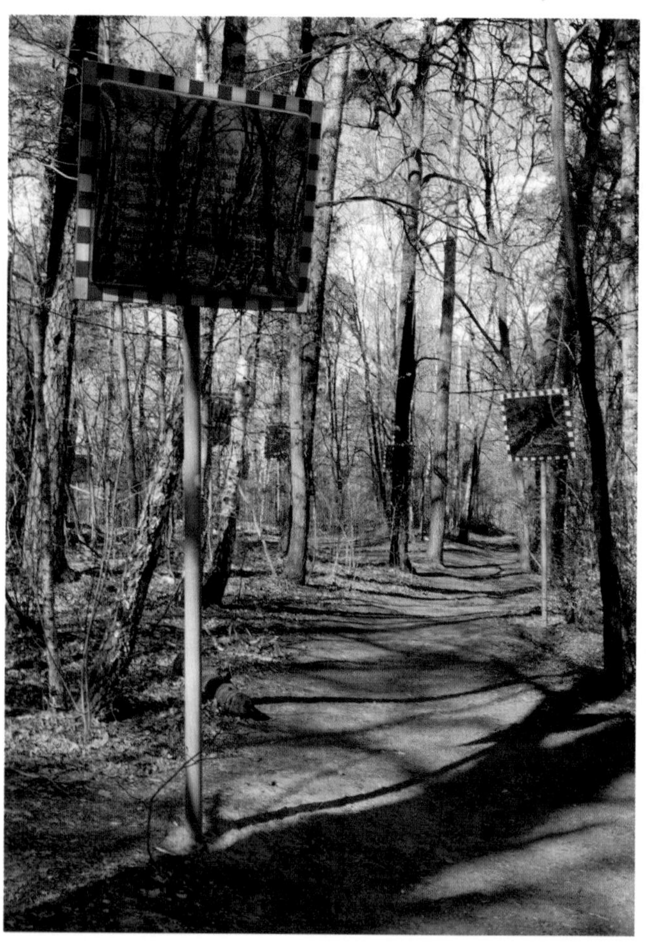

Entre la pista de hielo y la *Waldbühne*, en la acera de la Glockenturmstraße, hay un curioso espejo de carretera. Orientado a los transeúntes, es evidente que no está pensado para facilitar el paso de los vehículos a la pista. Un breve texto impreso en el propio espejo nos dice que la carretera forestal que se bifurca en este punto lleva a «Erschießungsstätte V» en los *Murellenberge*.

Básicamente allí fueron ejecutados desertores, objetores de conciencia, algunos de los que desobedecieron órdenes, y en general todos los «elementos subversivos que socavaban el esfuerzo de guerra». Se conocen los nombres de 252 víctimas, pero el número podría ser mucho mayor.

Otros espejos bordean el camino hacia la ubicación aproximada de los postes de ejecución, cada vez más numerosos a medida que va avanzando, y al final del camino, forman pequeños grupos en medio del bosque. Textos grabados en 15 de los 104 espejos relatan el pasado militar de la zona. Terminan con extractos de testimonios de las ejecuciones: «Se leyó una sentencia que me llegó a trozos: El Obergefreiter (cabo primero) [...] de edad [...] por deserción [...] a muerte [...], el Maat (suboficial) [...] de edad [...] condenado [...] por cobardía frente al enemigo [...] a ser fusilado [...]».

Esta inusual ruta conmemorativa fue diseñada por Patricia Pisani, artista argentina residente en Berlín y ganadora del concurso de 2001 organizado para diseñar el monumento. Según su interpretación, los espejos reflejan «lo que ocurre en las intersecciones cuando se carece de visibilidad: un riesgo o un peligro, a veces inminente, pero que aún no podemos ver. Muestran algo que no se puede ver desde donde uno está: a la vuelta de la esquina, en el pasado, en el futuro».

Las condenas a muerte dictadas por el Tribunal Militar nazi contra desertores y «saboteadores de la fuerza de combate» se consideraron legales durante mucho tiempo, y no sería hasta 1998 que los condenados fueron rehabilitados.

Desde 1840, los militares han utilizado el bosque de *Murellenberge*; la escuela de tiro de infantería de Ruhleben creó numerosos campos de tiro y *schanzen* («posiciones fortificadas»). Por ello esta zona recibe el nombre de *Schanzenwald*.
En la pista de tenis situada en la esquina de la Havelchaussee con la Elsgrabenweg se conserva un ejemplar de *schanze*. En 2007, la zona de entrenamiento militar de 38 hectáreas se limpió de municiones y edificios antes de abrirse al público.

PUESTO DE DESVÍOS DE OLYMPIA

⑮

En lado correcto del mango

U-Bahnmuseum (Museo del metro)
Rossitter Weg 1, 14053 Berlín
Abierto el segundo domingo del mes de 10 h 30 a 15 h
U2 (Olympiastadion)

Cada segundo domingo del mes, hay quien baja al nivel inferior de la estación de Olympiastadion para llegar al metro U2, aunque hay quien lo hace para entrar por las puertas del U-Bahnmuseum de Berlín, ubicado en el antiguo puesto de agujas del estadio olímpico (Olympia-Stellwerk). Al final de un pequeño corredor se obtiene el ticket para acceder a una especie de mirador con vistas a las vías que hay frente al puesto de depósito de Grunewald y al puesto actual de comando y control regional, que reemplazó al antiguo puesto de cambio de agujas de Olympia Stellwerk en 1983.

El punto fuerte de la visita es una joya técnica, conservada íntegra y en gran medida aún operativa: las palancas de mando de la caja de señales electromecánica, tipo VES 1913, que fue la mayor caja de señales de este tipo en Europa. Imagine un teclado de 14 metros de largo en el que cada nota se produjese accionando una palanca, con una partitura que pareciera un enorme panel de control óptico, colocado justo enfrente de él, representando todas las vías del depósito de Grunewald. Cada aparato y cada señal están indicadas por una pequeña lámpara cuyo color especifica su posición en todo momento.

En el panel de control de madera, las palancas de control de las vías son tan grandes como las del freno de emergencia de un coche, con enormes botones azules en los extremos. Estas palancas controlaban 103 máquinas y 99 señales, dirigiendo unas 616 configuraciones de movimientos de trenes. Cada desplazamiento de los trenes del depósito de Grunewald y de la estación de metro de Olympiastadion se controlaba desde este centro neurálgico, donde se tenía una visión general de todo el material rodante.

Todos los movimientos de los aviones y las posiciones de las señales y de las vías figuraban en un panel de control de 6 metros de largo y 2 metros de alto con 1239 bombillas. Gracias a la AG Berliner U-Bahn, una asociación de antiguos empleados del metro, aún se puede demostrar mediante simulación durante la visita el funcionamiento de este puesto de agujas electromecánico.

En una sala contigua, se puede ver la gigantesca estación de relevo desde la que se transmitían las órdenes de los guardaagujas en forma de impulsos eléctricos a los aparatos de vía y a las señales.

LAS DIMENSIONES DE LA CORBUSIERHAUS

⑯

Cuando no se respetó el proyecto inicial de Le Corbusier...

Flatowallee 16, 14055 Berlín
Visitas guiadas en: info@corbusierhaus-berlin.org (40 € de 1 a 4 personas)
S3, 9 (Olympiastadion)

Aunque el Corbusierhaus de Berlín no sea un secreto en sí mismo, con sus 530 viviendas en cuya entrada destaca un gigantesco timbre con los nombres de los vecinos, solemos olvidar que el proyecto berlinés del célebre Le Corbusier tiene una particularidad, y es que no respeta las dimensiones previstas por el arquitecto.

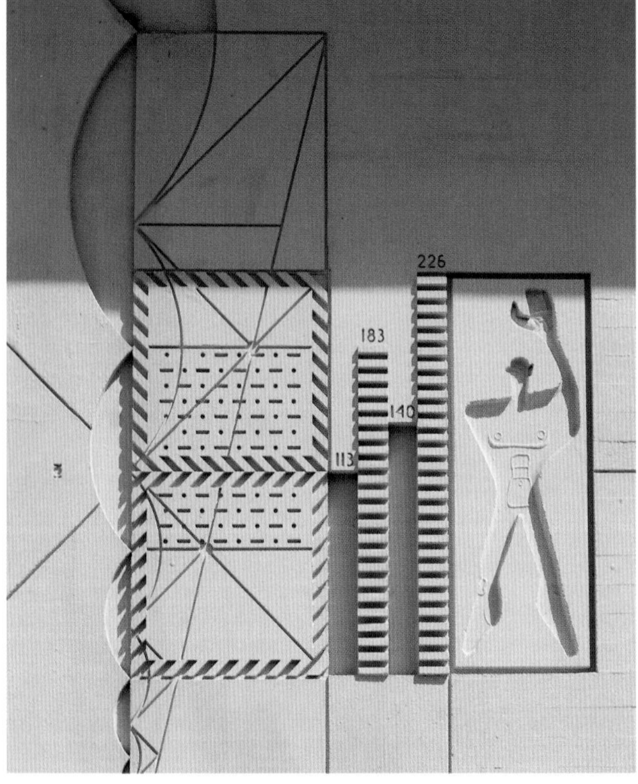

En la entrada del edificio, un bajorrelieve de hormigón recuerda cómo Le Corbusier, de acuerdo con su teoría de la armonía de proporciones, desarrolló un sistema propio de medidas para el diseño de sus viviendas llamado «Modulor» (véase a continuación). Pero las reglas berlinesas en materia de construcción, inflexibles, frustraron la genialidad de sus planes; la altura mínima de un techo en Berlín era de 2,50 metros, teniendo que abandonar los 2,26 metros iniciales previstos por Le Corbusier.

Por tanto, las proporciones de las habitaciones solo podían mantenerse ampliando las viviendas, que pasaron de 3,66 a 4,06 metros. En cuanto al sistema de dúplex que aparecía en los planos originales, se eliminó para ganar más espacio y permitir los cambios. La calle comercial que iba a situarse a media altura del edificio también se descartó, y solo se conservaron una lavandería y unos grandes almacenes. «La pequeña ciudad en sí misma» que hubiera sido la Unidad Berlín perdió toda su esencia.

Así, Le Corbusier se alejó de esta versión alterada de su sueño y la tachó de «botellero».

A pesar de las distorsiones que ha sufrido el sistema «Modulor», los vecinos del complejo siempre han estado muy satisfechos con él. Hoy en día, incluso el supermercado ha desaparecido, ya que todo el mundo puede desplazarse para hacer sus compras y un tercio de los apartamentos son ahora segundas viviendas.

Las dimensiones del Modulor

La teoría de la harmonía de proporciones de Le Corbusier fue presentada en 1923 en su obra *Hacia una arquitectura* y constituye el origen de su célebre sistema «Modulor». Inspirado por la cultura arquitectónica clásica estudiada en sus viajes, su objetivo era reactualizar un sistema de medida basado en unidades de medida corporales, como el codo y el pie. Para llevar a cabo esta herramienta universal fundada en la estatura humana, tomó las medidas de un hombre de estatura media (altura del ombligo: 113 cm; parte superior de la cabeza: 183 cm) utilizando la secuencia matemática de Fibonacci según la cual un valor se obtiene sumando los dos valores anteriores. Los resultados son: 226, 183, 113, 70, 43 y 27cm (cuatro de ellos inscritos en la fachada de la Corbusierhaus, donde está representado el «Modulor»).

Este sistema rige también las dimensiones de los muebles de Le Corbusier (altura del asiento del taburete: 27 cm, altura del asiento de la silla: 43 cm, tablero de la mesa: 70 cm; encimera: 113 cm y la de la altura del techo: 226 cm).

CATEDRAL DE LA RESURRECCIÓN ⑰ DE CRISTO

Mística de la Rusia ortodoxa

Hohenzollerndamm 166, 10713 Berlín
0 30 / 8 73 16 14
Más información sobre horarios por teléfono o en la web rokmp.de/de/churches/hohenzollerndamm-166-10713-berlin
S41, 42, 46 (Hohenzollerndamm)

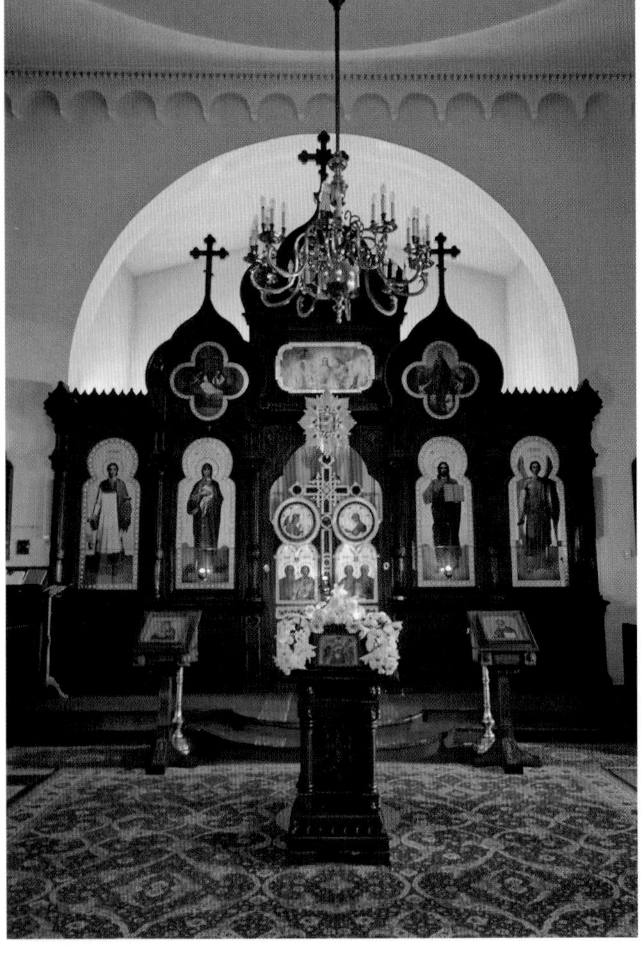

La catedral ortodoxa rusa de la Resurrección de Cristo, bendecida el 13 de mayo de 1938 (*Christi-Auferstehungs-Kathedrale*), resulta particularmente interesante durante los oficios (sobre todo los sábados a las 17 h), cuando la multitud de fieles, en una penumbra que refuerza el misticismo del lugar, encienden velas, queman incienso y besan los iconos en un ambiente de auténtica devoción.

La iglesia de tres naves recupera el plan tradicional de las primeras iglesias ortodoxas rusas de los siglos XI y XII. Los nazis patrocinaron el nuevo edificio, ya que veían a la Iglesia Ortodoxa como a una barrera contra el bolchevismo.

El iconostasio es muy antiguo y proviene de una iglesia de guarnición de Mínsk Mazzowiecki, cerca de Varsovia.

La diócesis de Berlín expresó su gratitud por el derecho de residencia en una entusiasta carta al «piadosísimo Führer y Canciller del Reich Adolf Hitler». Hay que mencionar la proximidad a la sede principal de la administración nazi en la Fehrbelliner Platz. La parroquia, que llegó a tener 5000 miembros, cuenta ahora con 190 000.

¿Qué representa el iconostasio ortodoxo?

«El iconostasio es la frontera entre el mundo visible y el invisible», escribió el padre Pawel Florenski. «El iconostasio es señal de la presencia de los santos y los ángeles... de la presencia de los testigos celestiales, y sobre todo de la madre de Dios y del mismo Cristo».

El iconostasio transmite a los miembros de la parroquia el carácter sagrado de la liturgia que tiene lugar fuera de la vista, en el santuario. Las imágenes del iconostasio muestran en qué se convierte el hombre cuando se entrega a Dios. Esto explica la devoción con la que vienen aquí los creyentes, a menudo con velos, a buscar la misericordia de Dios en estas pinturas consagradas. Se encuentran cara a cara con el mundo divino. Esto explica también todo este oro aplicado sobre fondo de tiza para pintar los iconos desde los primeros bizantinos. Simboliza la riqueza del mundo después de la muerte, donde Jesucristo precedió a todos los creyentes mediante su resurrección y su ascensión a los cielos.

EDIFICIO-TÚNEL DE LA CARRETERA A104

(18)

Cuando una carretera atraviesa literalmente un edificio

Schlangenbader Straße 18,
10585 Berlín
U3 (Rüdesheimer Platz)

En la Schlangenbader Straße de Wilmersdorf, la *Schlange* («serpiente»), que da nombre a la calle, es la urbanización más grande de Europa.

Con sus 600 metros de longitud y sus 45 metros de altura en su punto más alto, alberga a 3500 inquilinos que ocupan 1215 viviendas. Incluyendo las construcciones relacionadas, el número llega incluso a 1700. Es desde el aire donde mejor se puede descubrir lo que lo hace tan especial. Todo el edificio está construido a caballo entre una parte de la carretera, la A104 (Abzweig Steglitz) que une la carretera A100 en Hohenzollerndamm al norte y en la B1 (vía la Schildhornstraße al sur).

En la intersección de la Wiesbadener Straße con el edificio se puede ver el túnel de la autopista empotrado en una coraza de hormigón que une, como un puente, las dos mitades del complejo residencial. En el interior, el puente de la carretera no toca las paredes de la superestructura, sino que descansa sobre enormes almohadillas de caucho que, a su vez, se apoyan en enormes pilares anclados en el suelo, protegiendo así las viviendas de casi cualquier vibración. En los pasillos o en el hueco de las escaleras, como al nivel de la Wiesbadener Straße, percibimos como máximo un lejano «toc-toc-toc» que los vecinos llaman «los latidos del corazón» del complejo, ya que recuerdan al flujo de circulación. Diariamente cuentan 54 000 latidos, que es la media de vehículos que lo atraviesan.

En las casas, como confirman sus habitantes, no se escucha nada, incluso desde el cuarto piso situado sobre las vías.

La «serpiente» de Berlín, acabada en 1980, encarna la fiebre que hubo en la parte occidental en aquella época por construir infraestructuras, que casi sin excepción se quedaron en la fase de planificación. Oswald Mathias Ungers (OMU), gran arquitecto del Occidente, propuso hacer con la forma de un edificio de 20 plantas una superestructura sobre la autovía de 500 kilómetros entre Hamburgo y Frankfurt am Main.

Por suerte o por desgracia, el dinero de las inversiones del oeste no faltó en el momento en que se dividió Alemania. Por tanto, fue posible construir no solo una carretera urbana (aún en desarrollo), sino también la «serpiente».

Hay otro edificio de este tipo en Osaka, el Gate Tower Building.

MEZQUITA DEL MOVIMIENTO AHMADIYYA DE LAHORE ⑲

Una joya de la arquitectura indo-islámica

Brienner Straße 7–8, 10713 Berlín
Todos los días de 11 h a 18 h
U2, 3, 7 (Fehrbelliner Platz)

La espléndida mezquita de Wilmersdorf (también conocida históricamente como *Berliner Moschee* o *Ahmadiyya-Moschee*) es la mezquita más antigua de Alemania. Se erigió entre 1924 y 1928 para la Ahmadiyya Anjuman Isha'at Islam (AAIIL – Asociación Ahmadiyya para la propagación del islam de Lahore) y cuenta con dos minaretes de una altura de 32 metros, separados del edificio principal, y una cúpula de 26

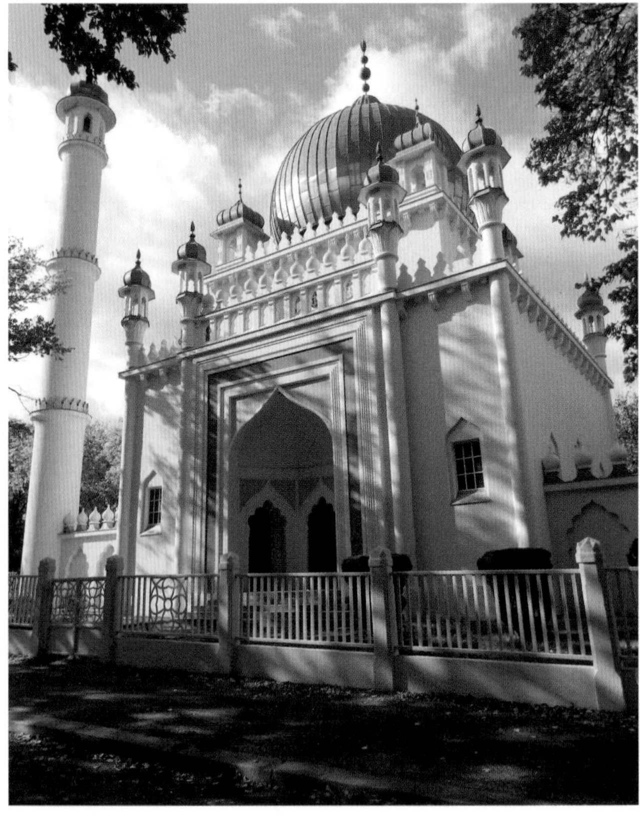

metros de altura y 10 de diámetro. La sala de oraciones tiene capacidad para unos 400 fieles. La mezquita, que recuerda la arquitectura mogola del Taj Mahal, fue diseñada por el arquitecto berlín's K.A. Hermann. La AAIIL, responsable del proyecto y actual propietaria, financió su construcción solo con donativos. Como siempre, la mezquita está «abierta al culto para musulmanes de todas las naciones mahometanas y todas las corrientes religiosas sin distinción». Básicamente, está abierta para todos y todos los días.

Durante el nazismo, la sección berlinesa del AAIIL y su mezquita tuvieron un papel fundamental en la ayuda a los judíos que querían salir de Alemania. Sin embargo, los nazis habían instrumentalizado la mezquita para su propaganda, de tal manera que las SS recibieron a Mohammed Amin al-Husseini, el gran muftí de Jerusalén (reconocido antisemita), como invitado de honor.

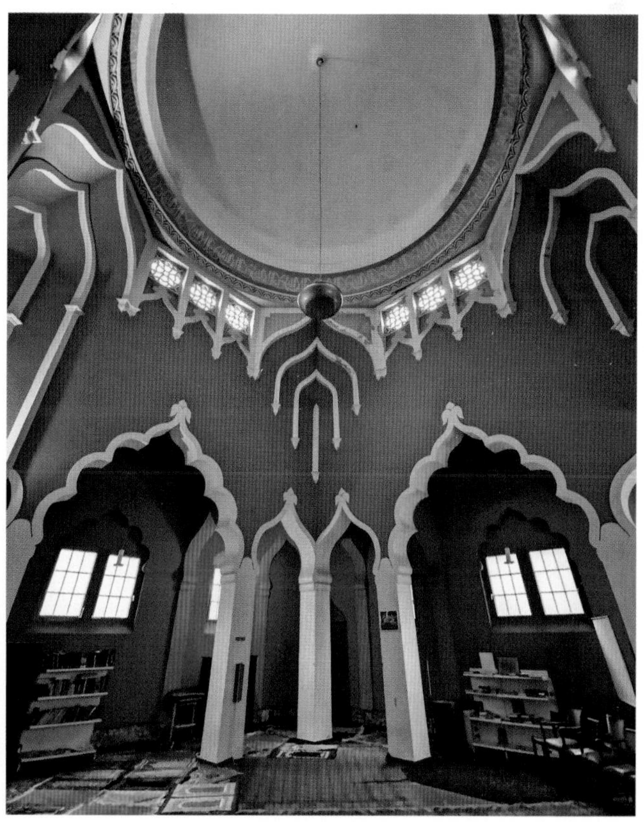

EL BUZÓN ROJO DE LA FEHRBELLINER PLATZ

20

Un recuerdo discreto de la ocupación británica

Fehrbelliner Platz 4, 10707 Berlín
U2, 3, 7 (Fehrbelliner Platz)

En la fachada del número 4 de la Fehrbelliner Platz, antiguo edificio nazi que acogió la dirección general de la DAF, la *Deutsche Arbeitsfront* («Frente Alemán del Trabajo»), hay un discreto buzón rojo con inscripciones escritas en inglés que no llama demasiado la atención.

Por el contrario, a algunos pasos destaca la típica cabina telefónica inglesa recordando que este edificio, que consiguió sobrevivir a las bombas, se convirtió en cuartel general de las fuerzas de ocupación británicas en 1945.

Este edificio, bautizado *Lancaster House*, compartía su nombre con el legendario bombardero británico Avro Lancaster, utilizado también durante la Segunda Guerra Mundial.

En 1954, el British Army Headquarters se traspasó al antiguo Sportforum, en el emplazamiento olímpico de 1936. Pero los británicos guardaban un buen recuerdo del anterior cuartel de la Fehrbelliner Platz.

Los súbditos de su majestad tenían la fama de relacionarse entre ellos, por ejemplo, en el *Officers' Mess* ubicado en la Thüringer Allee, donde el club de patinaje berlinés había fijado su residencia antes de que estallase la guerra. Fueron las visitas de la reina en 1965, 1978 y 1987 lo que les ayudó a ganarse cierta simpatía con los berlineses.

En mayo de 1987, el año del 750 aniversario de la ciudad, la reina Isabel II estuvo dos días en Berlín acompañada de su marido, el príncipe Felipe de Edimburgo. Pronunció un discurso en el Palacio de Charlottenburg saludando a Berlín en alemán y tomó el té en el palacio de Bellevue con el presidente alemán Richard von Weizsäcker. A continuación, celebró su propio cumpleaños (tradicionalmente celebrado en mayo en vez de en abril debido al clima) en el Maifeld, parte del recinto olímpico utilizado por las fuerzas británicas.

El 5 de marzo de 1987, el embajador de su majestad, Sir Julian Leonard Bullar, y el comandante del sector de ocupación británica en Berlín, Patrick Guy Brooking, ya habían entregado la cabina telefónica y el buzón a los alemanes. Fue un regalo oficial del poder británico allí establecido. En comparación, los estadounidenses habían donado una biblioteca entera: la *Amerika-Gedenkbibliothek*.

KREUZKIRCHE

(21)

Una obra de arte expresionista

Hohenzollerndamm 130a, 14199 Berlín
kreuzkirche-berlin.de
0 30 / 83 22 46 63
Sábado de 16 h a 18 h; la misa el domingo a las 11 h
S41 (Hohenzollerndamm)

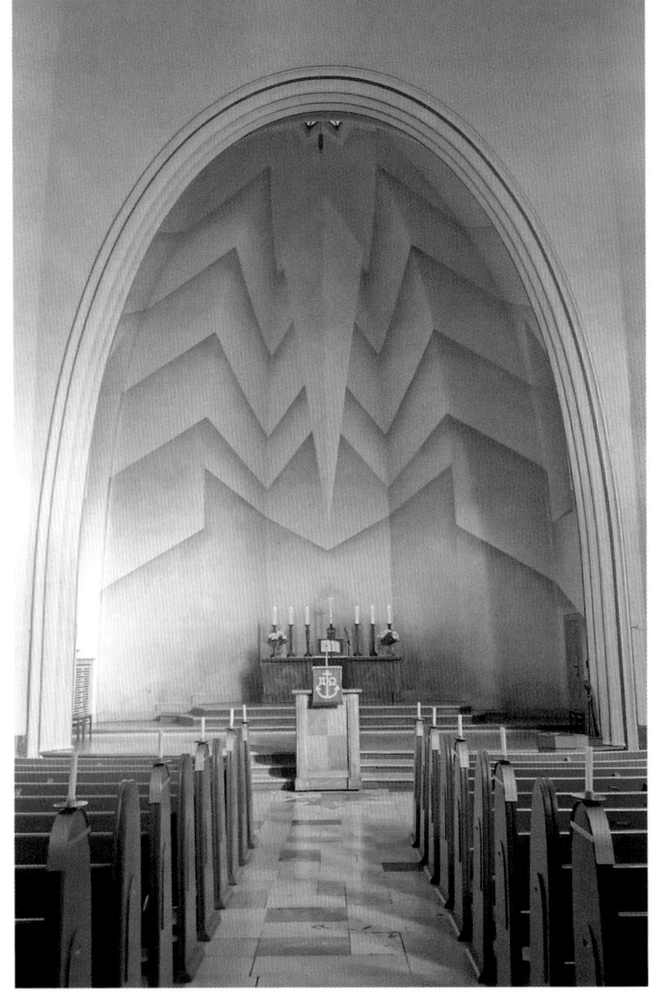

Es una pena los pocos berlineses, por no hablar de los turistas, que entran al interior de la iglesia de Kreuzkirche, declarada monumento histórico. Construida entre 1927 y 1929 según los planos de Ernst Paulus y de su hijo Günther Paulus, es una verdadera obra de arte de la arquitectura expresionista.

Además de su campanario de tres puntas, visible desde lejos (54 metros de altura), la iglesia se caracteriza por un sorprendente pórtico de entrada de cerámica azul, que recuerda a una pagoda asiática. A ambos lados, en los laterales de la torre principal, se aprecian las decoraciones (de ladrillo) en zigzag, típicas de la arquitectura expresionista.

Parcialmente reconstruida en la posguerra, en 1953, la iglesia también se renovó en 1984 intentando ser fiel a los planos originales.

Dentro, un pasillo conduce a la sala principal de forma octogonal, cuya excepcional decoración pintada tras el altar también es expresionista.

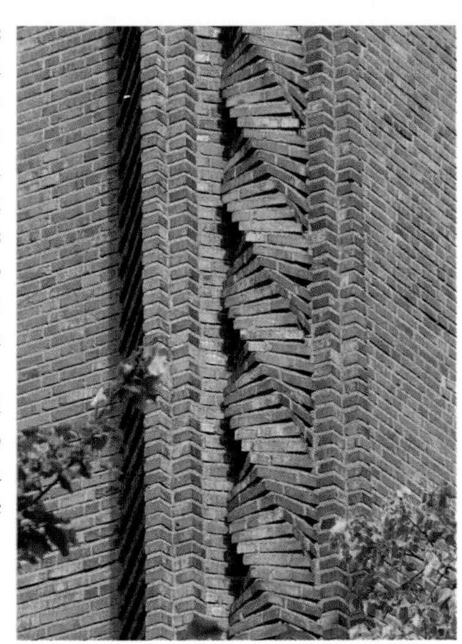

Los colores originales concebidos por Erich Wolde eran los del arcoíris: la entrada (*Brauthalle*) en amarillo, el pasillo en rojo, la nave central en verde, los bancos para los fieles en azul (el único color original que queda) y el espacio del altar en morado.

La armonía y el equilibro arquitectónico que desprenden justifica detenerse en los bancos de esta iglesia.

EN LOS ALREDEDORES

Subiendo por Hohenzollerndamm en dirección al S-Bahn, la puerta principal de las oficinas parroquiales, a unos diez metros a la izquierda de la entrada principal de la iglesia, también tiene una fantástica decoración expresionista.

130
a
1929

MUSEO ALEMÁN DE LOS CIEGOS ㉒

Seis puntos que lo cambian todo

Rothenburgstraße 14, 12165 Berlín
Miércoles de 15 h a 18 h; visita guiada abierta para todos los públicos cada primer domingo del mes a las 11 h
Entrada libre (los donativos son bienvenidos)
U9 / S2 (Rathaus Steglitz)

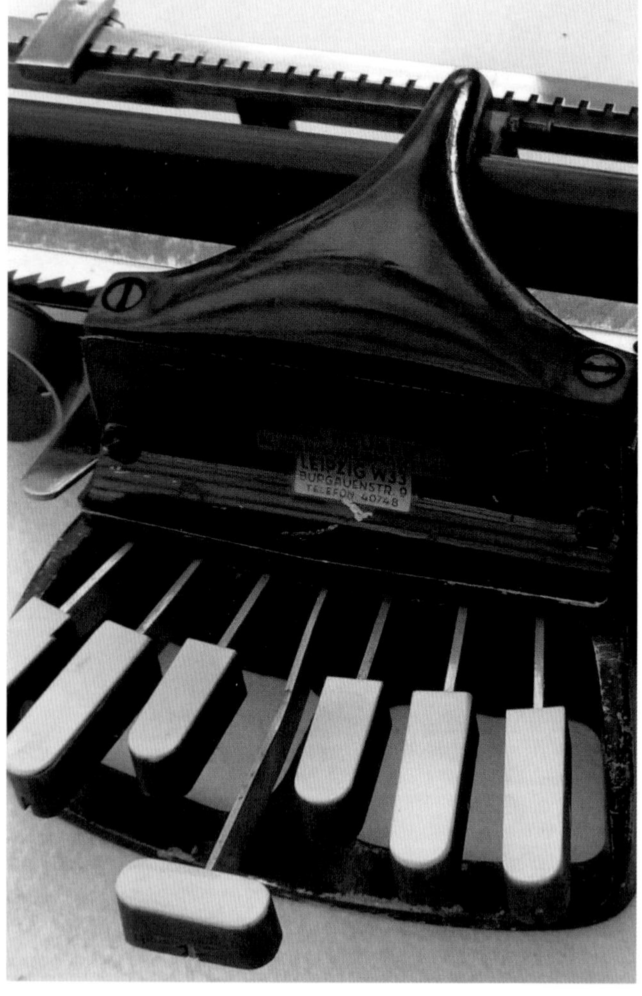

No muy lejos del ayuntamiento de Steglitz, se encuentra el discreto museo de los ciegos, fundado en 1890 en la Clínica Real de Ciegos de Berlin-Steglitz.

Está centrado en el desarrollo de sistemas de escritura para ciegos, poniendo el acento en su papel en la integración de estos últimos en la sociedad y su realización personal.

Si los ciegos pueden leer y escribir, tocar un instrumento, componer música, estudiar y también enseñar, es gracias a Louis Braille, que perdió la vista en 1814, cuando tenía 5 años.

Su deseo de expresarse y comunicar llevó a Braille a inventar una escritura inédita con seis puntos que representaban la *Schwarzschrift* («escritura de los videntes»). Más tarde, desarrolló además una notación musical para ciegos.

Louis Braille abrió un nuevo universo a los que como él perdieron la vista. Justo fue un antiguo profesor de la Clínica Real de Ciegos de Steglitz quien construyó en 1900 la primera máquina de escribir en braille.

A pesar de la revolución que supuso la navegación por GPS y los audiolibros, el braille y su máquina de escribir siguen siendo indispensables en la vida de una persona con discapacidad visual, incluso en la era de los smartphones, tabletas y ordenadores.

¿Qué había antes del braille?

Antes de que se adoptara el braille, los ciegos de los países germánicos utilizaban el sistema *Stachelschrift* (*Stachel* significa «espina» en alemán y por extensión todo lo que pincha), una codificación táctil de la escritura ultimada por Klein.

El sistema hace honor a su nombre, puesto que las puntas metálicas de los pequeños bloques tipográficos eran tan afiladas que podían fácilmente hacerles sangrar al acercar la yema del dedo.

EL MÄUSEBUNKER 

Una obra de arte desconocida por la arquitectura brutalista

Krahmerstraße 6, 12207 Berlín
Visible únicamente desde el exterior
S25, 26 (Lichterfelde Ost)

Con esa forma de barco de guerra gigante, el Centro de investigación de medicina experimental (*Forschungseinrichtung für experimentelle Medizin*), más conocido como *Mäusebunker* (literalmente el «búnker de los ratones») es uno de los edificios más espectaculares y desconocidos de Berlín.

Este edificio excepcional de casi 120 metros de largo, obra maestra de la arquitectura brutalista, se alza entre la Hindenburgdamm y la Krahmerstraße, junto al canal de Teltow (oculto por árboles). Aunque el edificio, en desuso, no pueda visitarse, se puede tener una buena perspectiva desde la Krahmerstraße entre el canal y la Hindenburgdamm.

Entre 1967 y 1970, el arquitecto berlinés Gerd Hänska, en colaboración con su mujer Magdalena y su hijo Thomas, diseñó este edificio para que sirviera como laboratorio de experimentación animal de la Freie Universität. Su construcción se aplazó varias veces y no se terminó hasta 1981.

El edificio es de hormigón y posee una sorprendente estructura tronco piramidal. Los gruesos tubos azules, como cañones, que sobresalen de las dos caras laterales dan al visitante la impresión de estar más ante un buque de guerra que en un simple centro de investigación.

Anteriormente, estos tubos sirvieron de conductos de ventilación, indispensables para mantener una ventilación adecuada en el interior. Las ventanas triangulares voladizas, visibles en la fachada oeste, permitían que los rayos del sol aseguraran la temperatura y luminosidad correctas.

Cuidado: peligro de destrucción

Actualmente en desuso, el edificio corre peligro. Su propietario, la Facultad de Medicina de la Charité, quiere destruirlo, a pesar de que muchos se opongan.

El debate continúa y puede llevar algún tiempo. Una de las ideas, que parece que va bastante con el edificio, es transformarlo un club tecno. Apresúrese y eche un vistazo por si acaso...

MUSEO DE LA ENERGÍA

Berlín bajo las lámparas de arco

Teltowkanalstraße 9, 12247 Berlín
0 30 / 70 17 77 55/56
energie-museum.de
Días y horas de apertura del museo actualizadas en la web
Visita guiada concertada los martes de 10 h a 12 h
U9 (Rathaus Steglitz) / Bus 186, 283 (Teltowkanalstraße)

El edificio ubicado en el puesto eléctrico de la Stromnetz Berlin GmbH, único en su especie, albergó de 1986 a 1994 la mayor instalación de almacenamiento del mundo, construida y explotada por las Berliner Städtischen Elektrizitätswerke AG (BEWAG). Las 7080 baterías de plomo-ácido podían almacenar 14,4 megavatios hora de electricidad. Una vez cargadas las baterías, se podían suministrar 17 megavatios para sostener la red durante 20 minutos, una precaución necesaria durante la Guerra Fría.

Convertida en museo cuando dejó de funcionar, cuenta ahora la historia del suministro eléctrico de Berlín, desde las primeras centrales eléctricas locales hasta las primeras instalaciones de reservas de emergencia, sin olvidar la evolución de las técnicas de comunicación (no se pierda los extraños tubos neumáticos utilizados hasta los años 70 para enviar mensajes por aire comprimido a la ciudad).

También está expuesto el botón de control que sirvió el 7 de diciembre de 1994 a Eberhard Diepgen, el antiguo alcalde de Berlín, para llevar a cabo la famosa «interconexión» después de que la red europea inyectara electricidad por primera vez en la berlinesa.

Es posible asistir a varias demostraciones que van desde la activación de las turbinas de gas y vapor que accionan los generadores eléctricos hasta la rara oportunidad de ver una lámpara de arco de 1905 en la sección dedicada a la iluminación. Una oportunidad de ver que las farolas de Berlín de los años 1920 y 1930 no tenían nada que envidiar a los actuales focos LED de alta luminosidad.

HOMENAJE A LA LÍNEA DE TRANVÍA GROẞ-LICHTERFELDER

(25)

El primer tranvía eléctrico del mundo

Esquina de la Morgensternstraße con la Königsberger Straße, 12207 Berlín
S25, 26 (Lichterfelde Ost)

En la esquina de la Morgensternstraße con la Königsberger Straße, ligeramente apartado de la calzada, le sorprenderá encontrar un banco público con un cartel al lado, coronado por una rueda de coche como las de antes sobre una superficie pavimentada de pocos metros cuadrados, y que recuerda a una parada de transporte público. Además de dos raíles de tren que surcan el pavimento.

Este conjunto rinde homenaje al primer tranvía eléctrico del mundo, cuyo punto de partida estaba situado más o menos en este lugar. Construido en 1881, unía la estación de Groß-Lichterfelde (la actual S-Lichterfelde Ost) con la escuela militar del ejército prusiano, que entonces estaba a punto de establecerse allí, y cuyas dependencias albergan hoy día entre otros un banco de archivos nacionales (*Bundesarchiv Dienststelle*).

Una de las primerísimas redes de metro del mundo, gracias a Werner von Siemens

Compuesto de 10 líneas que recorren unos 150 kilómetros, el 80 % de ellos subterráneos, el *U-bahn* berlinés figura entre las primeras redes de metro del mundo. La primera línea, la U1, fue inaugurada en 1902. La razón es sencilla: es el célebre industrial Werner von Siemens, en Charlottenburg, quien inventó el primer motor eléctrico, es decir, la primera dinamo lo suficientemente potente para propulsar un vehículo.

A pesar de los dotes de persuasión de Siemens, Berlín tardó lo suficiente para que otras seis ciudades le llevaran la delantera antes de darle luz verde al proyecto. En Londres, los trenes de vapor ya circulaban bajo tierra desde 1863, y en 1890 se electrificó su red, convirtiéndose en el primer ferrocarril subterráneo de la historia.

En 1896, Budapest inauguró su primera línea de metro que hoy forma parte del patrimonio mundial de la UNESCO. El mismo año, Glasgow ya contaba con 10,5 kilómetros de líneas subterráneas alrededor de la ciudad, y sigue siendo la única red del mundo que nunca se ha ampliado más allá de su trazado original. Chicago, una de las ciudades más modernas del mundo en aquel momento, ya tenía metro en 1897. París abrió sus primeras líneas al público en 1900. Por último, la primera línea de metro de Boston precedió por un año la inauguración de la U1 berlinesa, en 1901.

También puede encontrar un panel informativo sobre el primer tranvía de la historia en la estación de S-Bahn de Lichterfelde Ost, a pocos pasos de este cruce.

EDIFICIO DE LA BÁSCULA MUNICIPAL

㉖

Mujeres de peso

Charlottenstraße 64, 12247 Berlín
S25, 26 (Lichterfelde Ost)

Al final de la Charlottenstraße y la Elisabethstraße, un pequeño edificio neoclásico exhibe en su fachada la inscripción *Ratswaage* («báscula municipal») en mayúsculas.

Actualmente está a disposición de las mujeres del barrio que se reúnen allí en grupos de autoayuda, para exposiciones, charlas, lecturas y exposiciones, aunque también alberga parte de la antigua «báscula municipal», función que cumplió el edificio hasta 1968.

Esta báscula de Lankwitz, construida de 1917 a 1918 por el arquitecto jefe de la ciudad, Fritz Freymüller (1882-1950), para sustituir una balanza municipal de menor tamaño, era el lugar donde agricultores y comerciantes pesaban su cargamento pasando con su vehículo por el tablero de la báscula antes de continuar su camino hasta la estación de mercancías de Lichterfelde-Ost, a solo algunos metros de allí. El coste del transporte se calculaba en función del peso recién calculado de la mercancía.

La zona protegida frente a la casita constituye la plataforma de pesaje (aún en funcionamiento) también llamada báscula-puente para pesar carros o carruajes. Su máxima capacidad era de 11 toneladas, lo que se consideraba insuficiente en la década de 1970 en relación con las toneladas de los camiones modernos.

Mientras que hoy en día el tonelaje de los camiones o vagones de tren se calcula mediante deformaciones medidas electrónicamente y células de carga calibradas, la báscula municipal de Lankwitz funcionaba exactamente igual que las antiguas básculas de estación, que pesaban el equipaje según el principio de la báscula decimal, pero 10 veces mayor.

A partir de 1927, en Lankwitz los pesadores pasaron a ser exclusivamente pesadoras, ya que las mujeres suelen ser más precisas…

Un río desaparecido

En la época de las pesadoras, el nacimiento del Lanke (el río que dio nombre a Lankwitz) seguía estando al lado de la báscula. Ahora invisible, sus aguas se dirigen bajo tierra hacia el canal de Teltow. Su desembocadura se encuentra cerca de Oiltanking Deutschland en el Gasgrabenweg.

FLIEGEBERG

(27)

El terreno de juego, la pista de pruebas de un pionero de la aviación

Schütte-Lanz-Straße, 12209 Berlín
S25, 26 (Osdorfer Straße)

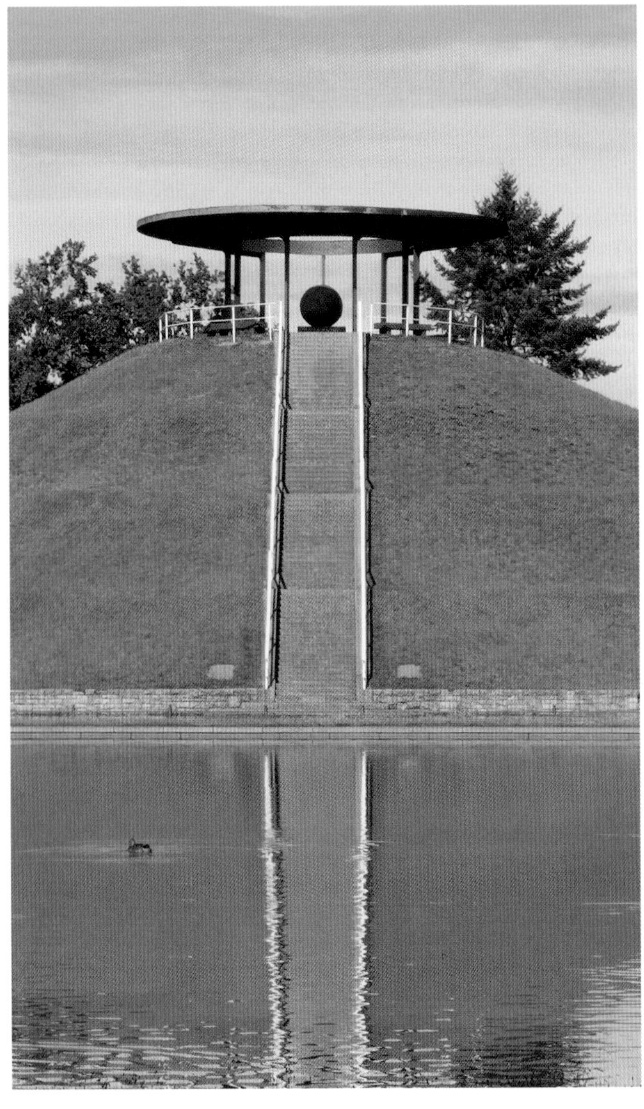

La colina de Lichterfelde, que domina el parque a una altura de 12,2 metros, era originalmente un simple montículo de escombros construido en 1894 por dos hermanos muy vivarachos de Lichterfelde: Gustav y Otto Lilienthal.

Desde su más tierna infancia, los dos pensaron en construir un artefacto volador con el que poder volar como un pájaro. Gustav Lilienthal era estudiante de arquitectura en la Berliner Bauakademie, y Otto Lilienthal, el inventor del dúo, estudiaba ingeniería mecánica en la Gewerbeakademie (que se fusionaría con el Polytechnikum de Charlottenburg en 1884).

Gracias al éxito que obtuvo una máquina de vapor que diseñó, Otto dispuso de los fondos necesarios para publicar una obra fundamental en 1889 en Berlín, *Der Vogelflug als Grundlage der Fliegekunst* («El vuelo de los pájaros como la base de la aviación»). Según las pruebas realizadas, su planeador cumplía todos los criterios para la construcción de un avión. Este *Segelapparat*, con una cubierta de lona de algodón tensada sobre costillas de mimbre, se probó por primera vez en 1891en Derwitz y después en Rauhe Berg. A continuación, se construyó la colina de Fliegeberg en 1894 con los escombros de la fábrica de ladrillos del lugar. Una de las primeras fotografías muestra a Otto con su invención que, gracias a unos cuantos compradores, se convirtió en el primer aeroplano fabricado en serie.

En total, Otto Lilienthal surcó los cielos más de 2000 veces. Desde su colina artificial de Fliegeberg, efectuó un vuelo de 80 metros, antes de fallecer en 1896 sobrevolando Rhinow, donde atravesó una distancia de 250 metros. Después de su muerte, la Fliegeberg de Lichterfelde corrió la misma suerte que su casa de la Boothstraße, que estuvo a punto de ser arrasada. En 1897, tras el cese de la producción de la fábrica de ladrillos, el solar se convirtió en un parque municipal. Se instalaron una escalera de piedra en el montículo y un mirador en su cima. Sus amigos, pioneros de la aviación y de los clubes aeronáuticos solían conmemorar allí el día de su muerte. Con el auge de la aviación, la reputación y la fama de Lilienthal no hicieron más que crecer de año en año, y ahora se celebra anualmente un *Fliegefest* en el monumento conmemorativo de la colina, inaugurado en 1932.

También se ha erigido un hermoso monumento a la altura de la Bäkestraße en honor de este Ícaro moderno.

LA PLAZA DEL 4 DE JULIO

(28)

El antiguo «4. º Ring» del proyecto Germania

Platz des 4. Juli, 14167 Berlin
S25, 26 (Osdorfer Straße)

No muy lejos del canal de Teltow, al oeste del cementerio de Lichterfelde (*Städtischer Parkfriedhof Lichterfelde*), de repente se encuentra uno con una superficie asfaltada de grandes dimensiones: 460 metros de largo por 40 metros de ancho, más que cuatro campos de fútbol. Desprovista de paso delimitado ni barreras, la plaza es probablemente la mayor superficie asfaltada de Berlín sin nombre concreto.

En 1994 acogió a Bill Clinton, Helmut Kohl y Eberhard Diepgen, el antiguo alcalde de Berlín, allí reunidos para despedir a las tropas americanas estacionadas en la antigua fábrica Telefunken (compañía radioeléctrica) construida a lo largo de la plaza.

En esta enorme plaza, los soldados americanos ensayaban para el desfile de la fiesta nacional americana. Por esta razón pasó a llamarse Plaza del 4 de julio, la fecha que marcó la independencia de los Estados Unidos (4 de julio de 1776).

Hasta entonces se llamaba simplemente «4.º Ring», el nombre que Albert Speer le dio cuando construyó el primer tramo de lo que iba a ser la 4.ª carretera de circunvalación (la más alejada del centro) de la capital del Reich, la futura Germania (véase página 190). Hitler siempre había sido un escéptico de los planos y maquetas y prefería ver por sí mismo a partir de un modelo, incluso parcial, a escala 1:1.

Durante la visita a Telefunken (recordada por la figura de Electra al pie de la torre que domina la plaza), Hitler dio su bendición al 4.º Ring. Pero la construcción se aplazó debido a la Segunda Guerra Mundial, activa por aquel entonces.

Hoy, la plaza es una pista estupenda para motoristas, *skaters* o mercadillos.

Las fábricas Telefunken (cuyos edificios, tras haber acogido el cuartel estadounidense McNair-Barracks, ahora albergan lofts reservados a un sector de la población bastante adinerado) fueron construidas por trabajadores forzados. En el punto donde la Wismarer Straße cruza el canal de Teltow, una escultura con forma de pilar de hormigón recuerda los barracones del campo y el destino de estos prisioneros de guerra.

«THE BERLIN BRAIN» 

Una biblioteca espectacular

FU Philologische Bibliothek
Habelschwerdter Allee 45, 14195 Berlín
De lunes a viernes de 9 h a 22 h, sábados y domingos de 10 h a 20 h
(festivos y ocasiones especiales cerrado, consultar en fu-berlin.de)
U3 (Freie Universität / Thielplatz)

La excepcional biblioteca filológica de la Freie Universität («Universidad libre») de Berlín vista de perfil parece un globo aerostático que ya ha perdido dos tercios de su volumen tras un aterrizaje de emergencia.

El célebre arquitecto dividió el luminoso interior en varios niveles de estanterías curvas y las separó en el centro por un ancho pasillo para que, al entrar en la biblioteca por el embudo amarillo de la entrada, dé la impresión de estar ante los dos hemisferios de un cerebro (de ahí su apodo «The Berlin Brain»).

Los estantes repletos de libros se agrupan e integran en los espacios de trabajo formando una línea que sigue la curvatura de cada nivel. También hay una luminosa sala de lectura en la parte superior.

Cómodamente instalado en un sillón rojo del diseñador Egon Eirmann, da la impresión de estar en la USS Enterpreise en compañía de Spock, Kirk et Picard. Ninguno de los 600 espacios de trabajo corre el riesgo de quedar fuera de servicio, ya que hay un total de 800 000 libros reunidos en una superficie de 6290 metros cuadrados.

Para su información, los lectores deben guardar estricto silencio: *No handy, no chips, no small talk!*

Técnicamente, el interior de la biblioteca está revestido con una membrana de fibra de vidrio incombustible que refracta la luz del día. Su acústica activa también guarda una sorpresa. Con vientos fuertes, el globo aerostático cruje bastante. De un momento a otro, la envoltura deja entrever el cielo a través de sus transparencias (o abierta si el tiempo lo permite). Su estructura de hormigón está plagada de tuberías donde un ingenioso sistema permite regular el agua caliente y fría en función de la temperatura exterior.

EL EX ENCLAVE DE WÜSTE MARK 

Un antiguo trozo del Berlín occidental en el corazón de la RDA

Potsdamer Damm 11C, 14532 Stahnsdorf
S7 (Potsdam Hauptbahnhof) después el bus 601 (Güterfelde, Friedenstraße)

Wüste Mark se traduce por «sin cultivar». Pero también *wüste* significa en alemán descuidado, inextricable, desordenado... Hoy en día, el Wüste Mark es una gran superficie herbosa rodeada de pinos silvestres. Sin embargo, este lugar posee una genuina historia: ha sido testigo de las fabulosas y absurdas epopeyas territoriales interalemanas. El Wüste Mark fue un enclave del Berlín occidental en la RDA.

En un mapa de Potsdam Atlas del VEB Tourist Verlag de 1978, puede apreciarse (del mismo color que la frontera) un rectángulo oscuro en la Parforceheide con esto escrito a su lado: «A WB (Westberlin)». El Wüste Mark, con una superficie de 21,83 hectáreas, no fue el único caso. Muchas zonas del territorio de la RDA oficialmente pertenecían a Berlín occidental (véase doble página siguiente).

La Wüste Mark no tenía ni habitantes ni cercado, solo algunos carteles que anunciaban la frontera entre las dos zonas.

En 1959, un agricultor de Zehlendorf (RFA), Hans Wendt, tuvo la idea de alquilar a la administración occidental esta tierra fértil abandonada para cultivarla. En 1961, el cierre de la frontera complicó el asunto, pero Hans no perdió la esperanza y comenzó a explotar su propiedad a partir de 1965.

Conduciendo un tractor por la carretera, con pases especiales específicos para llegar a la zona occidental de Berlín, se sometió a un control en el paso fronterizo de Dreilinden (véase página 426) antes de volver a su

campo en pleno territorio enemigo. Además, tenía autorización para pasar la noche y contratar a cinco trabajadores estacionales. Cultivó sobre todo centeno, patatas (de tipo «Bostara» y «Clivia»). A pesar de su nombre, el Wüste Mark, dejó de ser una tierra estéril.

El año 1988 estuvo marcado por un intercambio de territorios entre la RDA y Berlín occidental. A cambio de sólidas divisas y algunos terrenos de la RDA (como el Wüste Mark), Berlín occidental se hizo con las piezas que le faltaban del puzle de su paisaje urbano, como el Lenné-Dreieck en la Potsdamer Platz Hottengrund y Große Kienhorst (véase las dobles páginas siguientes). Como esta decisión se tomó en la mesa de negociaciones sin pensar en Wendt, le resultó muy difícil aceptar el nuevo rumbo que estaba tomando la situación, que le arrebataría sus derechos sobre la tierra, y acabó sufriendo un infarto. Su hijo Christian ya había sembrado el centeno de invierno e invertido mucho junto a sus hermanos para establecer un sistema de rotación de cultivos de verduras ecológicas. Pero todo fue en vano porque con la parcela, lo perdieron todo. Hoy, el Wüste Mark vuelve a estar más desolado que nunca.

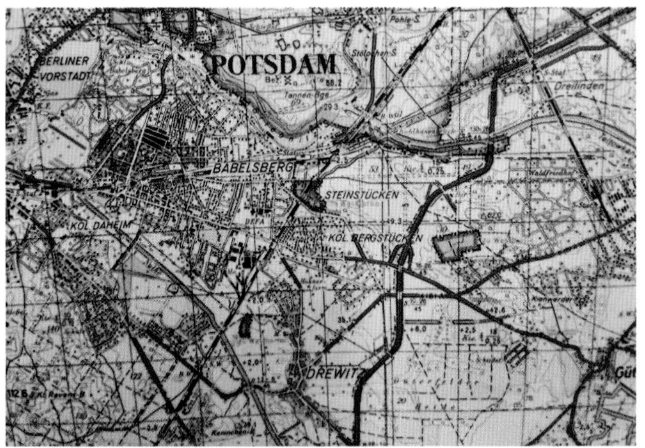

¿Qué son los exclaves y los enclaves?

Un *exclave* es un territorio que está bajo la soberanía de un país (o región) pero geográficamente separado por otro país (o región). Un *enclave* es un territorio completamente rodeado por otra entidad territorial única (región o país). Lesoto es un ejemplo de enclave dentro de África del Sur.

La extraordinaria historia de algunos exclaves berlineses

El Berlín actual es fruto de la creación del Gran Berlín, el 1 de octubre de 1920, a partir de la reagrupación de un centenar de ciudades, pueblos y territorios que rodeaban el viejo Berlín. Fue así como se crearon una docena de exclaves berlineses, ubicados en la provincia vecina de Brandeburgo.

En 1945, al final de la Segunda Guerra Mundial, antiguos exclaves ocupados por americanos y británicos pasaron a ser enclaves de la zona soviética y después, a partir de 1949, de Alemania oriental. Evidentemente, la existencia de estos enclaves provocó importantes tensiones, sobre todo en Steinstücken (véase la página 430), el único enclave habitado. Para facilitar los desplazamientos entre Berlín occidental y sus exclaves, se firmaron tres acuerdos:

- El 21 de diciembre de 1971, para suprimir seis enclaves mediante el intercambio de territorios. La Alemania del este recibió los exclaves de Böttcherberg, Fichtenwiesen, Große Kuhlake y Nuthewiesen (15,6 ha en total) de Berlín occidental, a cambio de 17,1 ha. La cuestión de Steinstücken se resolvió uniendo el pueblo a Berlín Occidental mediante una franja de tierra. Berlín Occidental tuvo que pagar 4 millones de marcos a Alemania Oriental por este territorio adicional (2,3 ha).
- El 21 de julio de 1972, Alemania Oriental vendió por 31 millones de marcos las 8,5 ha de terreno correspondientes a la antigua estación de la Potsdamer Platz, que pertenecía antes a Mitte.
- El 31 de marzo de 1988, se efectuó un último intercambio (entre otros), suprimiendo los cinco últimos enclaves restantes: la zona oriental recibió Falkenhagener Wiese, Finkenkrug y Wüste Mark, además de una franja de tierra de 50 metros a lo largo de la estación de mercancías de Eberswalder, en el norte de la Bernauer Strasse (Wedding), que actualmente forma parte del Mauerpark (con un total de 87,3 ha). Se autorizó a Berlín occidental a incorporar Erlengrund y Fichtenwiesen a su territorio y también recuperó 14 territorios a lo largo de la frontera, así como el Lenné-Dreieck (un territorio con forma de triángulo cerca de la Potsdamer Platz) por 76 millones de marcos (96,7 ha en total). Berlín occidental aumentó así su superficie de 9,4 ha con el territorio de Tiefwerder, antiguo enclave al oeste (Spandau) de Berlín oriental, que se convirtió oficialmente en territorio de Spandau (Berlín occidental).

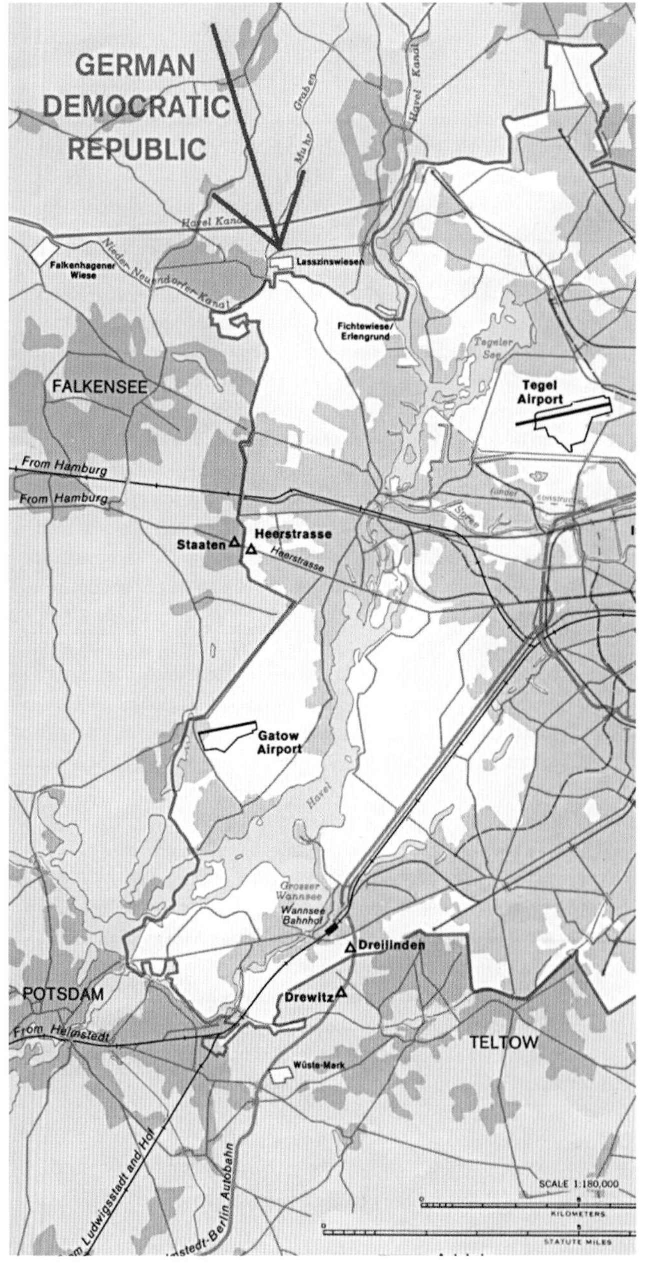
GERMAN
DEMOCRATIC
REPUBLIC
Havel Kanal
Graben
Muhr
Havel Kanal
Falkenhagener Wiese
Nieder-Neuendorfer-Kanal
Lasszinswiesen
Fichtewiese/
Erlengrund
Tegeler See
Tegel
Airport
FALKENSEE
From Hamburg
From Hamburg
Spree
Staaten
Heerstrasse
Heerstrasse
Gatow
Airport
Havel
Grosser
Wannsee
Wannsee
Bahnhof
Dreilinden
POTSDAM
Drewitz
From Helmstedt
TELTOW
Wüste-Mark
SCALE 1:180,000
KILOMETERS
STATUTE MILES

Los 12 exclaves de Berlín occidental situados al este

- Böttcherberg (0,30 ha): tres franjas de terreno distintas y deshabitadas, de 20 a 100 metros de largo y unos pocos metros de ancho en las inmediaciones de la frontera en el suroeste de Berlín, cerca de la Königstraße. Cedidas a Alemania oriental en 1971, ahora forman parte de Potsdam.
- Erlengrund (0,51 ha) y Fichtenwiesen (3,51 ha): dos parcelas próximas a Berlín, justo al norte de la Spandauer Forst, y cerca del Havel. Estas dos parcelas eran mantenidas por asociaciones de jardinería de Berlín occidental. Para acceder a ellas, sus miembros tenían que atravesar una puerta en el Muro de Berlín, continuar por un camino acompañados por guardias fronterizos de Alemania oriental, y finalmente pasar un puesto de control. El acceso estaba restringido a los miembros de las asociaciones y solo era posible a determinadas horas. El camino en territorio este-alemán estaba vallado a ambos lados para impedir el acceso desde Alemania del este. En 1988, se abolieron los dos enclaves, cuando Alemania oriental cedió a la occidental el terreno que los rodeaba.
- Falkenhagener Wiese (45,44 ha): el mayor y más remoto enclave, a 5 kilómetros de las fronteras de Berlín occidental. Esta pradera abandonada se cedió a Alemania oriental en 1988 y ahora forma parte de Falkensee.
- Finkenkrug (3,45 ha): terreno abandonado a 5 km al oeste de Berlín, cedido a Alemania Oriental en 1971; ahora forma parte de Falkensee.
- Große Kuhlake (8,03 ha): terreno abandonado cerca de la frontera berlinesa, cedido a Alemania Oriental en 1971 y que ahora forma parte de Falkensee.
- Laszinswiesen (13,49 ha): terreno abandonado inmediatamente al norte de la frontera berlinesa, cedido a Alemania oriental en 1988 y que ahora forma parte de Schönwalde.
- Nuthewiesen (3,64 ha): terreno pantanoso deshabitado, cedido a Alemania del este a Alemania oriental en 1971; ahora forma parte de Potsdam.
- Steinstücken (12,67 ha): único enclave oeste-alemán habitado (véase página 430).
- Wüste Mark (21,83 ha): cedido a Alemania del este en 1988 y ahora parte de Stahnsdorf (véase página 420).

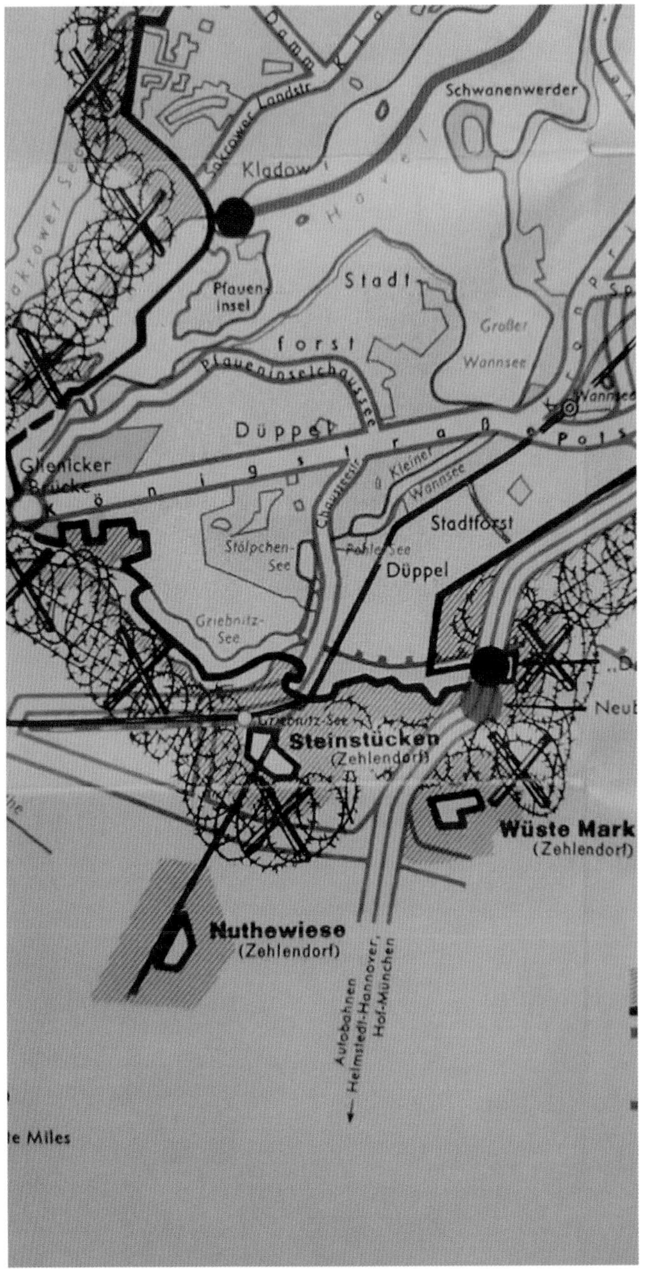
Schwanenwerder
Sakrower Landstr.
Kladow
Pfaueninsel
Stadt
forst
Großer
Wannsee
Pfaueninselchaussee
Düppel
Glienicker Brücke
Königstraße
Kleiner Wannsee
Stadtforst
Stölpchen-See
Pohle-See
Düppel
Griebnitz-See
Steinstücken
(Zehlendorf)
Wüste Mark
(Zehlendorf)
Nuthewiese
(Zehlendorf)
Autobahnen
Helmstedt-Hannover,
Hof-München
Neu
Miles

ANTIGUO PUESTO DE CONTROL DE DREILINDEN (31)

Un antiguo trozo de carretera con nefasto trazado

Kanalauenweg,
14109 Berlín
Bus 628 (Kleinmachnow, Lindenbahn) / S7 (Griebnitzsee)
después el bus 628 (Stolper Weg)

Al acercarse al puente del canal de Teltow por el sur, uno rápidamente aprecia algo de especial en esta estructura en desuso, por muy

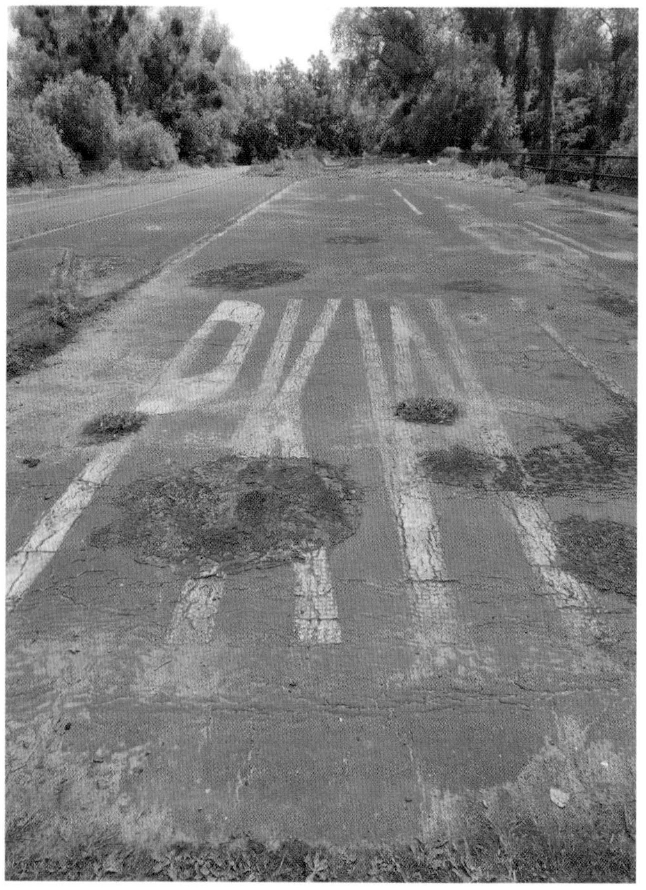

normal que parezca. Sobre este ancho puente, donde el asfalto asoma débilmente entre la vegetación, hay árboles que ya han alcanzado un buen tamaño. Siguen siendo visibles las marcas blancas que delimitan los carriles reservados a cada tipo de vehículo –BUS, PKW (turismos) y LKW (pesos pesados)–. Por este bosque –muy popular entre el primer club de tiro con arco de Berlín, que se encuentra más abajo– pasaba antes una carretera.

Tras la Segunda Guerra Mundial, el puente no solo atravesaba el canal sino también la frontera recién trazada entre el este y el oeste, incluyendo una pequeña parte de Berlín occidental (la ciudad de Teerofen en Wannsee), cuyos límites se extendían hasta este punto preciso en el territorio de la RDA. Aquí, los viajeros en tránsito entre la RDA y Berlín occidental ya habían pasado el control en el GÜST de Drewitz, el paso fronterizo de la RDA.

En el puente se instalaron el primer puesto de avanzadilla de los aliados, el de la policía y el de aduanas de Berlín occidental, así como un local para vigilar el paso fronterizo de la ribera sur del canal. Delante de él, se clavaron astas de banderas de cada lado: al sur, las banderas de los americanos, británicos y franceses, y al norte las de la RFA y Berlín occidental. Allí permanecen, ahora huérfanos, los mástiles aliados.

Tras el puesto de Dreilinden, la ruta continuaba dentro de la RDA durante tres kilómetros, antes de cruzar la frontera por segunda vez hacia Berlín occidental antes del cruce de carreteras de Zehlendorfer Kreuz. En 1969, para bordear el anexo occidental que se inmiscuía en su territorio (y los problemas que planteaban estos famosos 3 kilómetros) la RDA modificó el trazado. Los controles fronterizos se realizaron justo delante del intercambiador de Zehlendorf, conservando los antiguos nombres (Drewitz/Dreilinden/Checkpoint Bravo).

Hoy en día, la asociación Checkpoint Bravo e.V. mantiene un monumento en la antigua torre de vigilancia del paso fronterizo (GÜST) de la RDA en la comuna de Stahnsdorf.

Algo más al norte del antiguo puesto de control de Dreilinden, a algunos minutos a pie, el antiguo trazado de la carretera puede distinguirse muy bien gracias a un puente (grafiteado) que permite comprender por donde pasaba dicha carretera.

LA INSCRIPCIÓN DEL PUENTE DE LA MACHNOWER STRAßE (32)

Un vestigio de la Stammbahn, la primera línea ferroviaria de Berlín

Machnower Straße, 14109 Berlín
S7 (Griebnitzsee)

Un puente ferroviario con arbustos no es tan raro en Berlín, pero este es muy particular. Además de que haya que escalar un poco para llegar a él, es el puente más antiguo de la primera línea ferroviaria de Berlín, la Stammbahn. Desde 1945 no pasa ningún tren por él, y apenas se puede explorar la zona más allá del puente, ya que la vegetación salvaje ha invadido este tramo en desuso de la primera línea ferroviaria prusiana que unía Berlín con Potsdam.

Sin embargo Prusia, conocida por su rigidez, se apresuró especialmente a construir las primeras vías férreas. La Stammbahn se construyó entre 1836 y 1838. En Potsdam, la estación se llamó «Berliner Bahnhof», y la de Berlín «Potsdamer Bahnhof». Estaba situada en la actual plaza de Potsdam.

Tras la inauguración el 21 de septiembre de 1838 de esta línea, que inicialmente solo tenía una vía, el periódico Vossische Zeitung describió este memorable acontecimiento: el viaje «comenzó a un ritmo lento, pero ganó vivacidad con cada segundo, hasta alcanzar esa velocidad que da al ferrocarril una brillante victoria sobre todos los demás medios de locomoción».

El puente de la Machnower Straße, antes de entrar en la ciudad de Potsdam, es el principal vestigio de esta mítica línea. En su muro, hay una piedra en relieve con el año 1838 y el siguiente grabado: «Esta piedra procede de la estructura abovedada de la primera línea ferroviaria prusiana, que modificó en 1926».

¿En qué se ha convertido la Stammbahn?

Aunque la línea entre Gleisdreieck y Steglitz se cerrara, la vía sigue ahí, como entre Zehlendorf y Kleinmachnow.

Solo dos tramos de la Stammbahn siguen en funcionamiento: el tramo entre las estaciones de las afueras de Steglitz y Zehhlendorf, y el de Potsdam entre la estación de trenes de las afueras de Griebnitzsee y la estación central.

EL HELICÓPTERO DE STEINSTÜCKEN

33

Steinstücken, un enclave de Berlín occidental en la RDA, con su propio muro

Am Landeplatz,
14109 Berlín
U7 (Griebnitzsee) después el bus 694 (Rote-Kreuz-Straße)

Es difícil concebir un edificio más insólito: palas de helicópteros de la década de 1960 que pertenecieron al ejército americano, como un rifle colgado del hombro, todo al borde de un parque infantil...

En la misma zona de juegos también hay un helicóptero hecho de tubos de colores soldados entre sí, que sirve de rocódromo para los niños, como si aquí los helicópteros fueran algo ajeno.

Entre 1961 y 1972, helicópteros militares estadounidenses aterrizaban y volvían a despegar continuamente para suministrar artículos de primera necesidad en Steinstücken, esta ciudad de Berlín occidente enclavada en la RDA (véase página 422).

© OTFW

El diminuto enclave de Steinstücken tenía una población de 300 habitantes y formaba parte de Wannsee (Bezirk Steglitz-Zehlendorf), aunque estuviera situado en medio de Potsdam-Neubabelsberg.

En 1920, cuando se creó el Gran Berlín, el pueblo ya había sido «desplazado», pero esto no importó en un principio a sus habitantes que se sentían vinculados a Babelsberg. Sin embargo, entre 1945 y 1971, su situación dio un giro total.

En octubre de 1951, un intento de la RDA de anexionar Steinstücken fracasó cuando, tras cuatro días de ocupación, los americanos intervinieron y liberaron el enclave. En 1952, la RDA lo cercó para controlar la única ruta que los habitantes podían tomar para ir a Wannsee. Para llegar, los visitantes y proveedores debían probar que tenían su segunda residencia en Steinstücken. Después de la construcción del Muro en 1961, tres soldados estadounidenses permanecieron estacionados en Steinstücken y algunos helicópteros facilitaron el aprovisionamiento. Sin embargo, fue la RDA la que proporcionaba la electricidad y el agua.

Tras el acuerdo cuadripartito de Berlín de 1971, que establecía que «los problemas de los pequeños enclaves, incluido Steinstücken y las otras parcelas pueden resolverse mediante el intercambio de territorios», Steinstücken quedó unido a Wannsee por un cordón umbilical de 900 metros de largo y 100 metros de ancho. Como la RDA había hecho retroceder los muros, el 30 de agosto de 1972 el alcalde de Berlín, Klaus Schütz, inauguró una carretera, conectando así el pueblo a la red de transporte público (bus 118). A partir de aquel día, Berlín oeste también pudo abastecer al pueblo de electricidad y agua. Cuando los helicópteros dejaron de ir y venir, los niños se aburrieron. Los padres, en cambio, estaban contentos de ver cómo aumentaba el precio de sus terrenos y de poder por fin aparcar sus coches delante de sus casas. Turistas curiosos empezaron a llegar desde Berlín, lo que hizo que algunos de los residentes que habían disfrutado de su heroico y grotesco aislamiento echaran de menos el pasado que como todo, solo era eso, pasado.

LOGGIA ALEXANDRA

Un lugar excepcional para una hermana muy querida

Königstraße, 14109 Berlín
Ouvert 24 h / 24
S 1, 7 (Wannsee) después el bus 316 (Schloss Glienicke)

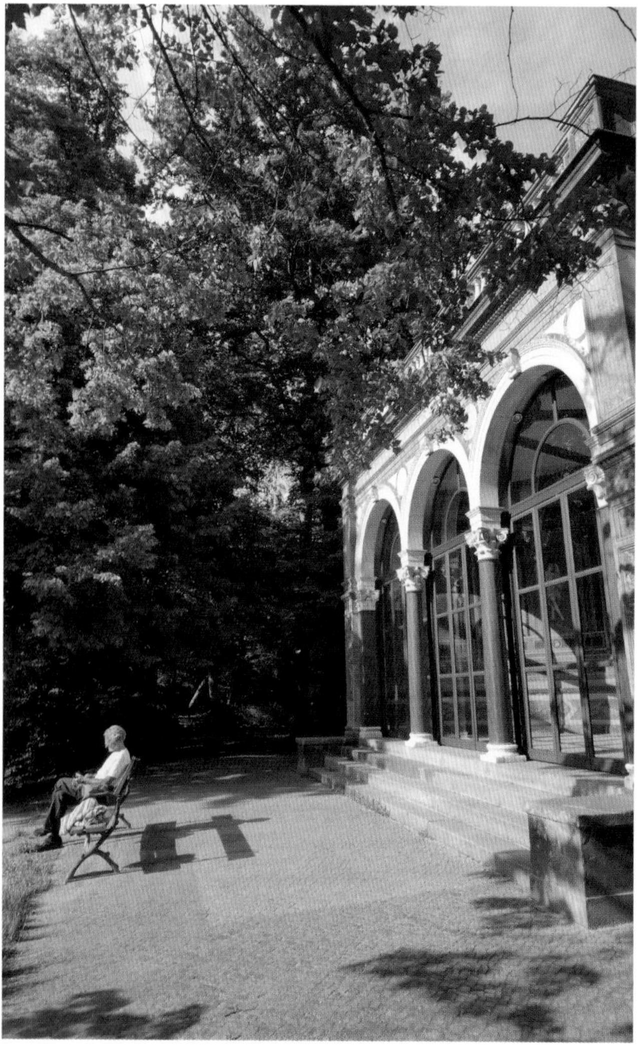

Desde la parada de autobús de la Königstraße, caminando un poco en dirección la Wannsee, rápidamente verá a la derecha la parte de atrás del cementerio de Klein-Glienicke en un frondoso bosque. Siguiendo la frontera entre Berlín y Potsdam, el camino conduce al suroeste trazando una ligera curva. En la primera bifurcación, gire a la izquierda y luego a la derecha tras unos 150 metros. En pocos minutos llegará a la singular *Loggia Alexandra*, que pocos berlineses conocen.

En 1870, el príncipe Carlos de Prusia transformó el antiguo mirador, abierto hasta entonces. Encargó a Alexander Gilli, escultor de la corte, que diseñara y construyera un pabellón de té.

El príncipe venía aquí para honrar la memoria de su adorada hermana Charlotte de Prusia que en 1817 se casó con el gran duque Nicolas Pavlovitch, adoptando el nombre de Alexandra Feodorovna, y se convirtió en emperatriz de Rusia en 1826. Tras su inesperada muerte en 1860, su hermano hizo que trajeran un banco de piedra, pero no era suficiente para expresar el dolor que sentía por la muerte de su querida hermana.

Desde el mirador se podía ver Potsdam abajo y, en dirección opuesta, la estación n.º 3 de la línea telegráfica óptica prusiana, situada en la Schäferberg. Cuando el desconsolado príncipe trajo a su memoria las lecturas novelescas que compartió con su hermana, las hadas danzantes de los frescos pintados le acompañaban en sus ensoñaciones. Vandalizado durante la Guerra Fría, el mirador se restauró con mucho cuidado y se colocaron cristales de protección que aseguraban los delicados frescos.

El banco frente a la logia ofrece unas vistas maravillosas hacia lo que constituía la Pequeña Suiza (véase doble página siguiente).

VESTIGIOS DE LA PEQUEÑA SUIZA

㉟

En lo alto de la montaña, había un viejo chalet...

Königstraße, 14109 Berlín
S 1, 7 (Wannsee) después el bus 316 (Schloss Glienicke)

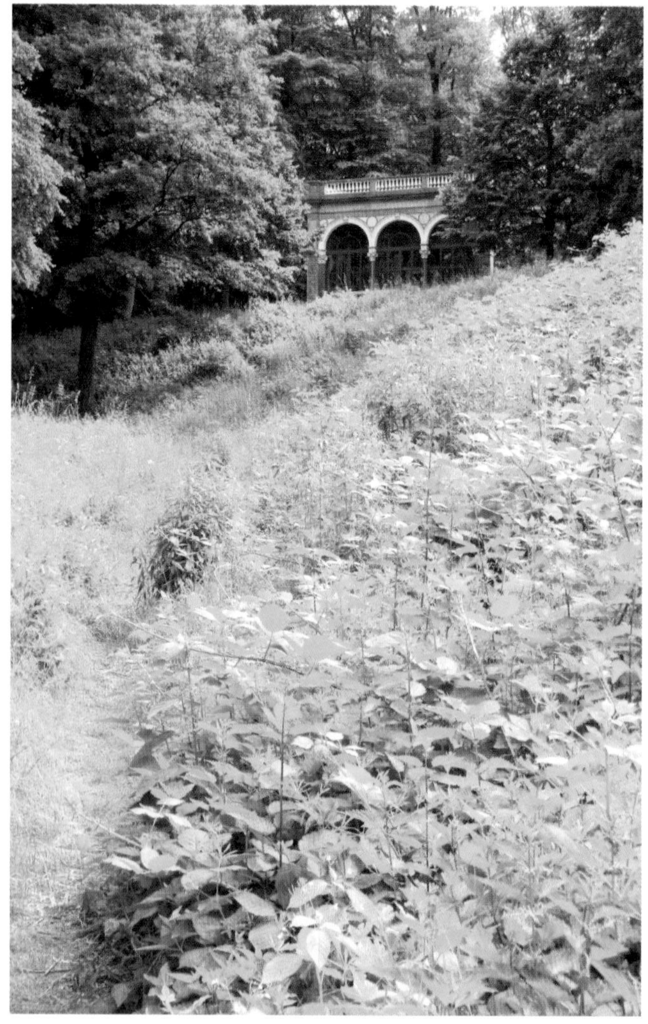

Nada de montañas en Berlín. Algunas colinas, cumbres redondeadas. Pero nada más. Así que oír hablar de una «Suiza» no deja de ser intrigante, sobre todo si el lugar al que se hace referencia está realmente inclinado.

La montaña de Böttcherberg (66 metros), donde está ubicada la Loggia Alexandra (véase doble página interior) es la excepción a la regla. Al no estar hecha de escombros sacados de las ruinas de la guerra, como la mayoría de las colinas berlinesas, es por tanto de origen natural y se remonta a la edad de hielo. Por ello encontramos muchos bloques erráticos, recuerdo de un antiguo glaciar, entre unos robles tan viejos como el mundo.

A partir de 1841, el príncipe Carlos de Prusia hizo transformar este rinconcito salvaje en un jardín de rocas alpinas: una «Suiza» como se la llamaba entonces. Como preludio, se construyó un mini canal navegable en el valle (el *Bäkekanal*) y los llamados chalets «suizos» del lado de la vertiente de Potsdam, algunos de los cuales aún existen.

Un pequeño cementerio de montaña y una capilla (que siguen ahí) bordeaban el camino hacia el castillo de Klein-Glienicke. Primero subía hasta un claro alpino donde los excursionistas y caminantes podían recuperarse y relajarse bebiendo leche y cerveza antes de comenzar el verdadero «ascenso».

En este punto se abrió una zanja, vestigio de las actividades vinculadas a la explotación de la arcilla, que ofrecía las condiciones ideales para recrear una Suiza alpina: el inicio de un estrecho sendero de muleros estaba lleno de picos rocosos recreados y de plantas de montaña. Si continuara, llegaría a la cima del Böttcherberg.

Un viñedo en la ladera y escalones tallados en la roca refuerzan la idea de estar al pie de una montaña. En aquella época, este tipo de arquitectura paisajística era única en Prusia. Se realizaba a base de mucho hormigón de mortero, ladrillos y piedra caliza de Rüdersdorf.

Los picos de roca artificial todavía siguen allí, así como los altos muros para el cultivo de viñedos.

LOS ATLANTES DEL PARQUE DE GLIENICKE

36

Verdaderos cuerpos en piedra

Castillo de Glienicke
Königstraße 36, 14109 Berlín
S1, 7 (Wannsee) después el bus 316 (Glienicker Lake)

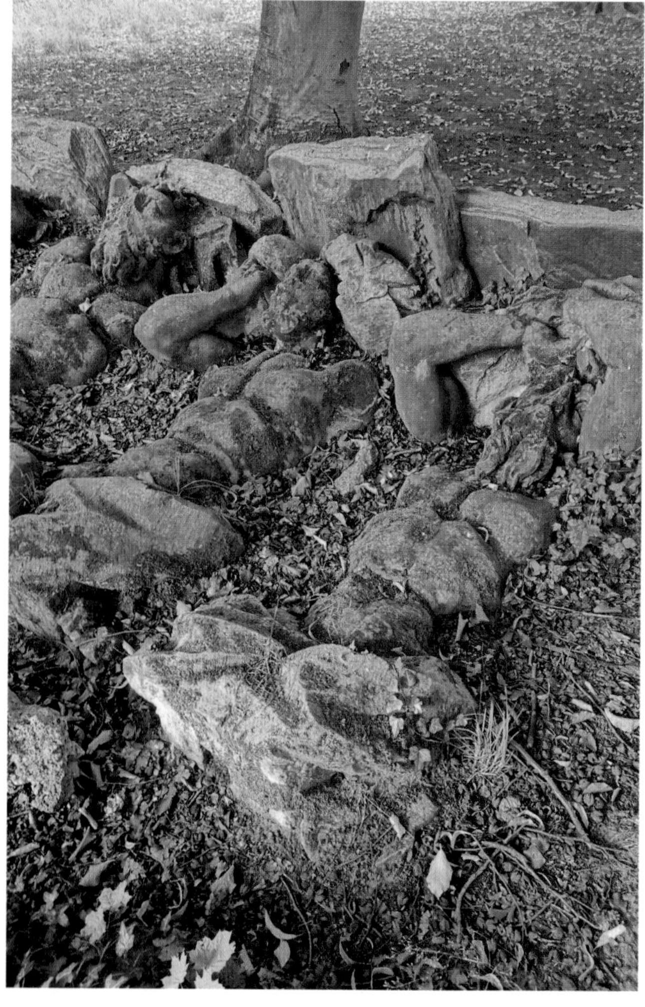

El montón de piedras del parque del castillo de Glienicke, a la derecha del restaurante y al pie de una columna a pocos pasos al norte de la *Orangerie*, no llama mucho la atención visto desde atrás. Sin embargo, si lo rodea caminando bajo los árboles, descubrirá asombrosas esculturas de hombres medio engullidos por la hierba. Al acercarse, verá que estos hombres solo se representan por encima del ombligo, e incluso tumbados, sus brazos parecen sostener algo encima de sus cabezas.

En 1863, Berlín ofreció estas esculturas al príncipe Carlos de Prusia (1801-1883), el dueño del lugar y creador del castillo y del parque de Glienicke, en el Havel. Era famoso por su fiebre de coleccionista, incluso se sabe que hizo traer desde Italia trozos enteros de monasterios destruidos que incorporaba a su castillo. Por sus manos pasó de todo, siempre que fuera al menos un poco antiguo: fragmentos de bajorrelieves, mosaicos de suelo, decoraciones de las paredes, capiteles, elementos esculturales, trozos de balaustradas arrancados de su lugar original por las guerras, por un deterioro inevitable, por erupciones volcánicas o por saqueadores. Así, el pabellón ornamental del parque Glienicke conocido como *Kleine Neugierde* («pequeña curiosidad») tiene el suelo cubierto de mosaicos de la antigua Cartago.

Sin embargo, el regalo de Berlín abochornó tanto al príncipe Carlos que no supo qué hacer: cuatro atlantes sin piernas provenientes del palacio Am Festungsgraben (cerca de la fosa de las fortificaciones), la residencia de Johann Gottfried Donner, antiguo valido de Federico II y de su descuidada mujer Isabel de Prusia. Este palacio poseía una fachada construida cien años atrás en estilo renacentista «helenístico» y desde 1808 fue el lugar de trabajo de 48 ministros de finanzas.

Los atlantes se realizaron en arenisca de Silesia, según los dibujos del escultor y modelador de porcelana Ernst Heinrich Reichard (fallecido en 1764), a quien la Real Fábrica de Porcelana KPM debe su fama. Ahora reposan aquí, a la espera de una nueva ubicación.

LA COLUMNA DE LA ISLA DE SCHWANENWERDER

37

Un vestigio del Palacio de las Tullerías de París

Gegenüber Inselstraße 5,
14129 Berlín
S1, 3, 7 (Nikolassee)

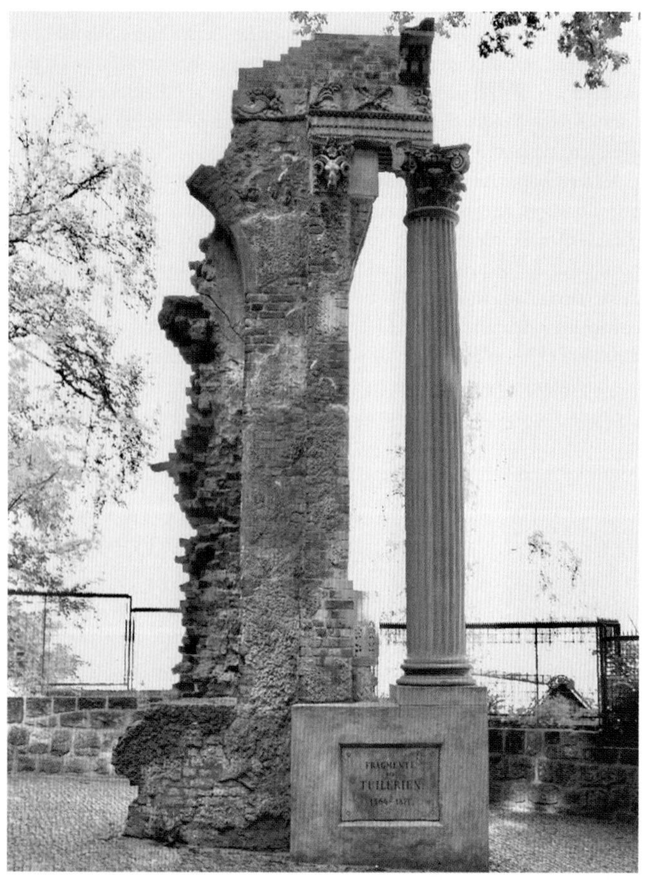

Como recuerda una placa bajo la columna, se trata de una pequeña parte de la fachada original del Palacio de las Tullerías de París, destruido durante el levantamiento de la Comuna en 1871.

Hugo von Platen, propietario de la isla, la vendió a Friedrich Wilhelm Wessel, fabricante de lámparas de aceite en Kreuzberg. Típico especulador del *Gründerzeit*, el periodo de crecimiento económico que comenzó en Alemania tras la guerra de 1870, el nuevo propietario dividió la isla en parcelas. Para venderlas mejor, creó un parque paisajístico marcado por estos románticos lugares tan apreciados en aquella época, incluido este mirador cerca de la antigua columna de las Tullerías. También vio cumplido su deseo de que su isla pasara a llamarse oficialmente *Schwanenwerder* («Isla de los Cisnes») por un decreto imperial de 1901.

Al fondo de esta decoración, una descripción sobre el banco frente al Havel recordaba el carácter pasajero de la felicidad: «Esta piedra de las orillas del Sena/trasplantada a tierras germanas/Te advierte a ti, transeúnte: / Oh, felicidad, ¡qué caprichosa eres!».

Esta exhortación debía ser una predicción tanto para Wessel como para todos los demás habitantes de la isla. Tras la guerra y la desaparición de los nazis, la columna fue casi desmantelada y se salvó por los pelos de ser devuelta a París. Los victoriosos franceses sospechaban que los alemanes habían robado y traído de su campaña militar de 1871 este último vestigio de las Tullerías y vieron en esta ruina un pérfido botín de guerra de los prusianos.

Sin embargo, recurriendo a todos los medios posibles se pudo demostrar a los franceses que efectivamente Wessel había comprado legalmente los fragmentos de las columnas y los otros elementos de la fachada original de las Tullerías. Estos se pusieron de venta al público en 1882 en el mismo París como elementos arquitectónicos decorativos.

ÍNDICE ALFABÉTICO

AGRADECIMIENTOS

Tommy Spree, Philipp Schüneman, Ekaterina Emchenko, Bertrand Saint-Guilhem, Carsten Seiler, Uwe Fabich, Lilith Zink, Andy Altmeier, Karim Ben Khalifa, Nicholas Bamberger, Daniel Heer, Hemma Thaler, Suraj Nathwany, Michaela Lindinger, Frédéric Lucas, Constance Breton, Michael Fuchs, Dr Georg Thaler, Paula Anke, Jan Kleihues, Bodo Förster, Patrick Suel, Veronika Kellndorfer, Elizabeth Markevitch, Daniele Maruca, Oliver Euchner, Mathilde Ramadier, Elodie Bouchereau, Delphine Mousseau, Mathilde Bonbon, Anja Weber, Amélie de Maupeou, Pascale Nicoulaud.

Manuel Roy:
Quiero agradecer de corazón a todos aquellos que me han apoyado y acompañado tan amablemente en mis investigaciones y exploraciones berlinesas. A mis amigos Gerhard Schwarz y Sunhwa Lee, a Sandra Rohwedder de la Fundación alemana para la protección de monumentos históricos (*Deutsche Stiftung Denkmalschutz*), Hans Riefel de la Oficina regional de monumentos históricos (*Landesdenkmalamt*),Jörg Kuhn de la Asociación de cementerios evangelistas de Berlín Mitte, Annette Winkelmann de la Sociedad Carl-Gotthard-Langhans, Isabella Mannozzi de la Bildgießerei Noak, Yeter Hanefi, así como a muchos berlineses anónimos que encontré en los diferentes lugares investigados, por los preciados conocimientos que siempre compartieron con gusto. Berlín, *ick liebe dir.*

CRÉDITOS FOTOGRÁFICOS

Fotografías realizadas por **Tom Wolf**:
Memorial Günter Liftin a las víctimas del Muro - Las siluetas de conejo de la Chausseestraße - Las ventanas del Hotel de los Inválidos - La piedra del parque Monbijou - El apretón de manos de la Sophienstraße - La ventana de Honi - La columna Litfaß de la Münzstraße - Canalización del muro de contención - La escultura de delfín - La tumba de Alexander von der Mark - Memorial de la Rosenstraße - Fundaciones de la *Alta Sinagoga* - Cripta de la Parochialkirche - El Wusterhausischer Bär - Piedra conmemorativa del Fischerkiez - Bajorrelieves del restaurante Mutter Hoppe - Panel del Palast der Republik - Escultura de la alegoría del Spree - El monumento a Karl Liebknecht - El muro de recaudación de tributos - La casa del metro - Lapidarium - El sapo de la estación de metro Prinzenstraße - Visita de la Malzfabrik - La *Danza macabra* d'Alfred Hrdlicka - Los Tres Globos de la Heerstraße - La galería de arqueología sanitaria - Los tres pilares del puente de la Leibnizstraße - El reloj de Binninger - La duna de Wedding - Bajorrelieve de unas termas - Los muros que evocan la prisiónn de Moabit - Las escaleras de la ULAP - Los bordillos de aceras de Germania - Las farolas de gas del Gaslaternen - Freilichtmuseum - Una visita a la UT2 - El antiguo pasadizo del paso fronterizo Bornholmer Straße - La torre de plomo - Las columnas de Hartung - El fresco *Pueblo nicaragüense – Monimbó* 1978 - Vestigios del campo de acogida de Blankenfelde - El vestigio más antiguo del Muro de Berlín - Los querubines de Pankow - El museo Daimon - Molino pivotante de Marzahn - La casa Frick - El piso piloto WBS 70 - El museo del Gründerzeit - La placa del último domicilio de John Rabe - Biberteich - El piso piloto de la ciudad experimental de Haselhorst - El monumento a las palomas mensajeras - El monumento de Schildhorn - El cementerio en el bosque - El puesto de desvío de Olimpia - El museo alemán de los ciegos - La plaza del 4 de julio - «The Berlin Brain» - El ex enclave de Wüste Mark - La inscripción del puente de la Machnower Straße - El helicóptero de Steinstücken - La columna de la isla de Schwanenwerder

Fotografías realizadas por **Élodie Benchereau**:
La antigua cruz monumental del Dom

Fotografías realizadas por **Manuel Roy**:
Les pilares de hormigón de la Yorckstrassße - La fachada del número 5 de la Thomasiusstraße

Fotografías realizadas por **Roberto Sassi**:
Instalación luminosa de James Turrell - Los depósitos de agua de Prenzlauer Berg

Fotografías realizadas por **Bertrand Saint-Guilhem**:
El atrio del tribunal de Berlín - El puño de la tumba de los granaderos - Las fachadas de los números 1 y 2 de la Kirchbachstraße - Las puertas de entrada de Ceciliengärten - El túnel de viento vertical Trudelturm (pág. 353) - El cementerio ruso de Tegel

Fotografías realizadas por **Thomas Jonglez**:
Instalación luminosa de James Turrell - Anfiteatro de anatomía animal - El museo del silencio - La acera de Auguststraße 69 - El decorado histórico de la Tadshikische Teestube - La cruz blanca de la Marienkirche - Huellas de resistencia en la Umweltbibliothek - Fachada de la antigua Hofbeamtenhaus Wilhelm II - Vestigios de las murallas de la ciudad (pág. 65) - Geschäftshaus Tietz - El Wusterhausischer Bär – Bajorrelieve de la casa Ermeler - Vestigios del antiguo ayuntamiento de Cölln - El panel du Palast

der Republik (pág. 81) - El brazo de la estatua del antiguo consejo de estado- La histórica marca vial de la Dönhoff Platz - El edificio del n. ° 8 Schützenstraße - Bajorrelieves de la Casa Alfandary - El Jardín de la Diáspora - La escalera de la Casa del Sindicato de metalurgistas - Vestigio de la vía férrea de la Stresemannstraße - La antigua gasolinera - El sepulcro de la familia Mühlenhaupt - Mausoleo de la familia Oppenfeld - La tumba de Erwin Reibedanz - La tumba Biedermann - El fresco mural de Fichtestrstraße 2 - La escultura Stehfisch - El Ritterhof - Bajorrelieves del Engelbecken Hof - Plaques de asfalto de la Leuschnerdamm - Relieves de la fachada de Adalbertstraße 79 - La farmacia de Theodor Fontane - Vestigios del Brommybrücke - La gasolinera abandonada de la Lohmühleninsel - Instalaciones artísticas de la Reichenberger Straße - Vestigios del «campo del cementerio parroquial» - Símbolos olvidados del Ideal-Passage - Las piedras de la plaza Alfred-Scholz - El jardín-huerto del Café Botánico – El Jardín del Silencio Rixdorf – El templo hindú Sri Mayurapathy Murugan - Las ventanas de la iglesia de los Doce Apóstoles - Símbolos francmasones de la Kachelhaus - El mosaico de una vaca - El sepulcro «deslocalizado» de la familia Langenscheidt - La visita al tribunal de Schöneberg - Memorial «Orte des Erinnerns» - La puerta de entrada al Eisenacher Straße 68 - Museo de las cosas no escuchadas - El Schwerbelastungskörper - La colección histórica de la policia berlinesa - Visita de la Malzfabrik (pág. 203) La escultura *Blanke Helle* - El órgano de la iglesia Martin-Luther-Gedächtniskirche - Natur-Park-Südgelände - La casa del número 4 de la Niedstraße – El túnel Eisack – La tumba de Heinrich Sachs - El monumento en honor a los motociclistas - La fachada del edificio de Pariser Straße 61 - Las vidrieras de la iglesia de la Hohenzollernplatz - El refugio antiaéreo del Anti-Kriegs-Museum - Memorial a los judíos deportados - El techo pintado de Alvar Aalto - Buchstabenmuseum – El hall del palacio de justicia de Moabit - Las hojas de la embajada de Suiza - El anillo de Postdamer Brücke - La inscripción a la inversa del monumento Senefelder - El sótano del Onkel Philipp's Spielzeugwerkstatt - El pozo del cementerio judío - La tumba de la familia Riedel - La tumba de la familia Pintsch - El pescador de la Winsstraße - Los escudos de armas del pórtico de la Grüne Stadt - Las tumbas de las familias Lewinsohn y Netter - El jardín circular del cementerio II de la comunidad parroquial de San Jorge- Las columnas de Weberwiese - La marca de unos cuernos de la estatua *El artesano y su hijo* - La antigua sede administrativa de la Pintsch AG - El muro geológico - Lunabunker - Instalaciones artísticas de la Gustav-Adolf-Straße - El barrio holandés de Weißssensee - El pintor del Motorwerk - El museo Kesselhaus Herzberge - El memorial de la revolución - El túnel de aire Trudelturm - La colección de mariposas de Schmetterlingshorst - El capitel corintio del Brix-Genzmer-Park - La torre de agua del cementerio de Hermsdorf - Biberteich (pág. 369) - La escultura de un toro - La antigua torre de control de Staaken - Los campos de Karolinenhöhe – La torre de Beringer - Los espejos parabólicos de «Erschiessungsstätte V» - Las dimensiones de la Corbusierhaus – La catedral de la Resurrección de Cristo - El edificio-túnel de la A104 - Mezquita del Movimiento Ahmadiyya de Lahore - El buzón rojo de la Fehrbelliner Platz - Kreuzkirche - El Mäusebunker - El museo de la energía - Homenaje a la línea de tranvía Groß-Lichterfelde - Edificio de la báscula municipal - Fliegeberg – El ex enclave de Wüste Mark (pág. 421) - El antiguo puesto de control de Dreilinden - La Loggia Alexandra - Vestigios de la Pequeña Suiza - Los atlantes del parque de Glienicke

Foto de portada: © Ansgar Koreng

Cartografía: Cyrille Suss - **Maquetación:** Emmanuelle Willard Toulemonde - **Traducción:** Ana Garrido - **Corrección de estilo:** Carmen Moya - **Revisión de estilo:** Lourdes Pozo - **Editora:** Clémence Mathé

Fue en septiembre de 1995, en Peshawar, Paquistán, a 20 kilómetros de las zonas tribales que visitaría días más tarde, cuando a Thomas se le ocurrió poner sobre el papel los rincones secretos que conocía en París. Durante aquel viaje de siete meses desde Pequín hasta París, atraviesa, entre otros países, el Tíbet (en el que entra clandestinamente, escondido bajo unas mantas en un autobús nocturno), Irán, Irak y Kurdistán, pero sin subirse nunca a un avión: en barco, en autostop, en bici, a caballo, a pie, en tren o en bus, llega a París justo a tiempo para celebrar la Navidad en familia. De regreso a su ciudad natal, pasa dos fantásticos años paseando por casi todas las calles de París para escribir, con un amigo, su primera guía sobre los secretos de la capital. Después, trabaja durante siete años en la industria siderúrgica hasta que su pasión por el descubrimiento vuelve a despertar. En 2005 funda su editorial y en 2006 se marcha a vivir a Venecia. En 2013 viaja, en busca de nuevas aventuras, con su mujer y sus tres hijos durante seis meses de Venecia a Brasil haciendo paradas en Corea del Norte, Micronesia, Islas Salomón, Isla de Pascua, Perú y Bolivia. Después de siete años en Rio de Janeiro, vive ahora en Berlín con su mujer y sus tres hijos.

La editorial Jonglez publica libros en nueve idiomas y en 40 países.

ATLAS

Atlas de climas extremos
Atlas de la curiosidades geográficas
Atlas de los vinos insólitos

LIBROS DE FOTOGRAFÍA

Abandoned America - The Age of Consequences (en inglés)
Abandoned Asylums (en inglés)
Abandoned Australia (en inglés)
Abandoned Belgium (en inglés)
Abandoned France (en inglés)
Abandoned Italy (en inglés)
Abandoned Japan (en inglés)
Abandoned Lebanon (en inglés)
Abandoned USSR (en inglés)
After the Final Curtain - Vol. 1 (en inglés)
After the Final Curtain - Vol. 2 (en inglés)
Baikonur - Vestiges of the Soviet space programme (en inglés)
Chernobyl's Atomic Legacy (en inglés)
Cinemas - A French heritage (en inglés)
Cines abandonados en el mundo
Clickbait - A visual journey through AI-generated stories
España abandonada
Forbidden Places - Vol. 1 (en inglés)
Forbidden Places - Vol. 2 (en inglés)
Forbidden Places - Vol. 3 (en inglés)
Forgotten Heritage (en inglés)
Hoteles insólitos
Hoteles insólitos España y Portugal
Iglesias abandonada - Lugares de culto en ruinas
Lugares abandonados - Descubrimientos insólitos de un patrimonio olvidado
Lugares sagrados secretos
Patrimonio abandonado
Venecia desierta
Venecia desde el cielo

GUÍAS INSÓLITAS Y SECRETAS

Ámsterdam insólita y secreta
Barcelona insólita y secreta
Bruselas insólita y secreta
Buenos Aires insólita y secreta
Cádiz insólita y secreta
Ciudad de México insólita y secreta
Costal Azul insólita y secreta
Estambul insólita y secreta
Florencia insólita y secreta
Granada insólita y secreta
Lisboa insólita y secreta
Londres insólita y secreta
Los Ángeles insólita y secreta
Madrid insólita y secreta
Montevideo insólita y secreta
Milán insólita y secreta
Nueva York insólita y secreta
París insólita y secreta
Praga insólita y secreta
Rio insólita y secreta
Roma insólita y secreta
Santiago insólito y secreto
Sevilla insólita y secreta
Tokio insólita y secreta
Venecia insólita y secreta
Viena insólita y secreta

GUÍAS «SOUL OF»

Ámsterdam - Guía de las 30 mejores experiencias
Soul of Barcelona - Guía de las 30 mejores experiencias
Soul of Berlín - Guía de las 30 mejores experiencias
Kioto - Guía de las 30 mejores experiencias
Soul of Lisbon - Guía de las 30 mejores experiencias
Soul of Los Ángeles - Guía de las 30 mejores experiencias
Soul of Marrakech - Guía de las 30 mejores experiencias
Soul of Nueva York - Guía de las 30 mejores experiencias
Soul of Roma - Guía de las 30 mejores experiencias
Soul of Tokio - Guía de las 30 mejores experiencias
Soul of Venecia - Guía de las 30 mejores experiencias

Síguenos en Facebook, Instagram y X

Depósito legal: Marzo 2024 - Edición: 01
ISBN: 978-2-36195-375-1
Impreso en Bulgaria por Dedrax